Aspects de la nouvelle
francophonie canadienne

CULTURE FRANÇAISE D'AMÉRIQUE

La collection «Culture française d'Amérique» est publiée sous l'égide de la Chaire pour le développement de la recherche sur la culture d'expression française en Amérique du Nord (CEFAN). Conçue comme lieu d'échanges, elle rassemble les études et les travaux issus des séminaires et des colloques organisés par la CEFAN. À ce titre, elle répond à l'un des objectifs définis par le Comité scientifique de la Chaire : faire état de l'avancement des connaissances dans le champ culturel et stimuler la recherche sur diverses facettes de la francophonie nord-américaine.

TITRES PARUS

Les dynamismes de la recherche au Québec, sous la direction de Jacques Mathieu

Le Québec et les francophones de la Nouvelle-Angleterre, sous la direction de Dean Louder

Les métaphores de la culture, sous la direction de Joseph Melançon

La construction d'une culture. Le Québec et l'Amérique française,
sous la direction de Gérard Bouchard avec la collaboration de Serge Courville

La question identitaire au Canada francophone. Récits, parcours, enjeux, hors-lieux,
sous la direction de Jocelyn Létourneau avec la collaboration de Roger Bernard

Langue, espace, société. Les variétés du français en Amérique du Nord,
sous la direction de Claude Poirier avec la collaboration d'Aurélien Boivin,
de Cécyle Trépanier et de Claude Verreault

Identité et cultures nationales. L'Amérique française en mutation,
sous la direction de Simon Langlois

La mémoire dans la culture, sous la direction de Jacques Mathieu

Religion, sécularisation, modernité. Les expériences francophones en Amérique du Nord,
sous la direction de Brigitte Caulier

Érudition, humanisme et savoir. Actes du colloque en l'honneur de Jean Hamelin,
sous la direction d'Yves Roby et de Nive Voisine

Culture, institution et savoirs, sous la direction d'André Turmel

Littérature et dialogue interculturel, sous la direction de Françoise Tétu de Labsade

Le dialogue avec les cultures minoritaires, sous la direction d'Éric Waddell

Échanges culturels entre les Deux solitudes, sous la direction de Marie-Andrée Beaudet

Variation sur l'influence culturelle américaine, sous la direction de Florian Sauvageau

Produire la culture, produire l'identité ?, sous la direction d'Andrée Fortin

Les parcours de l'histoire. Hommage à Yves Roby, sous la direction de Yves Frenette, Martin Pâquet et Jean Lamarre

Les cultures du monde au miroir de l'Amérique française, sous la direction de Monique Moser-Verrey

OUVRAGES EN PRÉPARATION

Médiations et francophonie interculturelle, sous la direction de Lucille Guilbert

Discours et constructions identitaires, sous la direction de Denis Deshaies
et de Diane Vincent

Aspects de la nouvelle francophonie canadienne

Sous la direction de
Simon Langlois
et
Jocelyn Létourneau

Culture française d'Amérique

LES PRESSES DE L'UNIVERSITÉ LAVAL
2004

Les Presses de l'Université Laval reçoivent chaque année du Conseil des Arts du Canada et de la Société de développement des entreprises culturelles du Québec une aide financière pour l'ensemble de leur programme de publication.

Nous reconnaissons l'aide financière du gouvernement du Canada par l'entremise de son Programme d'aide au développement de l'industrie de l'édition (PADIÉ) pour nos activités d'édition.

Révision linguistique
 Frédéric Demers
Infographie
 Hélène Saillant
Correction des épreuves
 Jeanne Valois

© Les Presses de l'Université Laval 2004
Tous droits réservés. Imprimé au Canada
Dépôt légal 1er trimestre 2004
ISBN 2-7637-8083-0

Distribution de livres Univers
845, rue Marie-Victorin
Saint-Nicolas (Québec)
Canada G7A 3S8
Tél. (418) 831-7474
ou 1 800 859-7474
Téléc. (418) 831-4021
http://www.ulaval.ca/pul

Table des sigles

AEFNB	Association des enseignants et enseignantes francophones du Nouveau-Brunswick
AFI	Année francophone internationale
ASOPE	Aspirations scolaires et orientations professionnelles des étudiants
CEA	Centre d'études acadiennes
CIDEF	Centre international de documentation et d'échanges sur la francophonie
CRCCF	Centre de recherche en civilisation canadienne-française
CVFA	Conseil de la vie française en Amérique
FCFA	Fédération des communautés francophones et acadienne
FJCF	Fédération des jeunes Canadiens français
FFHQ	Fédération des francophones hors Québec
FORA	Centre franco-ontarien de ressources en alphabétisation
INRS	Institut national de la recherche scientifique
IQRC	Institut québécois de recherche sur la culture
PUF	Presses universitaires de France
PUL	Presses de l'Université Laval
SNA	Société nationale de l'Acadie
UQAM	Université du Québec à Montréal

Présentation

Au cours des quarante dernières années, soit depuis la publication du Rapport Laurendeau-Dunton en 1961 et la tenue des États généraux du Canada français en 1967, la francophonie canadienne a connu une évolution majeure et un ensemble de mutations saisissantes. Ainsi, l'unité normative de l'ancien Canada français n'existe plus; il appert d'ailleurs que cette unité avait été surestimée, voire en partie imaginée, par ses partisans et sympathisants (Martel, 1996; 1997). Pour décrire la condition actuelle du Canada français, certains parlent de fractionnement identitaire (Thériault, 1999; Martel, 1998). D'autres évoquent l'avènement d'une francophonie canadienne plurielle (Allaire et Gilbert, 1998). Chose certaine, malgré certains travaux majeurs parus ces dernières années[1], l'histoire et la sociographie contemporaine de cette francophonie restent à construire. (Notons d'ailleurs, comme l'évoquait Denis (1996), que la définition même de ce qu'est la francophonie canadienne continue de faire l'objet de débats contradictoires entre les analystes).

Si la francophonie canadienne existe de moins en moins comme une entité unique et univoque, son rapport au foyer originel s'est également modifié. Il est ainsi devenu difficile, au-delà des beaux discours, d'envisager cette francophonie comme se référant

---

1. Voir la bibliographie sur les dynamismes identitaires au Canada francophone, confectionnée par Frédéric Demers, apparaissant sur le site de la CEFAN (http://www.cefan.ulava.ca/DOCU.HTM).

ou se rapportant à un lieu, un pivot ou un tremplin primordial qui aurait pour nom Québec. En fait, c'est le contraire qui semble vrai (Cardinal, 1994). Les communautés francophones hors-Québec existent en effet, en deçà et au-delà de leur réunion institutionnelle dans la Fédération des communautés francophones et acadienne (FCFA), comme autant de groupements distincts plus ou moins importants sur le plan démographique et influents sur le plan politique. Cette fracture, voire disparition, ou du moins dissémination de la nation canadienne-française ayant pour socle le Québec, a donné lieu à l'émergence d'une francophonie canadienne fragmentée cherchant à se définir, avec quelques difficultés il faut l'admettre, dans la perspective de ses quatre axes identitaires entremêlés et parfois dissonants :

– son attachement au projet canadien ;
– sa dépendance envers les institutions fédérales et l'État central ;
– ses affiliations régionalistes et provincialistes ;
– son dénominateur commun : la langue et la culture d'expression française.

À l'heure actuelle, il est clair que les communautés francophones situées en dehors du Québec – les Acadiens du Nouveau-Brunswick exceptés – rapetissent en terme absolu et relatif dans l'ensemble démographique canadien. Il est tout aussi évident qu'elles sont à la recherche d'un nouveau souffle pour assurer leurs assises et maintenir leur présence au cœur du devenir du pays. Or, cette recherche de positionnement, d'ordre politique (stratégie d'insertion dans l'espace public) tout autant qu'identitaire (mode de représentation et de dénomination de Soi), est fascinante à étudier.

C'est l'objectif visé par cet ouvrage que d'offrir au lecteur des éléments factuels et interprétatifs pour se faire une idée de la complexité des dynamismes identitaires qui marquent maintenant le Canada francophone. De ce point de vue, le livre se situe dans le prolongement des contributions précédentes qui ont alimenté la collection « Culture française d'Amérique » parrainée par la Chaire pour le développement de la recherche sur la culture d'expression française en Amérique du Nord (CEFAN). Au lieu de répliquer les paramètres connus ou convenus du débat portant sur la condition franco-canadienne, nous nous sommes mis dans la position d'explorer les manifestations de la nouvelle donne qui caractérise la francophonie canadienne dans ses démarches de reproduction ou d'actualisation identitaire. Plutôt que de partir d'une vision arrêtée ou d'une conceptualisation accréditée pour aborder le sujet, nous avons préféré emprunter de nouvelles pistes d'investigation et de réflexion. Ainsi, nous avons choisi de nous ouvrir au fait que la langue française compte comme l'une des références par lesquelles se définit un groupement plutôt que la référence unique du destin identitaire de ce groupement ; au fait, aussi, que la culture d'expression française au Canada est alimentée non pas seulement par des locuteurs de langue et de culture maternelle française, mais également, de plus en plus, par des locuteurs d'autres cultures et héritages historiques ; au fait, troisièmement, que l'appartenance ou que l'attachement à la francophonie est le résultat d'un choix délibéré du sujet – d'une appropriation identitaire et culturelle de sa part pourrait-on dire aussi – tout autant que le résultat d'un destin hérité et à léguer ; au fait, enfin, que se manifestent de nouvelles formes de vitalité identitaire au Canada francophone, formes qui ne se configurent pas comme les précédentes et qui nous obligent à faire preuve d'un diagnostic lucide – ni trop optimiste ni trop pessimiste – sur l'avenir du fait français au pays.

La table des matières de l'ouvrage rend compte des intentions poursuivies depuis le début avec notre projet qui a d'abord pris la forme d'un séminaire scientifique tenu à l'Université Laval à l'automne 2001. À cet égard, le lecteur doit savoir que notre ambition n'a jamais été de proposer une interprétation globale de la condition identitaire contemporaine de la francophonie canadienne. Comme le titre de l'ouvrage le laisse entendre, ce sont quelques-uns des aspects ou des dynamismes propres au processus de redéfinition identitaire de cette francophonie que nous avons plutôt cherchés à mettre en lumière.

Les contributions formant la matière de l'ouvrage ont été regroupées en trois sections. La première section, intitulée « La nouvelle francophonie canadienne », vise à présenter certains éléments descriptifs de la réalité sociologique et sociographique qui définit maintenant la francophonie canadienne. La deuxième section, titrée « Mutations de l'imaginaire commun », permet de pénétrer au cœur des mutations que connaît présentement la francophonie canadienne au chapitre de ses grandes thématiques et références identitaires. La dernière section, appelée « Vitalité et visibilité des communautés francophones », nous entraîne au centre des dynamismes identitaires paradoxaux qui caractérisent les minorités francophones au Canada.

Comme à l'accoutumé, l'ouvrage ouvre ses pages à des analystes chevronnés de la condition du Canada français, certains privilégiant une lecture académique de cette condition – les Allain, Beauchemin, Boileau, Castonguay, Clarke, Frenette, Laflamme, Martel et Stebbins –, d'autres préconisant un mode de préhension plus essayistique, polémique même, du destin des francophones au Canada – les Chiasson et Poliquin. Désireux de permettre à de nouveaux observateurs d'exposer leurs points de vue sur un ensemble de questions complexes, nous avons retenu plusieurs textes de jeunes chercheurs qui nous semblent ajouter à l'ordre du questionnement – Léonard, Remysen et Schmachtel – ou arpenter de nouveaux terrains d'investigation – De Vriendt, Lavigne et Lebel.

Les communautés francophones au sein du Canada anglais d'un côté, l'Acadie et le Québec de l'autre, sont devenues des entités engagées – chacune de manière spécifique – dans des entreprises de refondation ou de redéfinition identitaire et politique dont l'orientation paraît claire pour certains analystes alors que, pour d'autres, elle reste amplement ouverte et indéterminée. Par cet ouvrage, notre objectif est d'apporter, au moulin de la connaissance empirique des situations identitaires émergentes et de l'interprétation qu'il est possible d'en donner, des éléments de compréhension pertinents.

Simon Langlois et Jocelyn Létourneau

Références

Allaire, Gratien, et Anne Gilbert (1998), *Francophonies plurielles*, Sudbury, Institut franco-ontarien (coll. Fleur de trille).

Bernard, Roger (1990), *Le choc des nombres. Dossier statistique sur la francophonie canadienne, 1951-1986*, Ottawa, FJCF.

Cardinal, Linda (1994), « Ruptures et fragmentations de l'identité francophone en milieu minoritaire : un bilan critique », *Sociologie et sociétés*, 26, 1, p. 71-86.

Denis, Claude (1996), « La patrie et son nom. Essai sur ce que veut dire le " Canada français " », *Francophonies d'Amérique*, 6, p. 185-198.

Martel, Marcel (1996), « Trois clés pour comprendre la rupture du Canada français », dans Benoit Cazabon (dir.), *Pour un espace de recherche au Canada français*, Ottawa, Presses de l'Université d'Ottawa, p. 35-52.

Martel, Marcel (1997), *Le deuil d'un pays imaginé : rêves, luttes et déroute du Canada français. Les rapports entre le Québec et la francophonie canadienne (1867-1975)*, Ottawa, CRCCF.

Martel, Marcel (dir.) (1998), *Les États généraux du Canada français : trente ans après*, Ottawa, CRCCF.

Thériault, Joseph Yvon (dir.) (1999), *Francophonies minoritaires au Canada. L'état des lieux*, Moncton, Éditions d'Acadie.

La nouvelle francophonie canadienne

L'évolution des francophonies canadiennes. Éléments d'une problématique

Yves Frenette
Collège universitaire Glendon
Université York

Je suis historien. C'est dire que la durée est au centre de mes analyses. Depuis une vingtaine d'années, je m'attache ainsi à comprendre l'évolution dans le temps de divers groupes francophones sur le continent nord-américain. Dans le texte qui suit, je présente les éléments de ma problématique sur l'évolution des francophonies canadiennes.

Ma réflexion se fait en trois temps. D'abord, je traite des influences intellectuelles qui guident mes recherches sur les francophonies canadiennes. J'expose ensuite ma problématique, qui est constamment en construction. Enfin, je traite des mutations identitaires contemporaines car, pour moi, l'historien est

> toujours un homme de son temps [...] enraciné dans un milieu social déterminé, dont il emporte avec lui, au cours de son exploration dans le passé les inquiétudes, les problèmes, – une certaine manière particulière de sentir et de penser (Marrou, 1961 : 1505).

INFLUENCES INTELLECTUELLES

Jeune historien dans la deuxième moitié des années 1970, un concours de circonstances, comme il en arrive souvent au cours d'une vie, m'a amené à m'intéresser aux régions du Québec, plus particulièrement à la Gaspésie. Sous l'influence de Jean Hamelin, nous travaillions alors dans la perspective d'une histoire globale et, sous l'influence de Fernand Harvey et d'autres sociologues, nous voulions contribuer à la compréhension des phénomènes de développement régional (Desjardins et Frenette, 1981). Or, la Gaspésie fut, jusqu'au milieu du XXe siècle, une région où se côtoyaient et interagissaient plusieurs groupes ethnoculturels. J'entrevoyais bien l'importance de cette diversité culturelle et de l'interculturalisme qui en découlait, mais je ne possédais pas à l'époque les outils conceptuels pour traduire ces réalités en un programme de recherche. Beaucoup plus tard, je relirais l'histoire de la Gaspésie et du golfe du Saint-Laurent dans l'optique d'un historien de l'ethnicité, ce qui contribuerait à l'élaboration de ma problématique sur la genèse et l'évolution des francophonies canadiennes (Frenette, 1996, 1998a ; Desjardins et Frenette, 1999).

Toutefois, le détour le plus déterminant dans mon parcours fut ma pratique de l'histoire des Canadiens francais de la Nouvelle-Angleterre. De 1979 à 1988, je fis une thèse de doctorat sur les Canadiens français de Lewiston, Maine, au XIXe siècle. Mais je ne m'intéressais pas aux phénomènes identitaires et le terme « identité » n'apparaît pas une seule fois dans ma thèse et dans mes premiers articles (Frenette, 1986, 1988, 1989). Bien sûr, je savais que les Canadiens français émigrés dans les centres textiles de la Nouvelle-Angleterre étaient devenus, sous l'effet du nouveau milieu, des Franco-Américains pour qui la langue française était secondaire, quand elle n'avait pas complètement disparue. Cependant, cela ne m'apparaissait pas important. Inspiré par l'historien anglais Edward Palmer Thompson, par son *alter ego* américain Herbert Gutman et par des dizaines d'historiens de la classe ouvrière et des groupes immigrants aux États-Unis, j'écrivais l'histoire des Franco-Américains *from the bottom up*. Je voulais saisir le processus de formation d'une classe ouvrière dans les petits Canadas et montrer comment les gens ordinaires avaient résisté à la domination des propriétaires de manufactures de coton et à celle de la petite-bourgeoisie ethnique composée de prêtres, de médecins et de boutiquiers de toutes sortes (Thompson, 1963 ; Gutman, 1973 ; Roby, 1984). En même temps, avec d'autres, Bruno Ramirez notamment, je prenais conscience par mes recherches dans les recensements et les registres d'état civil de la grande importance des phénomènes migratoires dans l'expérience historique québécoise ainsi que de la similarité de cette expérience et de celle des immigrants européens (Ramirez, 1991 ; Frenette, 1995). Quant aux géographes culturels de l'Université Laval, qui avaient lancé un vaste chantier sur l'Amérique française, ils me semblaient travailler dans une perspective complètement différente de la mienne (Louder et Waddell, 1983).

En 1988, je déménageai à Toronto pour y occuper un poste au Collège universitaire Glendon. C'est là que, pour la première fois, j'ai pris pleinement conscience des phénomènes identitaires. Cela est venu de trois directions. D'abord, vivant moi-même en situation minoritaire, je commençais à en saisir toute la portée et la complexité de ce qu'une telle chose implique. Parallèlement, mon travail dans une institution bilingue, censée servir la communauté francophone du centre et du sud-ouest de l'Ontario, suscita des questionnements (Frenette, 2000)[1]. Enfin, en montant des cours sur l'histoire de l'immigration et de l'ethnicité en Amérique du Nord, je fus amené à fréquenter, par la lecture surtout, des sociologies francophones qui plaçaient l'identité au cœur de leurs préoccupations, par exemple celles des Raymond Breton (1964), Danielle Juteau-Lee (1980), Roger Bernard (1988) et Joseph-Yvon Thériault (1994). En 1995, j'ai été co-directeur d'un bilan de recherche sur la francophonie ontarienne (Cotnam, Frenette et Whitfield, 1995) puis, par un autre concours de circonstances, j'ai rédigé une synthèse d'histoire des Canadiens français des origines à nos jours (Frenette, 1998b). À la suite de la publication de ce livre, j'ai senti le besoin d'élargir ma perspective, tant sur le plan disciplinaire que sur celui de mon objet d'étude, et je dirige présentement un projet de site WEB interdisciplinaire sur l'identité des francophones du Canada. En plus du Canada français, mes recherches portent donc sur l'Acadie, le peuple métis et les immigrants francophones venus de l'extérieur du Canada (Frenette, 1999-).

Mon approche des francophonies canadiennes est celle d'un chercheur formé à la fois en histoire du Québec et des États-Unis,

---

1. Pour le témoignage d'autres universitaires œuvrant en milieu minoritaire francophone, voir Grisé (1995).

qui emprunte ses concepts, notamment celui d'acculturation, et ses méthodes aux études sur l'immigration et l'ethnicité. Je suis aussi très sensible aux phénomènes de hiérarchisation sociale au sein des communautés francophones et, cela, dans une perspective interdisciplinaire.

LA GENÈSE ET L'ÉVOLUTION DES FRANCOPHONIES CANADIENNES

Dans la foulée de la colonisation européenne de l'Âge moderne, trois foyers principaux de peuplement français ont vu le jour en Amérique du Nord : Port-Royal et l'Acadie (1604), Québec et la vallée du Saint-Laurent (1608), la Nouvelle-Orléans et la Louisiane (1699). À ceux-ci s'ajoutèrent très tôt des foyers secondaires dans la région des Grands Lacs, au pays des Illinois et dans les plaines de l'Ouest (Louder, Trépanier et Waddell, 1994)[2].

En se transplantant dans les régions maritimes du nord-est de l'Amérique, dans la vallée du Saint-Laurent et plus avant à l'intérieur du continent, les Français apportent leur bagage technique et culturel. C'est le premier d'une série de transferts culturels à se produire au sein des francophonies nord-américaines. Toutefois, ces transferts ne peuvent se réaliser dans leur totalité, le milieu d'implantation différant des milieux d'origine. En outre, les Amérindiens, avec qui les colons français entretiennent des relations étroites, influencent leurs façons d'être et de faire. C'est le premier phénomène d'acculturation au Canada (Frenette, 1998b).

Ainsi, les Français deviennent des Canadiens (vallée du Saint-Laurent, Grands Lacs, plaines de l'Ouest) et des Acadiens (régions maritimes du Nord-Est). Cette distinction originale s'explique par les caractéristiques culturelles propres aux colons, les spécificités des milieux où ils s'établissent ainsi que la position géostratégique des

---

2. Puisque je m'intéresse ici aux francophonies canadiennes, je traite surtout des foyers acadien et québécois. Le foyer louisianais sera aussi le lieu de mutations identitaires répétées. Leur complexité est encore plus considérable qu'en Acadie et au Canada français (Frenette, 1998c ; Valois, 2002).

deux colonies. Par le biais du commerce et de la guerre, les Français d'Acadie sont en contact plus étroit que ceux de la vallée du Saint-Laurent et des territoires plus à l'ouest avec les habitants des colonies britanniques. Ils sont également plus indépendants des autorités coloniales (Daigle, 1993 ; Griffiths, 1997 ; Landry et Lang, 2001).

La transformation des Français en Canadiens et en Acadiens a constitué la première mutation identitaire des francophones du Canada. Une seconde mutation identitaire, tout aussi fondamentale, survient dans le sillage d'événements politiques et militaires : la déportation des Acadiens entre 1755 et 1763 et la conquête du Canada en 1760. Dans le premier cas, les autorités britanniques chassent à la pointe de la baïonnette les Acadiens des pourtours de la baie française (baie de Fundy) et les déportent en plusieurs endroits. S'ensuit un demi-siècle de pérégrinations qui résultent en la création de nouvelles Acadies (Leblanc, 1983). À certains endroits, comme dans la vallée du Saint-Laurent, l'identité acadienne disparaît complètement. Parfois, elle devient symbolique, comme c'est le cas en France (Braud, 1996). Ailleurs encore, elle se transforme dans ses assises mêmes ; c'est ce qui se passe en Louisiane où les Acadiens y deviennent des Cadjins (Brasseaux, 1987, 1992). Dans les régions maritimes de l'est du Canada, les Acadiens, qui étaient des agriculteurs avant la Déportation, rebâtissent leurs communautés sur de nouvelles bases économiques, tout particulièrement la pêche (L. Thériault, 1993 ; Landry et Lang, 2001). Grâce à la tradition orale, la mémoire collective garde toutefois vivace le souvenir de l'ancienne Acadie et le drame du Grand Dérangement. Dans la deuxième moitié du XIXe siècle, les élites se fondent sur cette culture traditionnelle pour faire « renaître » l'Acadie en créant des institutions et des symboles visant à unifier leurs compatriotes des Provinces Maritimes (J.-Y. Thériault, 1995).

Les Canadiens par contre ne sont pas déportés, ils sont conquis. La Conquête introduit l'élément anglais au Canada et lui confère le pouvoir politique et économique. Jusqu'au début du XIXe siècle, l'immigration en provenance des îles britanniques est faible, mais, à partir de ce moment, elle s'accroît considérablement. Les Canadiens se rendent à l'évidence : les Anglais ne repartiront pas et leur poids pèse de plus en plus lourd. Ils sont même en train de s'approprier l'identité canadienne en se définissant comme *Canadians*. Apparu dans les années 1820, le vocable « Canadien français » se répand après les traumatismes des rébellions de 1837-1838 et de l'union du Bas- et du Haut-Canada en 1841. L'intelligentsia en vient à considérer les Canadiens d'origine française comme une « race ». Cette nouvelle identité n'est pas seulement linguistique et généalogique, elle est également religieuse : être canadien-français, c'est aussi être catholique (Frenette, 1998b).

Dans ma brève synthèse, j'ai décrit les caractéristiques des Canadiens français en insistant sur leur mobilité géographique. Que ce soit parce qu'ils sont endettés, parce qu'ils ont perdu leur emploi, parce qu'ils veulent établir leurs enfants, parce qu'ils désirent améliorer leur situation ou simplement parce qu'ils rêvent d'aventure, des centaines de milliers d'individus quittent leur paroisse natale, de façon temporaire ou permanente, pour s'installer dans des endroits choisis en fonction de divers facteurs économiques, sociaux et culturels. La plupart participent à plus d'un mouvement migratoire. Par exemple, une famille quitte la vieille paroisse de Baie-du-Febvre, sur la rive sud du Saint-Laurent, pour tenter l'aventure du défrichement à Wotton dans les Cantons-de-l'Est. De là, elle passe l'hiver dans un chantier forestier du Vermont. Elle repasse la frontière pour s'installer à Sherbrooke où le mari travaille comme manœuvre. Finalement, elle repart pour la Nouvelle-Angleterre où elle s'établit pour de bon, à Lowell cette fois. Mais les enfants continuent leurs pérégrinations. Au début du XXe siècle, deux d'entre eux sont attirés par les mines de Sudbury. On garde le contact avec eux, mais aussi avec la sœur restée pour s'occuper des « vieux » sur la terre ancestrale et avec le frère qui a réussi à Wotton et est maintenant maire de la petite municipalité. À l'occasion, on reçoit des nouvelles de l'oncle de l'Illinois, de la nièce qui est domestique à Montréal, de l'ancien voisin parti au Manitoba. Se forme ainsi une nouvelle spatialisation, une territorialité canadienne-française. La mort du curé de Baie-du-Febvre, une campagne électorale à Wotton, une grève à Sherbrooke, la fermeture d'un chantier près de Burlington, une sécheresse dans le Midwest, un grand incendie à Montréal et la crise du règlement XVII en Ontario sont autant d'événements qui intéressent, parce qu'on peut y associer un visage, un lieu bien vivant de notre mémoire (Frenette, 1998b).

Partout où ils vont, les Canadiens français emportent leurs traits culturels et leurs institutions au premier rang desquelles on trouve la famille. Principal agent de socialisation, celle-ci fait la liaison avec la région d'origine et la migration en chaîne relie deux ou plusieurs parties du Canada français. Les migrants du Maine proviennent en grande partie de la Beauce, alors qu'un fort contingent du Rhode Island est originaire des environs de Berthier. Les Canadiens français de Toronto viennent pour la plupart de la Mauricie et ceux de l'est de l'Ontario, des comtés québécois avoisinants. Après avoir fait tache d'huile dans une aire géographique québécoise, les réseaux de parenté s'étendent ailleurs au Canada et aux États-Unis. L'appartenance à ces réseaux permet aux ménages et aux individus de se mouvoir d'un endroit à l'autre, assurés qu'ils sont d'y trouver soutien et sociabilité (Frenette, 1998b). Comme l'écrit le géographe Christian Morissonneau, « C'est elle [la famille] qui constitue le véritable réseau de migration intégrant l'individu où qu'il allât, invitation à partir sans dépaysement trop grand car on demeure en famille, c'est-à-dire entre soi, même chez les autres » (Morissonneau, 1979 : 28).

La famille, la parenté, l'Église, tout le réseau institutionnel facilite l'adaptation dans les milieux divers où se trouvent les Canadiens français, que ce soit une ville forestière du Nord ontarien, un village manitobain ou une ferme isolée en Alberta. Comme leurs ancêtres de France qui s'étaient aventurés en Nouvelle-France, les migrants doivent modifier leur bagage culturel et, au cours du processus, ils acquièrent de nouvelles identités, non seulement parce qu'on ne pratique pas l'agriculture de la même façon dans les plaines de l'Ouest que dans les contreforts des Appalaches, mais aussi parce que, plus souvent qu'autrement, les Canadiens français partagent les lieux où ils s'installent avec d'autres groupes, notamment ceux issus des îles britanniques, qui sont en majorité, du moins à l'échelle provinciale. Ainsi, dès la fin du XIXe siècle, on commence à parler des « Canadiens français d'Ontario » comme d'un groupe distinct des francophones des autres provinces. En Saskatchewan, en 1912, au moment de la création d'une association provinciale qui représentent les communautés canadiennes-françaises et francoeuropéennes de la province, les participants au congrès de fondation sont particulièrement soucieux de choisir une appellation qui rallierait le plus grand nombre. Ils optent finalement pour le terme « Franco-Canadien » plutôt que « Canadien français ». Quarante ans plus tard, lors du Troisième congrès de la langue française du Canada, Louis-Philippe Mousseau parle longuement à ses compatriotes du Québec des Canadiens français de l'Alberta, qu'il désigne du vocable de « Franco-Albertains ». En fait, depuis le tournant du XXe siècle, les conflits scolaires, que l'historien Marcel Martel qualifie de mythes fondateurs des minorités hors Québec, ont fait prendre conscience aux groupes francophones de leurs différences. Les Canadiens français du Québec jouissent d'une certaine sécurité culturelle, tandis qu'eux doivent lutter pour bâtir et préserver des institutions, et surtout pour avoir accès à des écoles de langue française (Martel, 1998; Frenette, 1998b). On se trouve devant un paradoxe: l'expansion du Canada français dans l'espace contient les germes de sa disparition, puisque, par définition, les migrations sont porteuses d'acculturation. Dans un groupe minoritaire, l'acculturation est d'autant plus envahissante qu'elle s'accompagne de transferts linguistiques. L'émergence de nouvelles identités chez les groupes francophones de l'Ontario (Franco-Ontariens) et de l'Ouest (Franco-Manitobains, Fransaskois, etc.) au XXe siècle s'explique donc en grande partie par les transformations qu'ils ont subies sur place.

L'avènement d'une identité québécoise qui s'affirme avec force pendant la décennie de 1960 n'est pas le facteur le plus important dans l'éclatement du Canada français, contrairement à ce qu'on affirme habituellement (Harvey, 1995; Martel, 1997). Les jeux se sont faits beaucoup plus tôt, en fait dès le moment où les Canadiens français se sont installés à l'extérieur du Québec. Pour l'historien du politique, les États généraux du Canada français de 1967 marquent la rupture. Pour l'historien des faits sociaux, ils la symbolisent, les élites réagissant à un mouvement qui avait cours depuis plusieurs décennies dans les couches populaires[3].

---

3. Le même phénomène s'est produit en Franco-Américanie. Voir Roby (2000).

Je n'évacue pas le champ politique de mes analyses, mais je ne prends pas pour acquis que les pratiques des « gens ordinaires » correspondent nécessairement au discours des élites. Quant aux relations Québec–minorités francophones, elles ne sont pas à sens unique. Le Québec influence l'évolution des minorités, mais le contraire est tout aussi vrai. Après la Deuxième Guerre mondiale, l'avènement de l'identité québécoise est étroitement lié aux représentations que se fait l'intelligentsia de la francophonie canadienne. Les grandes crises scolaires et celle de la conscription ont presque convaincu certains chefs nationalistes du Québec, et ce dès les années 1920, de l'impossibilité de la dualité culturelle et linguistique canadienne. Lentement, la leçon du nombre imprègne les milieux nationalistes : il est très difficile, sinon illusoire, d'essayer d'assurer la survie des minorités assujetties à la volonté de la majorité. Ne faudrait-il pas plutôt rassembler ses effectifs sur le territoire québécois, seul endroit où les Canadiens français peuvent profiter pleinement de leurs droits religieux et linguistiques (Frenette, 1998b) ?

Au milieu du XXe siècle, l'identité acadienne se modernisera également et se fragmentera selon les appartenances provinciales. Au Nouveau-Brunswick, de nouvelles élites, inspirées en partie par le néo-nationalisme québécois, se fondent sur le réseau institutionnel traditionnel pour revendiquer l'égalité de la société acadienne face à la majorité anglophone. Les Acadiens de la Nouvelle-Écosse et de l'Île-du-Prince-Édouard ont aussi le vent dans les voiles sur le plan institutionnel et culturel, mais leur situation ressemble à bien des égards à celle des francophones des provinces des Prairies, car l'assimilation linguistique y effectue des ravages (Hautecœur, 1975 ; Vernex, 1979 ; J.-Y. Thériault, 1995 ; Basque, Barrieu et Côté, 1999).

Les transformations des francophonies canadiennes au fil des siècles sont aussi dues à l'apport d'immigrants provenant de pays francophones autres : les Anglo-Normands en Acadie et dans la région du golfe du Saint-Laurent, les Franco-Européens (Français, Belges, Suisses) et, plus récemment, des gens venus des Antilles, d'Afrique et d'Asie. Parfois, ces immigrants se sont intégrés aux groupes francophones existants, parfois ils ont formé leurs propres réseaux et développé des solidarités fondées sur la langue française et l'origine géographique. L'apport des Franco-Européens a été crucial dans la formation des communautés francophones des Prairies. Leur cohabitation avec les Canadiens français n'a pas toujours été facile, les différences culturelles semblant souvent l'emporter sur la communauté de langue (Frémont, 1980 ; Durieux, 1986 ; Allaire, 1993).

À l'occasion, la rencontre de deux groupes francophones ou d'un groupe francophone et d'un autre groupe linguistique donne lieu a un processus d'ethnogenèse, c'est-à-dire à la formation d'un groupe ethnoculturel qui emprunte des éléments aux deux groupes originaux, mais qui s'en démarque. C'est le cas dans la vallée du Saint-Jean ou l'arrivée d'Acadiens et de Canadiens français au tournant du XIXe siècle a donné naissance aux Brayons. Selon la localité, selon la famille, ce sont tantôt les éléments acadiens, tantôt les éléments canadiens-français qui dominent (Albert, 1920). Plus à l'est, le peuple franco-terreneuvien est aussi né de la rencontre de deux groupes francophones : les Acadiens, en provenance du golfe du Saint-Laurent, et les déserteurs bretons, souvent de tout jeunes hommes, qui fuient les conditions atroces sur les morutiers[4]. Dans un contexte d'isolement géographique séculaire, cet amalgame a entraîné l'éclosion d'une culture originale (Magord, 2002).

Toutefois, l'exemple le plus probant d'ethnogenèse est celui du peuple métis, fruit de l'union de voyageurs canadiens et de femmes amérindiennes. Comme les autres identités francophones du Canada, l'identité métisse est mouvante dans le temps et dans l'espace. Dans un lieu et à un moment donnés, selon leur position socio-économique et le regard que les Blancs posent, les Métis sont davantage amérindiens que canadiens et vice-versa. Le métissage est également linguistique. De nouvelles langues, tel le chinook à l'ouest des Rocheuses et le michif dans les plaines, se sont constituées à partir du français et des langues amérindiennes. Dans les endroits où les Métis étaient en relation étroite avec des

---

4. Entre 1763 et 1904, la France a conservé le droit de pêcher sur la côte ouest de Terre-Neuve.

francophones, le français devint la langue usuelle, quoiqu'il fît des emprunts grammaticaux et syntaxiques aux langues amérindiennes. L'identité métisse s'est aussi forgée autour d'événements politiques : la bataille de la Grenouillère en 1816, le combat pour mettre fin au monopole commercial de la Compagnie de la Baie d'Hudson en 1849 et les mouvements de résistance de 1869-1870 et de 1885. Aujourd'hui, comme plusieurs Canadiens français et Franco-Européens de l'Ouest, la plupart des Métis sont devenus anglophones (Papen, 1984 ; Ens, 1996 ; Payment, 1990 ; St-Onge, 1990 ; Bakker, 1997).

LES MUTATIONS IDENTITAIRES CONTEMPORAINES EN PERSPECTIVE

Au seuil du XXIe siècle, les francophones du Canada négocient, une fois de plus, un virage identitaire. Mais ce virage n'est pas le même partout. D'une part, deux sociétés s'affirment avec force, le Québec et l'Acadie du Nouveau-Brunswick ; d'autre part, dans les autres provinces, à une ou deux exceptions, l'assimilation linguistique progresse à un rythme effarant. À certains endroits, elle s'accompagne d'une redéfinition identitaire. En l'absence de la langue française, l'identité de certaines personnes, qui s'affirment francophones, devient symbolique et se cantonne dans le folklore et l'histoire. Elle n'est pas sans rappeler l'identité franco-américaine contemporaine (Roby, 2000 ; Frenette, 2001).

Parallèlement, dans plusieurs provinces et régions, la langue française a acquis une fonction uniquement utilitaire et se trouve coupée de référents culturels. Dans les écoles, le français est confiné à la salle de classe. Dans les corridors, à la cafétéria, dans la cour de récréation, les jeunes parlent l'anglais. Ils ne se définissent pas comme Franco-Ontariens ou Fransaskois, mais comme Canadiens bilingues. Pour eux, le français est devenu la langue seconde, un phénomène qui correspond à la thèse de l'identité bilingue du regretté Roger Bernard (1988 ; Frenette, 2003)[5].

---

5. Les recherches de Michel Bock (2001) font ressortir la fragilité de l'identité franco-ontarienne. Selon lui, même dans un bastion culturel comme Sudbury, le terme « franco-ontarien » n'aurait jamais eu d'emprise et on serait passé du terme « canadien-français » au début de la décennie de 1960 au terme « francophone » au milieu de la suivante.

Contrairement à ce qu'avaient prédit de nombreux spécialistes des sciences sociales, c'est dans les grandes villes que la francophonie minoritaire se porte le mieux, enrichie qu'elle est de l'apport d'immigrants en provenance du Québec, d'Europe et, de façon croissante, des pays de l'hémisphère sud. À Halifax, à Toronto, à Winnipeg, à Edmonton, à Calgary, à Vancouver, les communautés francophones sont dynamiques et le réseau institutionnel est presque complet (Stebbins, 1994; Allaire, 1999; Chambon *et al.*, 2001). Toutefois, les relations sont souvent tendues entre les francophones « de souche » et les « néo-francophones » qui proviennent d'univers culturels variés. Il arrive même que le racisme sorte sa tête hideuse (Heller, 1994).

La situation est complexe et il n'est pas surprenant que les responsables de l'élaboration des politiques et les militants du fait français ne sachent pas toujours sur quel pied danser. De par leurs fonctions, les intellectuels sont amenés à participer aux débats, à éclairer les acteurs. Les historiens ont un rôle particulier à jouer, celui de rappeler que les francophonies canadiennes n'ont jamais connu d'âge d'or et que les mutations identitaires en sont la base depuis 400 ans.

Références

Albert, Thomas (1920), *Histoire du Madawaska*, Quebec, Imprimerie franciscaine missionnaire.

Allaire, Gratien (1993), « La construction d'une culture dans l'Ouest canadien. La diversité originelle », dans Gérard Bouchard (dir.) et Serge Courville (coll.), *La construction d'une culture. Le Québec et l'Amérique française*, Sainte-Foy, PUL (coll. Culture française d'Amérique), p. 343-359.

Allaire, Gratien (1999), *La francophonie canadienne. Portraits*, Sainte-Foy et Sudbury, AFI-CIDEF et Prise de Parole.

Bakker, Peter (1997), *A Language of our Own. The Genesis of Michif, the Mixed Cree-French Language of the Canadian Metis*, New York, Oxford University Press.

Basque, Maurice, Nicole Barrieu et Stéphane Côté (1999), *L'Acadie de l'Atlantique*. Moncton, Société nationale de l'Acadie, Centre d'études acadiennes et Centre international de recherche et de documentation de la francophonie.

Bernard, Roger (1988), *De Québécois à Ontarois. La communauté franco-ontarienne*, Hearst, Le Nordir.

Bock, Michel (2001), *Comment un peuple oublie son nom. La crise identitaire franco-ontarienne et la presse française de Sudbury (1960-1975)*, Sudbury, Prise de Parole.

Brasseaux, Carl A. (1987), *The Founding of New Acadia. The Beginnings of Acadian Life in Louisiana, 1765-1803*, Baton Rouge, Louisiana State University Press.

Brasseaux, Carl A. (1992), *Acadian to Cajun. Transformation of a People, 1803-1877*, Jackson, University Press of Mississippi.

Braud, Gérard-Marc (1996), « Les communautés acadiennes en France », dans *Le Congrès mondial acadien. L'Acadie en 2004*, Moncton, Éditions d'Acadie, p. 343-350.

Breton, Raymond (1964), « Institutional Completeness of Ethnic Communities and Personal Relations of Immigrants », *American Journal of Sociology*, 70, 2, p. 193-205.

Chambon, Adrienne *et al.* (2001), « L'immigration et la communauté franco-torontoise. Rapport final », Toronto, Centre de recherches en éducation franco-ontarienne, www.oise.utoronto.ca/crefo/

Cotnam, Jacques, Yves Frenette et Agnès Whitfield (dir.) (1995), *La francophonie ontarienne. Bilan et perspectives de recherche*, Ottawa, Le Nordir.

Daigle, Jean (1993), « L'Acadie de 1604 à 1763. Synthèse historique », dans Jean Daigle (dir.), *L'Acadie des Maritimes. Études thématiques*, Moncton, CEA, p. 1-43.

Desjardins, Marc, et Yves Frenette (1981), *Histoire de la Gaspésie*, Montréal, Boréal/IQRC.

Desjardins, Marc, et Yves Frenette (1999), *Histoire de la Gaspésie*, Sainte-Foy, PUL.

Durieux, Marcel (1986), *Un héros malgré lui*, Saint-Boniface, Éditions des Plaines.

Ens, Gerhard J. (1996), *Homeland to Hinterland. The Changing Worlds of the Red River Metis in the Nineteenth Century*, Toronto, University of Toronto Press.

Frémont, Donatien (1980), *Les Français dans l'Ouest canadien*, Saint-Boniface, Éditions du Blé.

Frenette, Yves (1986), « Understanding the French Canadians of Lewiston, 1860-1900. An Alternate Framework », *Maine Historical Society Quarterly*, 25, 4, p. 198-229.

Frenette, Yves (1988), « La genèse d'une communauté canadienne-française en Nouvelle-Angleterre. Lewiston, Maine, 1800-1880 », thèse de Ph.D. (histoire), Université Laval.

Frenette Yves (1989), « La genèse d'une communauté canadienne-française en Nouvelle-Angleterre. Lewiston, Maine, 1800-1880 », *Historical Papers/ Communications historiques*, p. 75-99.

Frenette, Yves (1995), « Macroscopie et microscopie d'un mouvement migratoire. Les Canadiens français à Lewiston au XIXe siècle », dans Yves Landry *et al.* (dir.), *Les chemins de la migration en Belgique et au Québec XVIIe-XXe siècles*, Louvain-la-Neuve, Éditions Académia-Publications MHN, p. 221-232.

Frenette, Yves (1996), *Les Anglo-Normands dans l'est du Canada*, Ottawa, Société historique du Canada (coll. Les groupes ethniques du Canada).

Frenette, Yves (1998a), « Capitalisme maritime, peuplement colonisateur et relations ethnoculturelles dans la région du golfe Saint-Laurent aux 18e et 19e siècles », dans Caterina Ricciardi (dir.), *Acqua. Realtà e metafora*, Rome, Semar (coll. Saggistica), p. 375-392.

Frenette, Yves (1998b), *Brève histoire des Canadiens français*, Montréal, Boréal.

Frenette, Yves (1998c), « La Louisiane et la Nouvelle-Angleterre francophones, 1865-1914. Une comparaison », *Francophonies d'Amérique*, 8, p. 143-151.

Frenette, Yves (dir.) (1999-), *Francophonies canadiennes. Identités culturelles*, www.francoidentitaire.ca

Frenette, Yves (2000), « Le rendez-vous manqué. Le Collège universitaire Glendon et les communautés francophones du Centre-Sud-Ouest de l'Ontario, 1965-2000 », Communication présentée au 60e congrès de l'ACFAS, Université de Montréal.

Frenette, Yves (2001), *Les francophones de la Nouvelle-Angleterre, 1524-2000*, Sainte-Foy, INRS-Urbanisation, culture et société (coll. Francophonies d'Amérique).

Frenette, Yves (2003), « Les francophones du centre et du sud-ouest de l'Ontario. Un portrait sommaire », dans Marcel Bénéteau (dir.), *Le passage du Détroit : 300 ans de présence francophone/ Passages : Three Centuries of Francophone Presence at Le Détroit*, Windsor, Humanities Research Group (coll. Working Papers in the Humanities, 11), p. 289-297.

Griffiths, Naomi (1997), *L'Acadie de 1686 à 1784. Contexte d'une histoire*, Moncton, Éditions d'Acadie.

Grisé, Yolande (dir.) (1995), *États généraux de la recherche sur la francophonie à l'extérieur du Québec*, Ottawa, Actexpress.

Gutman, Herbert G. (1973), « Work, Culture, and Society in Industrializing America, 1815-1919 », *American Historical Review*, 78, 3, p. 531-588.

Harvey, Fernand (1995), « Le Québec et le Canada français. Histoire d'une déchirure », dans Simon Langlois (dir.), *Identité et cultures nationales. L'Amérique française en mutation*, Sainte-Foy, PUL (coll. Culture française d'Amérique), p. 49-64.

Hautecœur, Jean-Paul (1975), *L'Acadie du discours. Pour une sociologie de la culture acadienne*. Québec, PUL (coll. Histoire et sociologie de la culture).

Heller, Monica (1994), *Crosswords. Language, Education and Ethnicity in French Ontario*, Berlin, Mouton de Gruyter.

Juteau-Lee, Danielle (1980), « Français d'Amérique, Canadiens, Canadiens français, Franco-Ontariens, Ontarois, qui sommes-nous ? », *Pluriel*, 24, p. 21-43.

Landry, Nicolas, et Nicole Lang (2001), *Histoire de l'Acadie*, Sillery, Septentrion.

Leblanc, Robert (1983), « Les migrations acadiennes », dans Dean Louder et Eric Waddell (dir.), *Du continent perdu à l'archipel retrouvé. Le Québec et l'Amérique française*, Québec, PUL, p. 137-162.

Louder, Dean, et Eric Waddell (dir.) (1983), *Du continent perdu à l'archipel retrouvé. Le Québec et l'Amérique française*, Québec, PUL.

Louder, Dean, Cécyle Trépanier et Eric Waddell (1994), « La francophonie nord-américaine. Mise en place et processus de diffusion géohistorique », dans Claude Poirier (dir.), *Les variétés du français en Amérique du Nord*, Sainte-Foy, PUL (coll. Culture française d'Amérique), p 185-202.

Magord, André (dir.) (2002), *Les Franco-Terreneuviens*, Moncton, Chaire d'études acadiennes.

Marrou, Henri-Irénée (1961), « Comment comprendre le métier d'historien », dans Charles Samaran (dir.), *L'histoire et ses méthodes*, Paris, Gallimard, p. 1467-1540.

Martel, Marcel (1997), *Le deuil d'un pays imaginé. Rêves, luttes et déroute du Canada français. Les rapports entre le Québec et la francophonie canadienne (1867-1975)*, Ottawa, Presses de l'Université d'Ottawa.

Martel, Marcel (1998), *Le Canada français. Récit de sa formulation et de son éclatement, 1850-1967*, Ottawa, Société historique du Canada (coll. Les groupes ethniques du Canada).

Morissonneau, Christian (1979), « Mobilité et identité québécoise », *Cahiers de géographie du Québec*, 23, p. 29-38.

Papen, Robert (1984), « Un parler français méconnu de l'Ouest canadien, le métis. " Quand même qu'on parle français, ça veut pas dire qu'on est des Canayens ! " », dans *La langue, la culture et la société des francophones de l'Ouest*, Regina, Institut de recherche du Centre d'études bilingues, p. 121-136.

Payment, Diane (1990), « *Les gens libres – Otipemisiwak* ». *Batoche, Saskatchewan, 1870-1930*, Ottawa, Lieux et parcs historiques nationaux.

Ramirez, Bruno (1991), *Par monts et par vaux. Migrants canadiens-français et italiens dans l'économie nord-atlantique, 1860-1914*, Montréal, Boréal.

Roby, Yves (1984), « Un Québec émigré aux États-Unis. Bilan historiographique », dans Claude Savary (dir.), *Les rapports culturels entre le Québec et les États-Unis*, Québec, IQRC.

Roby, Yves (2000), *Les Franco-Américains de la Nouvelle-Angleterre. Rêves et réalités*, Sillery, Septentrion.

Stebbins, Robert (1994), *Franco-Calgarians. French Language, Leisure, and Lingusitic Lifestyle in an Anglophone City*, Toronto, University of Toronto Press.

St-Onge, Nicole-J.-M. (1990), « Race, Class and Marginality in an Interlake Settlement, 1850-1950 », dans Jim Silver (dir.), *The Political Economy of Manitoba*, Regina, University of Regina, p. 73-87.

Thériault, Joseph-Yvon (1994), « Entre la nation et l'ethnie. Sociologie, société et communautés minoritaires francophones », *Sociologie et sociétés*, 26, 1, p. 15-32.

Thériault, Joseph-Yvon (1995), « Naissance, déploiement et crise de l'idéologie nationale acadienne », dans Simon Langlois (dir.), *Identité et cultures nationales. L'Amérique française en mutation*, Sainte-Foy, PUL (coll. Culture française d'Amérique), p. 67-83.

Thériault, Léon (1993), « L'Acadie de 1763 à 1990. Synthèse historique », dans Jean Daigle (dir.), *L'Acadie des Maritimes. Études thématiques*, Moncton, Chaire d'études acadiennes, p. 45-89.

Thompson, Edward Palmer (1963), *The Making of the English Working Class*, New York, Vintage Books.

Valois, Jeanne (2002), « Louisiane française, Louisiane créole », Sainte-Foy, texte inédit.

Vernex, Jean-Claude (1979), *Les Acadiens*, Paris, Éditions Entente.

L'Acadie du silence.
Pour une anthropologie
de l'identité acadienne*

Patrick D. Clarke
Historien
Charlo, Nouveau-Brunswick

> L'Acadie. Le mot [...] oriente la pensée vers l'imaginaire, dans le jardin analogique des mythologies plus que vers le temps de l'histoire ou l'espace objectif [...] l'Acadie demeure légende, aux confins de l'histoire et du rêve ou de la révélation, poésie du silence [...], lieu de nulle part.
>
> J.-P. Hautecœur, *L'Acadie du discours*, 1975 : 3
>
> Ne faites pas ce qui se fait en Égypte, où vous avez demeuré. Ne faites pas ce qui se fait en Canaan, où Je vais vous mener [...] Marchez dans ma Voie.
>
> *Lévitique*, 18 : 3, 4

---

* On l'aura remarqué, le titre de cet essai est calqué sur celui du livre de Jean-Paul Hautecœur, *L'Acadie du discours. Pour une sociologie de la culture acadienne* (1975). C'est pour moi une façon de souligner, un quart de siècle après sa parution, l'importance de cet ouvrage. Je voudrais vivement remercier Maurice Basque de ses commentaires critiques d'une version antérieure de cet essai. Avec pas moins de conviction, je voudrais signaler le rôle vital que joue la Chaire pour le développement de la recherche sur la culture d'expression française en Amérique du Nord (CEFAN) dans la recherche sur la francophonie canadienne hors Québec. Enfin, il est à noter que, pour alléger l'appareil critique d'un essai déjà long, j'ai choisi d'écarter toute référence aux nombreux ouvrages, généralement théoriques mais aussi théologiques, qui ont informé ma lecture des travaux effectivement cités qui, eux, portent sur l'Acadie.

RETOUR AUX ORIGINES

L'Acadie comme prémonition

Jean-Paul Hautecœur, comme pour donner suite à son ouvrage magistral *L'Acadie du discours* (1975), esquissa les grandes lignes d'une anthropologie générale de l'Acadie. Coup sur coup, dans deux articles (1976, 1977) et dans un texte demeuré inédit (1978), il jeta les bases d'un ambitieux projet. Trois approches, écrivit-il, était requises pour donner à l'Acadie une définition objective : les indices matériels constitutifs du groupe, les faits de conscience collective et, l'entre-deux, la « vue de l'intérieur ». Les deux premières approches, Hautecœur les laisse à d'autres ; il lui restait à saisir le « caché », les « rythmes de son corps animique » (1976 : 168-172). Ainsi, il se rabat sur les faits d'âme, sur le psychique, bref, sur le mystère. Son diagnostic était lapidaire : « l'Acadie n'a d'autre existence que dans le discours qui la constitue. Le lieu de l'Acadie, c'est son discours ! » Dépossédée de tous les faits de production, l'Acadie, hors du réel, se cantonne dans l'imaginaire. Victime du fait, elle est maître de la valeur. Mais, acquiesce-t-il, l'Acadien, lui, pour peu qu'il ait le sentiment d'en être un, doit participer à une solidarité, à une identité, à cette « communion avec cette Acadie-nature [...] ce mystère qu'on porte en soi ». C'est cette nature, cette objectivité qu'exprime le poète, que Hautecœur veut « reposséder » ; il lui faut constituer en un objet de science « cette sublime Acadie qu'on ne voit pas [...] parce qu'on l'a déportée dans l'imaginaire ou [...] encore parce qu'elle [...] assume sa destinée historique dans l'imaginaire – en attendant, [...] comme le peuple juif [...], le temps de l'incarnation » (1977 : 13-17)[1]. Hautecœur, sa finesse louangée, n'a cependant pas eu de

---

1. Albert Gelin, dans son étude synthétique du peuple d'Israël, dit, lui aussi, devoir déborder « le plan de la description purement sociologique ou psychologique, tant il est difficile de considérer le <u>problème</u> historique d'Israël sans toucher au <u>mystère</u> d'Israël [car] ce peuple porte un secret dont il vit, une vocation [...] qui fait l'unité spirituelle de son histoire. Par-delà les réalités empiriques, c'est à ce dedans qu'il faut accéder » (1961 : 19).

disciples. C'est dommage, car il y a dans ses travaux une voie vers la révélation du mystère, vers ce que, plus prosaïquement, on nomme l'identité. Il n'en faut pas plus pour que je me propose de renouveler le paradigme de Hautecœur en l'accordant à de nouvelles donnes et à de nouvelles perspectives.

Hautecœur a mis le doigt sur tous les faits essentiels d'une anthropologie de l'identité acadienne et notamment sur ces oppositions binaires par lesquelles on tente de décrire la condition humaine : tradition/modernité, parole/écriture, mémoire/histoire ; faits qui, depuis lors, ont été éclairés par un important corpus scientifique et par des progrès dans notre appréciation de l'Acadie. Poète-anthropologue, Hautecœur, ne manquait pas de prémonition en évoquant les avenues de recherche qui seront au cœur de cette quête. L'une, l'engouement pour la mémoire collective, qu'il évoque par la formule « monopole radical de la valeur », ce geste de défense par lequel l'Acadie oppose le sacré, l'onirique et l'idée à l'histoire, au réel et à la chose (1977 : 17). C'est précisément là l'ordre du jour de la recherche du primitif et du sacré de la conscience historique juive, proposé dans *Zakhor. Histoire juive et mémoire juive* de Yosef H. Yerushalmi (1982). L'autre, une critique littéraire qui se fait anthropologie en se constituant par « retour aux fondements et dépassement » (1977 : 14, note 7). Une voie de recherche qui s'est concrétisée à travers l'enquête systématique sur l'imaginaire acadien, notamment grâce à James de Finney. Et, enfin, « l'infrastructure », cette « configuration de rapports sociaux » qu'est l'Acadie ; puis le « pour soi », les théories et les buts qui animent acteurs et groupes (1971 : 260). C'est cela que Hautecœur avait confié à une sociologie à qui il incombait d'en repérer les cadres sociaux et les récurrences, chose faite notamment par J. Yvon Thériault. Ce sont ces deux vecteurs du mystère, la mémoire et l'imaginaire, de même que leur validation qui structureront le présent essai.

L'Acadie comme mythe

La conclusion de Hautecœur : du point de vue des indices sociétaux, l'Acadie n'est pas une société, elle n'a point de « densité matérielle ». Sa caractéristique propre est « de n'être pas incarnée dans l'espace ». Société minoritaire, inachevée, elle vit en superposition par rapport aux structures dominantes, dans un univers aérien, c'est-à-dire hors de la morphologie sociale et de « l'idée nationale ». C'est à ce niveau que l'Acadie trouve son « lieu unificateur dans le sentiment national qui crée la nation en tant que macrocosme rythmique ou pneumatique intégrant les faits psychiques individuels ». Le nationalisme acadien, fait intérieur, mystique, s'exprime « sous la forme d'un culte à l'entité sacralisée qu'est la nation ». « Le sentiment national déborde [...] du quotidien et du profane en tant que phénomène religieux. » C'est là l'essence sacrée du nationalisme des sociétés déconstruites et, en Acadie, cela comprend nombre de symboles, de rites et de dogmes (les « faits historiques mythifiés », la « réactualisation rituelle de la naissance et de la renaissance », le « mythe comme historiographie ») (1976 : 171-174).

Les valeurs vénérées sont donc du domaine moral : le devoir et la dévotion, devoir d'une mission divine, dévotion à la sainte patronne. L'impératif moral réprime l' « acte connaissant », auquel se substitue le culte au sens donné par la tradition et par le syncrétisme de la nation. Ainsi, l'imagination en tant qu' « acte éveillé de la conscience [est] exclu[e] des normes collectives qui ont comme effet le maintien de la conscience au niveau subconscient, celui du rêve [...] et, au plus subtil, de la mystique nationale ». La conséquence pour nous la plus importante, c'est l'ethnocentrisme des peuples à solidarité mythique. Le fait de fonder l'identité sur « l'unicité [...] du sentiment national », avec pour toute objectivité le mythe, revient à l'impossibilité de penser l'Acadie en dehors de l'unique, c'est-à-dire dans son contexte historique global. Revient aussi à la sublimation de la domination objective de la nation. Exclue, l'oppression est « transférée dans l'histoire mythique de la déportation » (1976 : 182-184).

Ce « règne de la valeur » est mythe, cercle de la genèse et de la destinée, ordonné d'En-Haut et célébré dans le rituel. Or, dans l'univers du mythe, « toute action réfère à un modèle archétypal et se trouve réduite à un rite : pour faire et refaire le monde, il suffit donc de dire et de redire le mythe Acadie ». Ainsi, l'idéologie nationale s'est-elle constituée en « monopole du sacré », capable de totalité mais aussi d'enfermement. « Le mythe enferme l'histoire en une nature », en l'occurrence une « patrie surnaturelle », une nécessité consacrée par la déportation. « Sans ce déplacement du lieu, la négation eût été consumée. Ce grand enfermement dans le mythe est le prix qu'il a fallu payer pour survivre » (1977 : 17-19). Voilà, pour Hautecœur, le nationalisme comme un « fait global d'essence religieuse [réduit à] réaliser l'unité-totalité au plan du sentiment [...] La problématique est alors la suivante : le déplacement, l'exil ou encore le transfert au niveau onirique a-t-il fonction stratégique ou bien se résume-t-il en une conduite d'évitement ? » Il répond par la première proposition. Non seulement le lieu d'existence de l'Acadie est l'âme, mais ce lieu a une « cohérence suffisante pour en faire une totalité, pour réaliser sur ce plan unique l'unité-totalité » (1976 : 174, 177-179).

L'Acadie comme dialectique

Les travaux de Hautecœur s'appuient sur une cassure, celle qui sépare l'Acadie traditionnelle de celle de la modernité, qu'il situe au « grand tournant » des années 1960. Il voit dans cette période charnière l'affrontement de deux visions-monde en polarité : conflit de générations, du monopole et du multiple, du silence et de la voix. Et il propose deux hypothèses. La première, celle de l'idéologie qui se substitue au mythe et qui consiste en la conciliation de la valeur et du fait, est celle de la « métamorphose de la nation en une genèse sociétale » (1976 : 179-181 ; 1977 : 23-24). L'émergence d'un nouveau langage national répondait alors à la désagrégation de la solidarité primaire. L'Acadie avant cette date était une société où la tradition régissait la vie, où la « fonction du langage articulé en une structure cohérente était essentiellement rituelle » et où le discours sur le groupe « était donné dans le mythe ». La production idéologique des années 1960 visait alors à engendrer une Acadie qui s'impose comme une « affirmation inconditionnelle », accédant ainsi « à la cohérence d'une théorie » (1976 : 175-176). C'est une tentative de réactualisation du mythe de la nation acadienne, un effort de restaurer « une idéologie nationale unitaire à la structure, aux fonctions et aux pouvoirs du mythe traditionnel ». Mais ce programme se solde par l'échec, car le nationalisme acadien, « jadis lieu de la valeur pure, s'est transformé en valeur d'échange sur le marché des choses » (1977 : 19, 22-23).

La seconde hypothèse est plus proche de son diagnostic de départ : la conquête du fait par la parole. En résumé, c'est le passage non seulement du mythe à l'histoire, mais aussi de celle-ci à l'utopie. En d'autres termes, en plus de la négation d' « un certain ordre social hiérarchique » et de l'opposition au « monopole radical du mythe national », c'est l'entrée dans la « polémique des discours, dans les controverses idéologiques, dans la dialectique de l'histoire ». C'est l'Acadie des poètes qui ainsi resurgit, portée par la voix, celle qui s'oppose à toute réduction, car la parole est « insurrection possible de la valeur contre le fait » et elle peut « réduire l'histoire à l'instant ». La parole est devenue le « nouvel irréductible » et elle « opère un nouveau décollage par rapport à la praxis qui est analogue au mythe ». En fait, « la fonction du discours mythique [...] est passée des rhéteurs aux poètes. Elle n'a pas été perdue. [...] Ainsi, le lieu de l'Acadie demeure l'_utopie_ » (1977 : 21-22, 24-26)[2]. Il y avait donc l'ordre, suivi du chaos puis de la promesse d'une « nouvelle ordonnance » – soit le mythe –, ensuite le discours, puis enfin la parole. Dans cette perspective, l'Acadie se distingue par une dialectique qui met en jeu la mémoire et l'histoire, le mythe et l'idéologie, le monolithique et le mosaïque et ce, sur un fond de tiraillements qui se posent comme une alternance entre la tradition et l'innovation, entre la valeur et le fait, qui s'exprime tantôt par la parole, tantôt par l'écrit.

L'Acadie comme durée

S'il existe une certaine confusion quant aux mutations des grands régimes de signification en Acadie, l'équivoque est levée dans son texte inédit. Hautecœur y dénote la diachronie des « métamorphoses » et y apporte des précisions sur ce qu'elles ont

---

2. Tous les soulignés sont des auteurs de chacune des citations.

d'irréductible et de symétrique par rapport « à la racine Acadie ». En fait, aux trois Acadie qu'il avait auparavant traitées essentiellement de manière isolée (l'Acadie-nature, l'Acadie du discours, l'Acadie poétique), il substitue une dynamique qui implique le révolu, l'actuel et l'à venir : le passage de la société *folk* à la modernité puis à la « société post-industrielle » ; la progression du nationalitaire au nationalisme puis au néonationalisme ; et, en creux de cette évolution, la transition de la parole (l'oralité) à l'écriture (le livre mythique) puis à la parole de nouveau (la poétique). Jusque dans les années 1950, l'Acadie, soutient Hautecœur, « vivait essentiellement sur le mode de la parole », caractéristique de toute société *folk*. Parole quotidienne « sublimée et régénérée » par la parole sacrée des rites religieux et du mythe originaire. L'écriture se réduisait à l'essentiel, la lecture aux textes liturgiques. Hautecœur avait déjà insisté sur la nature immatérielle de l'Acadie, il s'ensuit que le nationalisme en tant que système formalisé dans l'institution, l'idéologie et le pouvoir ne pouvaient exister. Par la suite, il y voit plutôt une « solidarité diffuse du sentiment national reproduite organiquement par tradition ». S'il note l'éclosion d'un « véritable nationalisme » à l'époque de la Renaissance acadienne et dont le nationalisme des années 1960 se voulait le rayonnement, il affirme que, « entre les deux [...], le nationalisme volontariste s'efface au profit de la quotidienneté [...] et des rites collectifs ». Cette longue ère, celle de l'Acadie primitive, il la décrit par un idéal-type : le « totémisme nationalitaire ». Cela suppose toujours un culte voué à l'esprit du clan, incarné dans le totem. Mais c'est l'analogie entre totémisme et nation qui est utile ici, chose qui survient « [q]uand au clan se substitue une "nation" [...] et au totem [...] une figure divine [...] objet d'un culte national distinct » (1978 : 8-10).

L'Acadie traditionnelle bascule à partir de 1955, dans la foulée du bicentenaire de la déportation et de la fondation (ou de la régénération) d'une panoplie d'institutions nationales, celles-ci se prolongeant par une participation accrue au pouvoir, par la formation d'une classe d'affaires et de technocrates et par l'écriture de l'histoire nationale. « Même si c'est un recommencement, il est original. » Cette époque, Hautecœur en parle comme celle du « fétichisme nationaliste », c'est-à-dire un « produit décadent » du totémisme, soit le culte que consacre la nouvelle élite à la nation, un objet « désacralisé, naturalisé, matérialisé ». Ce culte n'est plus une pratique collective vivante, mais une vénération de la « nation imprimée comme une théorie ». Ce qui retient l'attention ici, c'est « l'apparition de <u>l'écriture</u> publique », que Hautecœur oppose à la tradition orale. Le « fait nouveau », dans ce recommencement, c'est une « théorie explicite de la nation », phénomène dont il faut chercher les racines dans la conjoncture, celle où la parole rituelle sacrée est devenue impuissante et où la mystique, pour survivre, doit s'écrire. La « conquête de l'écriture » est alors une « tentative d'adaptation culturelle » pour garantir la pérennité de la nation alors que les coutumes et les rites traditionnels ne suffisent plus. « En l'écrivant [le nationalisme], on veut lui donner force de loi. » La fétichisation confère à l'écriture nationaliste, déjà naturalisée, le renforcement d'une « <u>surnature</u> qu'on nomme destin » : inspirée, s'apparentant au mythe, métalangage, cette écriture se veut la « bible nationale ». Les années 1970, quant à elles, se distinguent du point de vue de l'imaginaire par la multiplication des écritures qui s'articulent en polarité avec le « livre imaginaire » du nouveau nationalisme. Cette époque, il la qualifie de celle du « meurtre sacrificiel », référence au sacrifice d'où pourra jaillir un nouvel ordre. Cette écriture multiple rassemble nombre de genres, de perspectives et de lieux, mais elle ne se réduit pas à un livre parce qu'elle « n'a aucune ambition de synthèse ». Dans son incarnation poétique elle est même « anti-idéologique », cherchant à se libérer du collectif (1978 : 1-4, 7, 10-12, 16, 26-28). Le livre de Hautecœur (1975) permet de conclure que cette production parolière déboucherait sur un projet de société qui oppose le profane et le sacré, le populaire et l'élitiste, le pluriel et la réduction, la lyrique et la loi. Et il laisse entrevoir une étape ultérieure : celle de l'éclatement du nationalisme acadien sous l'effet d'une dialectique d'écritures, de classes et de régions.

* * *

De ses recherches, Hautecœur disait qu'elles étaient de l'ordre du défrichage. Certes, l'historien peut y déceler maints exemples d'une économie de la preuve dans son exposition des époques antérieures ; le sociologue, la même chose par rapport à la place qu'il fait à l'univers des choses. Mais l'important ici, c'est l'éclairage qu'il porte sur le troisième pilier de la civilisation, le mystérieux. Résumons. L'Acadie n'est pas une société. Pis, son histoire n'est qu'une « longue dispersion »[3] et son peuple, une « autre diaspora ». Son destin est de s'incarner dans « l'univers privilégié du rêve », de faire face à (ou d'éviter) la « dramatique historique » avec pour seule arme le rêve (1976 : 176-177). De ce corpus on peut tirer des conclusions structurantes pour l'étude de l'identité acadienne. Notons :

- l'Acadie est désincarnée, objectivée dans le mythe et dans les pratiques qui en découlent ;
- en Acadie, la religion et le nationalisme sont consubstantiels même lorsque cette unité est cachée par la laïcisation ;
- la déportation constitue le point zéro de l'imaginaire acadien ;
- il existe une tension constante entre l'univers de l'écriture (et de l'Écriture) et celui de la parole (et du mythe) dans l'élaboration de l'Acadie comme solidarité ; enfin,
- l'imaginaire acadien n'est pas figé, il est en dialectique dans la durée et horizontalement.

Il est deux questions qui regroupent toutes ces constatations : celle de la singularité de l'expérience acadienne et celle de l'impulsion de l'identité acadienne qui est inséparable de l'imaginaire collectif. Pour y répondre, nous nous occuperons de mettre au jour l'inspiration derrière la mystique acadienne par l'étude du discours social, objectivé dans l'écrit, lieu de la critique et du possible à la fois. Puis nous nous pencherons sur le cas du peuple juif qui, comme les Acadiens, vit en attendant..., un apparentement qui me

---

3. Au dire de Hautecœur, l'expulsion des Acadiens n'était qu'un épisode de cette dispersion qui, elle, était infinie. « Alors que les déportations étaient commandées de l'extérieur et réfèrent à des événements singuliers, la dispersion est un fait sociologique plus global dont les causes [...] sont à rechercher autant à l'intérieur [...] qu'à l'extérieur. Le mythe insiste sur [...] la déportation comme retour au chaos primordial ou encore comme renouvellement de la chute. La « dispersion », selon la pensée mythique, devrait cesser avec l'avènement des temps nouveaux : la « Renaissance », passage du chaos au cosmos. De notre point de vue, le phénomène de dispersion caractérise la constance structurelle d'une société au négatif » (1976 : 176-177, note 19).

paraît très fécond[4]. Enfin, il sera question de l'objectivation sociale du mystère dans l'Acadie d'aujourd'hui, spécialement dans sa manifestation populaire.

LE RÉCIT COMMUN

L'imaginaire collectif acadien

Hautecœur l'avait pressenti : c'est la littérature, celle de première prise, mais aussi, et surtout, critique qui pourrait le mieux saisir « l'Acadie des profondeurs ». La production seconde, écrivit-il, « fait accéder la culture globale au jeu de la polémique, de la critique, du mouvement entre le chaos et le cosmos » (1977 : 14, note 7). Il vit juste. En effet, des littéraires, s'armant d'outils de l'histoire littéraire et de la sociocritique et sensibles au socioculturel du monde littéraire dont particulièrement l'intertexte, ont depuis lors posé les assises d'une théorie intégrale de l' « Acadie intérieure ». Leur projet se résume à décrire les conditions de la constitution d'une littérature acadienne en mettant l'accent sur le contexte de son émergence. Est mis en joue l'ensemble du discours social de la longue période qui va de 1755 à 1910, une démarche qui élargit la notion de littérarité pour y inclure nombre de pratiques orales et écrites, épistémè de la littérature en gestation. L' « aboutissement » de ce développement, le récit commun acadien, est « structuré à la fois par des processus de littérarisation de l'histoire, d'adaptation de l'intertexte étranger et par le recours aux archétypes et aux mythes ». La problématique est alors « l'omniprésence, dès les années 1860,

---

4. Gilles Bibeau (1995), en introduction à son essai d'anthropologie historique de l'*homo quebecensis*, se penche au premier chef sur le phénomène de l'oubli (et donc de la mémoire), à la recherche d'une « formule récapitulative qui résumerait en quelque sorte le sens de l'histoire ». Et il « fait appel à l'exemple du peuple juif, de la religion judaïque et des livres saints qui la fondent » pour ordonner ses propos, motivant ce choix par l' « exemplarité du cas juif pour penser les notions d'identité collective », un constat encouragé par ses études de la religion.

d'un récit commun et d'un imaginaire axés sur l'exil/retour», conséquence de la transmission intergénérationnelle de récits, d'images et de valeurs, de schémas narratifs et de références religieuses (de Finney et Rajotte, 1994 : 267-271).

L'imaginaire acadien est l'objet principal de ces enquêtes des littéraires. Partant des récits de la déportation et du rôle de la presse, véhicule et lieu de synthèse, elles procèdent par mythanalyse pour mettre au jour la formation et la diffusion du récit commun. C'est le «drame de la dispersion», auquel personne n'échappe, qui est à l'origine de ce «grand récit traversant l'ensemble du discours social», reconduit par l'écrit, la mémoire vivante, la généalogie et l'histoire orale. Et fait important, ce récit émane autant de la culture populaire que de celle de l'élite et est également agissant dans les deux univers. C'est le contraire du Canada français où s'est développé un clivage entre l'imaginaire populaire et l'imaginaire lettré et où la littérature vient à pratiquer un «détournement de symboles» au profit du projet clérico-nationaliste. La situation acadienne est tout autre. Ici, la défaite, pour ne nommer que cela, «prend aux yeux des Acadiens les allures d'un cataclysme, voire d'une tentative de génocide». Pas surprenant alors que «le rêve de stabilité et des références à la terre maternelle protectrice» l'emportent sur le nomadisme canadien (de Finney et Boucher, 1996 : 133-137). «Aussi l'imaginaire acadien est-il marqué par un mélange d'attachement à la terre et de sens aigu de la fragilité de cet espace.» L'imaginaire, depuis ses débuts, conçoit «l'espace à partir du Grand Dérangement et en fonction de celui-ci : [...] l'Amérique n'est qu'une terre d'exil, alors que l'Acadie [...] reste à l'état de "projet", donc de rêve» (Morency et de Finney, 1998 : 7-10). Le thème de l'exil a donc une solide présence dans le récit commun, d'abord en la forme de la Terre-Mère mythique, ce qui se transpose par la quête de la patrie. L'errance revient constamment, «inlassablement [...] des maisons qui brûlent, des familles démembrées, des orphelins [...], des jeunes filles qu'on enlève, des exilés». Ainsi émerge un récit fondé non seulement sur l'exil/exode biblique, mais aussi sur les grands schémas mythiques tel le voyage d'Ulysse. Le corpus journalistique regorge de poèmes-complaintes, «l'équivalent des "Lamentations" bibliques de l'Exil», de recherches historiques, pour «refaire les liens » entre les victimes de l'exil et leurs descendants, et d'essais, pour réfuter les apologies de la déportation (Boucher-Marchand et de Finney, 1994 : 283-284).

Le journal *L'Évangéline* est mis à contribution pour fouiller l'imaginaire de ce peuple. Concourant à « former le sujet collectif acadien et à mettre au point le récit commun », il donne voix à l'inconscient collectif qui dérive autant d'archétypes et de la culture populaire que de l'idéologie nationale. Or ce journal est résolument tourné vers le passé, rituellement remémorant le drame de l'expulsion dans d'innombrables écrits. C'est un signe de la formation d'une « narration de l'histoire nationale » qui suit le développement commun aux littératures des peuples exilés. Cette reprise judéo-chrétienne du cycle mort-résurrection de la déportation et du retour se distingue par « l'image obsédante [...] de la mort d'enfants et de vierges, [...] toujours associée à la pureté. » On y décèle de « puissants archétypes et des schèmes mythiques », la source en Acadie d'un « imaginaire féminin trouble et ambigu » qui se dégage de l'imaginaire universel qui assimile la femme à la fois au mystère de la vie et à la mort (de Finney et Boucher, 1996 : 137-142). La mort en effet s'affiche comme le thème premier du récit commun acadien, qui exploite à satiété le cycle vie-mort-renaissance, mu par l'histoire de l'Acadie qui « produit un substrat riche en références bibliques, témoins [...] des thèmes du paradis perdu, de la terre promise et du peuple martyr ». Ces écrits « témoignent d'une volonté d'échapper aux souffrances morales et d'accéder à une pureté originelle », une « accession [qui] passe presque uniquement par la mort [...], une forme du désir d'évanescence ». À l'opposé du catholicisme, pour qui elle est associée à la résurrection du Christ, la mort dans l'imaginaire acadien est centrée sur la vierge martyre, cette dernière symbolisant la résignation ou la miséricorde ou encore l' « accès direct à la félicité éternelle ». Même sous l'inspiration romantique, le récit acadien n'échappe pas à l'obsession de la mort. Loin de la grandeur du peuple canadien-français qu'inspire ce courant littéraire au Québec, le sujet acadien recherche la Vérité et l'Absolu. Enfin, le thème de la mort va de pair avec la Renaissance acadienne, « une lutte entre les pulsions de vie et les pulsions de mort », Éros contre Thanatos. Entre les deux, c'est le chaos, la mort appelle la vie (Boucher, 1992 : 25-28, 33).

Aussi l'imaginaire acadien est-il imprégné de l'image de la femme, figure archétype qui, loin d'un déterminisme culturel, puise au fond de l'imaginaire occidental et trouve ici un sens vu de la perspective de son origine dans l'Antiquité. Il existe en effet dans la tradition acadienne une « constellation symbolique » autour de la virginité mettant en vedette Perséphone, jeune vierge enlevée, Déméter, sa mère, qui erre à sa recherche, puis Hécate, vierge farouche. Dans ce contexte référentiel, « la présence dominante d'une triade aussi prégnante n'est pas le fruit du hasard [derrière elle] se dessine un symbolisme évocateur » : la jeune fille pure, victime d'un destin cruel, la Mère divine et sa quête et l'Amazone qui laisse poindre la vengeance. C'est la racine même du mythe d'Évangéline, de son exclusion de la vie édénique et de sa quête inlassable (de Finney et Boucher, 1996 : 143-144 ; Boucher-Marchand et de Finney, 1994 : 280-283). Si des modèles héroïques foisonnent dans l'imaginaire collectif acadien, des figures féminines occupent l'avant-scène et incarnent les qualités de souffrance-martyr et maternité-virginité, qui rejoignent les « valeurs acadiennes », celles de la fidélité, de l'endurance dans la souffrance et du sacrifice. Toutes conformes qu'elles soient à l'idéologie dominante, ces héroïnes n'en reflètent pas moins des valeurs plus foncières qui s'imposent comme les moyens d' « un effort d'adaptation symbolique à une situation difficile et inéluctable ». D'où l'échec de la valorisation institutionnelle du héros masculin devant des structures culturelles qui privilégient des héroïnes, d'Évangéline à Pélagie. La prédominance de l'héroïne rejoint un arrière-plan mythique qui promet une prise sur le réel immédiat en lui donnant un sens et une cohérence. Si les héros, eux, s'adonnent dans l'action, les héroïnes, elles, se distinguent par l'attention qu'elles accordent aux valeurs qui meuvent dans la durée et dans le fondamental. Ainsi, la Vierge-mère représente-t-elle « l'autonomie parfaite et la perpétuation innocente de l'espèce [références qui] sous-tendent l'idée souvent exprimée que les Acadiens, après l'exil, sont nés à nouveau de leurs propres cendres et se sont recréés par leurs propres moyens » (de Finney, 1992 : 18-23).

En résumé, depuis 1755 l'imaginaire collectif acadien se charge de donner au vocable « Acadie » des « connotations susceptibles de compenser l'absence de référent géographique » à travers le mythe fondateur du cycle exil-retour-reconstruction. Les archétypes de la mort, de l'expulsion, de la résurrection et de l'autocréation alimentent l'ensemble du récit commun, depuis la culture orale jusque dans la littérature contemporaine (de Finney, 1995 : 183-184). Le mythe national « a pour fonction de rectifier l'histoire, de refaire l'unité du peuple acadien, de lui donner [...] une mémoire adaptée » à la conjoncture. C'est un « processus anti-silence, anti-vide, anti-dispersion » qui est libre de puiser non seulement dans l'intertexte judéo-chrétien et dans les mythes archaïques, mais aussi dans les schémas littéraires et dans l'effervescence de la Renaissance acadienne. Le mythe collectif à cette époque n'a rien à voir avec le discours élitiste qui dominera à partir des années 1920, un « mythe usé, dégradé et dévié, [une] version abâtardie et institutionnalisée » d'un récit à l'origine fort agissant. On voit donc la « Renaissance » comme une période durant laquelle s'érige un imaginaire collectif qui représente fidèlement tout un peuple ; puis la période subséquente, s'échelonnant jusqu'aux années 1960, comme celle du triomphe du projet clérico-nationaliste. Aujourd'hui, c'est le retour du balancier. Les poètes, ceux-là mêmes qui opposent une fin de non-recevoir au passé, n'en sont pas moins réduits à reproduire les mythèmes acadiens (Boucher-Marchand et de Finney, 1994 : 284-285). Décidément, le mystère perdure.

L'imaginaire collectif acadien (bis)

La période débutant avec le bicentenaire de la déportation constitue, nous l'avons vu, un nouveau départ. C'est ce que les littéraires concèdent, en apportant une nuance. Hautecœur lui-même s'était avisé de la promiscuité des deux projets en concurrence à cette époque, celui de l'idéologie dominante et celui de la contestation. Le signe « Acadie », pour ne nommer que celui-là, devait figurer au cœur même du projet émergent, comme un symbole qui sert de « lieu de l'échange entre le caché et le manifeste, entre la langue et la parole, entre la culture et les traditions » (1971 : 260, 268-269). Nombre de critiques ont attiré l'attention sur la continuité, au plan de l'imaginaire, qui marque le passage de l'Acadie de la tradition à la modernité, du mythe à l'idéologie, de la parole à l'écrit. Des exemples tirés du corpus littéraire acadien en témoignent. Pour l'auteur qui choisit le thème de la déportation, mythe originaire par excellence, il a accès au fonds inépuisable de l'intelligence collective qui regorge de modèles et de schémas tout faits. Voyons, à titre indicatif, le roman de la dispersion dans lequel la récurrence du mythe et des personnages fictifs est indicatrice d'une « continuité significative » et d'une « indéniable affinité entre les auteurs et la réalité acadienne ». Les structures mythiques qui habitent ces écrits, s'articulant autour de figures archétypes qui symbolisent l'énergie et le renouveau n'ont, en fait, rien d'inédit : la quête du paradis perdu, l'errance et l'éternel retour aux origines, le cycle naissance-renaissance, l'amour indestructible, le « déluge » (d'où le renouveau). Et toujours, l'Acadie est figurée comme vainqueur, fin prête pour accéder à la Promesse (Beaulieu, 1994 : 31-33, 46-47).

Il n'est guère surprenant alors de constater que l'écrivain moderne qui a eu le plus d'impact sur l'imaginaire acadien, Antonine Maillet, ait fondé et prolongé son œuvre sur la continuation et sur la réarticulation du mythe fondateur. Ses ouvrages clefs à caractère historique (*Évangéline deusse*, 1975 ; *Pélagie-la-Charette*, 1979 ; *Cent ans dans les bois*, 1981) représentent « un vaste projet de réappropriation de l'intertexte étranger et de réinterprétation de l'histoire ». Maillet cherche à y rapatrier le peuple dispersé et à lui redonner sa place dans l'histoire. Elle montre aux Acadiens un miroir et les place devant le conflit permanent entre le rêve et la réalité, entre l'Acadie-phénix et l'exil, qui sous-tend l'imaginaire collectif (Morency et de Finney, 1998 : 16). Transposant dans le monde imaginaire la conscience historique du peuple acadien, Maillet a créé une œuvre qui, à l'instar de son ouvrage *Le huitième jour* (1986) – titre évocateur s'il en est – est un récit en devenir, une reprise (après la Création), une continuation (de l'inachevé), un projet. Texte à « la charnière du populaire et de l'érudit, du profane et du sacré, du poétique et du métalinguistique », il « invite à des dérives » – entre les chimères et la réalité, entre le cosmique et le singulier, entre le syncrétisme matérialiste et les vertus quintessenciées – et « évoque de grandes sommes énigmatiques, utopiques ou uchroniques » (Gobin, 1988 : 29). Le lecteur acadien entretient un rapport particulier avec les personnages de Maillet qui lui renvoient une langue, des traditions, des schèmes de pensée et des valeurs qui lui sont familiers. À ce réalisme culturel s'ajoute une *dialogia* avec un long répertoire d'écrits « acadiens », allant des récits édéniques primitifs aux travaux d'historiens pionniers, qui insistent tous sur l'épreuve d'abord de la Nature, puis de la déportation et enfin de la modernité. Mais ces schèmes sont ici en mutation, un dialogisme entre le mythe et le réel qui renouvelle le mythe sur des bases moins abstraites (Bourque, 1989 : 199, 202-204, 209-210). L'identification lecteur-personnage a des prolongements notamment dans le développement de l'identité collective. Cette rencontre avec le public a permis de valoriser la culture populaire acadienne, d'accorder les mythes collectifs à la nouvelle donne et de mieux saisir les enjeux socioéconomiques et politiques collectifs. Les intellectuels ont beau se désoler de l'absence de projet politique explicite dans l'œuvre de Maillet, de son refus de faire table rase, la masse est parfaitement satisfaite de sa perspective « globale, existentielle et esthétique » (de Finney, 1988 : 33-37, 41). L'horizon d'attente des Acadiens fait en sorte que le modèle de lecture qui s'impose est celui où la fantaisie est au service de préoccupations bien concrètes, soit la lutte pour l'émancipation et la préservation du groupe (de Finney, 1989 : 260-264). Même si le rapport privilégié entre Maillet et le peuple acadien tend désormais à se dissiper, il n'en demeure pas moins que la nouvelle génération de producteurs culturels, pour jouir d'une résonance populaire, doit s'engager à partir de l'acadianité typée qu'a sacrée leur aînée.

Il faut revoir l'image d'une Acadie qui, éveillée d'une longue stupeur, « désabusée d'une tromperie collective », renonce à son rôle de peuple d'élection et à la certitude de la Terre Promise. Certes, les années 1960 marquèrent l'accession au savoir, qui désacralise et démythifie l'Acadie. Sur le plan de l'art, de la production première de sens cependant, la renonciation au mythe est toujours imparfaite parce qu'impossible. Le poète n'accède à la nouvelle parole légitimée que par son attachement au mythe national, qu'il rejette, certes, mais qu'il « rapatrie ». « Si l'artiste [...] <u>sait</u>, c'est dans la mesure où il a fait du grand récit national un drame individuel [...]. Le passé édénique [...], la Chute, l'avenir glorieux [...] passent de l'état de catégories quasi historiques à l'état de moments d'appui à l'intérieur d'un cheminement narratif concrétisé et individualisé. » Dans cette production, « le moi acadien [...] est l'acteur principal d'un drame, où il meurt à une partie de lui-même ». C'est que la mort en Acadie n'a rien perdu de son mystère, elle est « accomplissement » et « point de départ ». En prenant pour cible Herménégilde Chiasson, chez qui on trouve « la forme la plus complète » de ce drame qui parsème l'ensemble la littérature de cette période, on décèle « les traits d'un schéma biblique [...], qui s'ouvre par une idylle [et] qui s'achève par une vision apocalyptique ». Il s'agit là de « la charpente essentielle du « mythe national » acadien, [c'est-à-dire] la trame narrative d'ensemble de la « divine comédie » biblique » : Éden, la Chute et l'Exil, l'Évangile et la prophétie du Messie. On voudrait bien mourir à l'Acadie, mais le prophète tarde. Même l'intercession du « je » dans la littérature acadienne, qui réduit le mythe au sujet et comprime le temps, ne change rien au fait que la divine comédie, ramenée à l'individu, est la racine même de la mystique (Moulaison, 1996 : 8-11, 13-18).

OUBLIEZ !

Nos cousins juifs

Immanquablement, lorsqu'on évoque l'Acadie, il est question d'une association origine-destin entre celle-ci et le peuple juif. L'image est trop belle, sa récurrence trop fréquente pour être sommairement écartée. On l'aura compris, le titre de cette section fait allusion à « Zakhor », à l'injonction « N'oubliez pas » ou encore « Souvenez-vous » (« Je me souviens » ?). C'est le contraire de l'injonction « Oubliez » qui marque l'Acadie. La mémoire est donc ici l'essentiel, une réalité peu évoquée en Acadie mais que Zénon Chiasson a bien saisie.

> Aujourd'hui, l'Acadie n'existe pas [...]. Au mieux c'est une réserve [...] Or un peuple sans pays s'instruit d'une génération à l'autre par l'oralité et s'inscrit dans une durée surtout par la force de sa mémoire. Cependant, en Acadie, la mémoire est souvent oublieuse : il y a des trous de mémoire, il y a des blancs de mémoire, il y a des détournements de mémoire. [...] l'Acadie est le lieu d'un inlassable recommencement (1996 : 122).

L'étude de la mémoire collective doit beaucoup aux travaux sur la mémoire juive, laquelle promet de nous renseigner sur la portée générale du phénomène de la souvenance. Or, propose Yerushalmi, les Juifs sont le peuple archétype de la mémoire, car leur rapport au passé est archaïque, une forme primitive et sacrée de remémoration à l'opposé de la conscience proprement historique. Deux phénomènes nous interpellent ici. L'un, la dynamique de la mémoire collective, juive d'abord, et son rapport à l'histoire, ce qui se résume au silence comme une forme de contre-histoire et à l'oubli en tant que fait social. L'autre, la périodisation de ce commerce avec le passé, c'est-à-dire le rapport mémoire-histoire appréhendé en tant qu'objet de la science historique[5].

L'oubli, écrit Yerushalmi, c'est le péché cardinal de la bible hébraïque. « N'oublie pas le Seigneur Dieu. Ne néglige pas ses lois et ses commandements [...] Ne vas pas en tirer orgueil et oublier que tu dois tout cela au Seigneur » (*Deutéronome*, 8 : 11, 14, cité dans Yerushalmi, 1988 : 11). Cependant, les descendants de Moïse oublieront la Torah (c'est-à-dire l' « enseignement », livre sacré collationné à partir de rites et de récits historiques et qui se renouvelle comme Tradition) trois fois. Et trois fois elle a été restaurée. La première est la plus significative :

> Ezra rassemble son peuple [...] Pour la première fois [...] Ezra et ses compagnons lisent toute la Torah [...] comme un « livre » *(sefer)* [...], devant tout le peuple assemblé, tandis que les Lévites en expliquent le sens. Pour la première fois dans l'histoire, un livre sacré devient la propriété commune d'un peuple [...]. Ainsi est née l'Écriture. Ainsi est né [...] le judaïsme (1988 : 14-15).

Le troisième oubli, qui suivit la destruction du deuxième Temple et la dispersion des Juifs, est pour nous tout aussi important. Car à cette époque s'ouvrit la première école où les sages étudièrent, remirent en forme et ainsi préservèrent la Torah. L'essentiel ici, c'est l'intégralité de cette anamnèse (réminiscence), car on se souvient, mais sélectivement. Ainsi, l'enseignement des prêtres du Vignoble de

---

5. Ce n'est qu'après la rédaction de ce texte que j'ai pris connaissance de l'article, court mais percutant, de Pierre Anctil (2000) qui traite de l'éclairage qu'apporte l'ouvrage de Yerushalmi sur la « mémoire identitaire » canadienne-française et qui invite à des comparaisons riches de sens avec le cas acadien.

Yabneh fut motivé d'abord par la préservation de la Loi : « seule l'histoire qui pourrait s'intégrer au système de valeurs de la *halakhah* était retenue ». De cette façon l'histoire comme passé s'efface au profit de la Loi, l'histoire comme regard sur le passé s'éclipse devant la « Chaîne de la tradition ». Aussi l'oubli collectif est du « peuple », le fait de ne pas transmettre à la postérité le souvenir du passé, tandis que l'anamnèse, lui, est l'œuvre des élites ou des « individus hors du commun ». Et cet oubli est motivé par des faits divergents, « par rejet, indifférence ou indolence, ou bien encore du fait de quelque catastrophe historique brisant le cours des jours et des choses ». Pour les Juifs, comme pour les Acadiens, dans la mesure où ces derniers auraient « oublié la Tradition », c'est la catastrophe qui en était la cause. Le dernier point concerne l'historien. Celui-ci peut reconstituer l'oubli, mais ne peut jamais décider de ce qui doit être oublié, cela est la « prérogative de la *halakhah* », c'est-à-dire la Loi (1988 : 12-14, 16-18).

Le judaïsme hérita, dans la Torah, ce que les croyants tenaient pour un ensemble organique et sacré, un dépôt contenant des éléments essentiels de lois, de sagesse et de foi, un récit qui embrasse toute l'histoire depuis la Genèse et qui en propose une interprétation profonde. La *conflation* de canon biblique et de récits historiques impartit à ces derniers une immortalité ; aussi l'histoire juive s'intégra à une écriture sainte rendue au peuple par la lecture des Écritures dans les synagogues et que la Chaîne de la tradition léguait de génération en génération. Aussitôt l'impulsion de l'historiographie cessa. Pour les rabbins, la Bible non seulement contenait-elle l'histoire des Juifs, mais le but de celle-ci (Yerushalmi, 1982 : chap. 1). En conséquence, les catastrophes qui marquèrent l'histoire juive devaient être attribuées à l'idolâtrie et aux péchés. De même, l'Exil ne pouvait être éternel. Car la destruction et la Rédemption sont liées en dialectique. C'est dans ce contexte qu'on apprécie l'indifférence des Juifs pour l'histoire ; le passé biblique était connu, le futur messianique aussi, restait l'entre-deux et, pour eux, cela revenait à une mission providentielle. Pendant des siècles la littérature juive, dans la mesure où elle s'intéressait au passé, ne le faisait pas pour en pendre acte, mais pour en découvrir les significations (1982 : chap. 2). Ce n'est donc pas que les Juifs n'avaient de sollicitude à l'endroit de l'histoire, mais que leur attention portait sur le passé lointain, celui qui tenait la clef de la souffrance, c'est-à-dire l'Exil. Il s'agit du retour répété sur des archétypes qui donnent un sens à la vie et dans lesquels on cherche la prophétie de la Fin. Pour la masse des Juifs, c'est par le biais des rites et de la liturgie que la mémoire collective se transmettait, de sorte que ne pouvait être perpétué que ce qui passait par ces voies. Et ce dont on se souvenait n'avait rien d'épisodique ou de factuel.

Ce ne fut qu'au XVIe siècle, suite à l'expulsion des Juifs d'Espagne, qu'on trouva chez ce peuple un phénomène culturel qui s'apparente à l'historiographie et qui prit la forme d'une conscience aiguë de la singularité des événements qui venaient de se produire (1982 : chap. 3). Les Juifs cherchèrent la signification de cette manifestation de la colère de Dieu non seulement dans les actes des Pères, mais aussi dans ceux des Fils. L'histoire n'était cependant qu'une des voies vers la Vérité et elle n'était pas celle retenue par la masse qui préférait les *Kabbalah* comme exutoire. C'est toutefois la modernité qui engendra réellement l'historiographie juive, événement qui marque le renversement du binôme millénaire. Inéluctablement l'histoire (et non la Tradition ou les Écritures) s'impose comme l'arbitre du judaïsme (1982 : chap. 4). C'est une historiographie inédite qui naît sans tradition scientifique et sans avis. L'effort de renouer avec le passé par le biais de l'histoire répondit à la déconfiture de la communauté juive et à la dégénérescence subséquente de la mémoire collective. Toutes les idéologies juives nées de la modernité, et notamment le sionisme, se tournèrent vers l'histoire pour justifier leurs desseins. Deux choses motivaient cette transformation. L'une, l'émancipation des Juifs européens qui, pour être pleinement assimilés, devaient accepter de se définir du seul point de vue religieux et non comme formant une nation à part. L'autre, le nombre croissant de Juifs qui, devenus incroyants, se sentaient appelés à s'interroger sur la dimension historique du judaïsme pour redécouvrir le sens de la loi de Moïse.

Mais, comme aux époques précédentes, la masse ne peut se rallier à la raison de l'histoire. Or l'appréhension de l'histoire comme réalité sécularisée est, d'office, la répudiation de la prémisse fondamentale du judaïsme, celle de la Divine Providence en tant que force causale de l'histoire des descendants d'Abraham et, par le fait même, le reniement de la singularité de cette même histoire. Force est de constater que, aujourd'hui, peu de Juifs ont assimilé la temporalité et la métaphysique de l'histoire, manière de concevoir le monde.

La thèse de Yerushalmi se résume à ceci : pendant 2 000 ans l'histoire juive (à l'opposé de la mémoire) se résumait à des chronologies rabbiniques. Le peuple juif se méfiait de l'histoire qui, au contraire de la Loi, n'apportait rien au destin des gens de Moïse. L'ouverture à l'endroit de l'histoire ne vint qu'à la suite de l'expulsion de l'Espagne et ne se révéla comme imperative qu'en marge du sionisme. Dans les deux cas, ce sont des circonstances proprement historiques (l'exil renouvelé, le Retour) qui poussèrent les Juifs à vouloir s'accomplir dans le réel. Les Juifs étaient interdits d'histoire, d'abord par eux-mêmes, puis par les autres qui, en leur refusant le droit à l'intégration, donc celui de se figurer comme objet d'histoire, les cantonnaient dans une figuration religieuse. Même incarnée dans le réel, une histoire d'humiliations et de souffrances répugne toujours à nombre de croyants. La cause ultime de ce rapport particulier au passé, qui se concrétise dans une mémoire à caractère fortement religieux et qu'on pourrait qualifier d'hypertrophiée tant elle concerne des événements primordiaux, ne peut être attribuée, selon Yerushalmi, aux thèses déjà usées dont, notamment, des sévices inlassables et le défaut d'État et du pouvoir (1982 : chap. 4). Au contraire, l'aversion pour l'étude de l'histoire doit être comprise sous l'angle de la quête religieuse. La mémoire juive découle tout autant de la prééminence d'une foi messianique que de la cohésion sociale, la croyance et la praxis sont une et la même.

Ces Hébreux de l'Ouest

Ce sommaire des travaux de Yerushalmi avait un but : voir en quoi le rapport que le peuple juif entretient avec le passé peut nous éclairer sur l'identité acadienne. Nous cherchions la valeur universelle de ce phénomène, le paradigme des peuples dispersés en quelque sorte. Comme les Juifs, les Acadiens sont un peuple de mémoire (et non d'histoire), mais d'une mémoire oublieuse à l'opposé d'une mémoire forte. Il serait donc le peuple archétype du silence. Juifs et Acadiens, peuples de mémoire, ils le sont par les nombreux traits qu'ils partagent et que nous pourrions revoir dans l'expectative de trouver des faits pour confirmer la thèse de la similitude. D'abord, cependant, les différences qui doivent nous garder de la facilité. Les quatre siècles d'histoire dont se réclament les définisseurs de l'Acadie pâlissent devant les millénaires du peuple juif. Les Acadiens sont des chrétiens, avec tout ce que cela comporte au plan de l'eschatologie, et donc adeptes d'une religion universelle à laquelle adhère nombre de nations. Aussi, les Acadiens descendent en ligne droite d'un seul rameau, tandis que le peuple juif se distingue par sa grande diversité ethnoculturelle et raciale. La diaspora juive a conservé intacte l'identité juive, c'est-à-dire la Tradition, alors que les Acadiens en « exil » ne se reconnaissent plus que par le lien généalogique. Les Acadiens sont un peuple de la parole, les Juifs, un peuple de l'Écriture.

Peuples de l'exil et de la diaspora, il va sans dire. Dans les deux cas, la Tradition est fondée sur l'expérience (et la mémoire) de l'exil qui prend ici le sens d'une mission : la réintégration de la Terre Promise. Et il s'agit d'une tradition commune par ses origines (dérivée aussi bien de la culture orale que de la culture écrite) et par la pratique de son élaboration et de sa diffusion : le rituel (la lecture torahannique, *L'Évangéline* comme véhicule et lieu de synthèse) et le rassemblement (le congrès de Bâle, les Conventions nationales des Acadiens). (La lecture ritualisée imprime au passé la qualité cyclique du temps liturgique alors que les grandes assemblées sont calquées sur la modalité de la réception de la Loi.) Le monde est perçu, quand ce n'est pas vécu, comme une terre d'exil et le foyer « national » demeure un projet en cours. Le passé des deux peuples est conçu comme étant une histoire sainte parce qu'inscrite dans une mystique messianique dans laquelle nation et religion sont inséparables. La nation est alors une entité sacralisée à laquelle le peuple doit un culte, elle peut difficilement être un simple lieu de vivre-ensemble. Peuples de mémoire profonde, ils repoussent l'histoire, c'est-à-dire l'hiatus entre la création et la recréation (entre l'Exode et Jérusalem, entre l'empremier et l'à venir) et, de ce fait, la Tradition est expurgée de ce qui est contraire à la Loi, le caractère religieux de la solidarité nationale s'exprimant comme monopole de la Vérité. En conséquence, ni le peuple juif ni l'Acadie ne peuvent se concevoir hors de son unicité fondatrice, en tant que partie prenante de processus historiques plus vastes. Il s'ensuit que les sévices subis par les deux peuples (ils sont également ressentis comme des souffrances prédestinées) sont refoulés et renvoyés dans un passé figé par la Providence.

L'apparition de l'historiographie vient, chez les deux peuples, en phases successives, sans éclat et en l'absence de liens organiques avec une tradition intellectuelle indigène. L'histoire de ces nations s'impose spontanément, aussi bien aux historiens qu'à la multitude, comme une dialectique implicite, un cycle : la naissance, le chaos puis le renouveau ou, encore, la révélation, l'oubli puis le ressouvenir. De même, les changements effectués dans l'imaginaire de ces deux peuples qui traduisent le doute sur leur élection relèvent de conjonctures mues de l'extérieur. Celle de l'exil renouvelé ou qui n'en finit plus; celle de l'émancipation, qui fait craindre l'assimilation; celle enfin de la modernité, qui apporte la sécularisation et la désagrégation du communautaire. Et, pour ces deux peuples, le passage se fait du monopole vers le multiple et du mythe vers l'utopie, c'est-à-dire dans la direction du possible et de tout ce que cela renferme de polémique et d'équivoque. Finalement, pour chacun d'eux s'impose la question de la survie même, qu'apporte la dissolution de la certitude d'où découle la division continue entre la diaspora et le foyer national, entre ceux qui sont attirés par l'aventure des sociétés dominantes et ceux qui prônent le repli sur soi. L'atteinte de la Terre Promise, tout comme l'acceptation de la banalité de l'existence, signifie que le Messie tarde. N'empêche que la mystique demeure au cœur de tout projet collectif, une conception du destin qui, lorsqu'elle s'épuise de la Tradition, s'abreuve non pas à l'histoire mais à la littérature qui, elle, s'ouvre sur le possible.

Ces similitudes n'ont d'intérêt que dans la mesure où elles nous permettent de proposer, ne serait-ce que fort schématiquement, un modèle pour rendre compte de l'identité acadienne. Également important est de dégager des éléments d'une chronologie des événements, une périodisation. L'histoire primordiale des Acadiens, leurs origines, le pays de cocagne, l'exil, le rétablissement, enfin tout ce qui les préparait à un destin prophétique. Edme Rameau de Saint-Père dicta le Décalogue acadien (la Loi) que les hérauts de la Renaissance acadienne (les Josué acadiens) lurent devant la Grande Assemblée (les Conventions nationales), le rendant au peuple et créant ainsi la Chaîne de la tradition (le mythe national), le passage de la Loi d'un homme à celle du groupe. C'est en fait l'ouverture du mythe à l'histoire où l'écrit s'agglutine à la parole dans la foulée du choc renouvelé des peuples. De cette façon, la Loi s'impose à l'Histoire, pour raviver la Tradition. Cependant, la Tradition sera oubliée par le «peuple», mais conservée par les Lévites-historiens. L'oubli de la «Bible nationale» de 1920 à 1960 est la revanche de la parole (l'oralité) sur l'écriture, le réveil du totémisme, de l'idolâtrie. Le ressouvenir de la Loi dans les années 1960 signifie le retour en force de l'Écriture, répétition en tous points de la Renaissance et de ses impulsions profondes. La Loi est restaurée par la prise de possession du livre sacré par le passage symbolique à une société d'écriture, le triomphe du fétichisme bourgeois (la mystique, de nouveau, doit passer de la parole à l'écrit). Aussitôt, il est opposé par la remontée de la parole, dorénavant multiple, qui fait place à la fois à l'accréditation de la mémoire par la littérature et à l'apparition de la science. Il s'agit là d'un autre stade du cycle incessant de la quête, d'une *dialogia* entre mémoire et histoire, entre oubli et ressouvenir, entre silence et verbe.

Pour les sceptiques

Il n'est point besoin pour les sceptiques de s'arrêter à ces propos fort hypothétiques. Des travaux, fortement théorisés, portant sur la mémoire, l'oralité, la religion populaire et la «carnavalisation», pour ne nommer que ces concepts, peuvent valider notre thèse. Exceptionnellement important dans ce contexte est le recours à une théorie générale de la mémoire collective. On peut insister que la mémoire et l'histoire, tout en étant des façons souvent diamétralement opposées d'appréhender le passé, sont germaines. On peut également insister sur les cadres sociaux et les lieux de la mémoire, donc sur son rapport aux pratiques sociospatiales et remémoratives. C'est cette dynamique qui nous intéresse ici, l'enchevêtrement d'où est issue toute mémoire collective et qui répond aussi bien à des impulsions psychiques que sociales. Dans ce cas, la mémoire vivante est conçue en tant que fait de l'interaction incessante de la répétition et de la récollection (la première concerne la récupération inconsciente d'images du passé, la seconde, la reconstruction consciente de ces mêmes images), une conception d'abord exposée par Maurice Halbwachs (1925). Mais c'est la thèse de Sigmund Freud (1939) qui nous concerne au premier chef, vu la prédilection de celui-ci pour l'histoire (les faits objectifs du passé) que recèlerait la mémoire du peuple juif. Or, pour Freud, la mémoire profonde (qui renferme les mémoires cachées), fruit de l'expérience vécue et enfouie dans l'inconscient, agit de façon répétitive sur les actions des gens dans le présent. Toute expérience étant enregistrée dans la psyché, la psychanalyse de la mémoire profonde peut nous donner accès à l'expérience originale, en ciblant des souvenirs-écrans qui sont à la fois des images qui viennent déplacer dans la conscience des mémoires trop difficiles à supporter et des marqueurs de l'expérience vécue refoulée par la psyché. C'est ainsi que Freud prétend remonter aux origines mêmes du judaïsme, aux faits historiques qui fondèrent la Tradition et dont la mémoire avait été refoulée puis transfigurée en la forme de la légende de Moïse. En fait, Freud postule le sacrifice de Moïse par les Hébreux, l'abandon de la Tradition et le refoulement de la mémoire de ces faits. Il postule aussi la renaissance (on pourrait dire le ressouvenir) du judaïsme sous l'effet de la mémoire profonde, réactualisée par des événements. Freud explique cette transmission d'héritage collectif comme étant de la répétition, c'est-à-dire la recréation de circonstances historiques, des reprises qui déclenchent des prédispositions psychiques concomitantes à l'expérience originale, ce qui a pour effet de modifier la mémoire profonde, la transformant en mémoire vivante. La pertinence de cette thèse au regard de l'identité acadienne est manifeste : le cycle de l'oubli et du ressouvenir ; la périodisation de l'imaginaire collectif et de la solidarité « nationale » ; l'interaction de la mémoire et de l'histoire, celle aussi du mythe fondateur et de l'idéologie.

Le fait que l'Acadie soit une société orale est indissociable des phénomènes que nous venons de voir et qui se résument à une *dialogia* entre l'Écriture et le mythe (entre la Loi et la mémoire, l'écrit et la parole), par laquelle l'Acadien fonde son imaginaire. (La Loi des Juifs est indifféremment écrite et orale alors qu'en Acadie il existe une tension primordiale entre la Lettre et la Parole, entre le *Verbum* et le *vox*.) L'essentiel ici c'est le lieu de l'oral que le consensus savant situe dans des dynamiques sociales, c'est-à-dire dans des ensembles d'interactions qui s'organisent en des systèmes de pratiques fortement tributaires de la tradition et qui ont pour but d'assurer la cohésion du groupe par la circulation de la mémoire collective, par la formulation de récits fondateurs et par le modelage des comportements (Dupont et Mathieu, 1986 : 7-10). Il faut concevoir l'oralité et l'écriture comme étant des réalités polaires quelle que soit la nature de leur rapport. Dans une société à transmission orale, les informations intergénérationnelles nécessaires pour la survie du groupe n'ont besoin, pour être transmises, que du support biologique de la mémoire. Toutefois, elles ne peuvent se passer de toute « textualité », c'est-à-dire un « type particulier de production de messages », nommément le mythe. Il est question ici de l' « oraliture », de l'oralité qui passe à la mémoire à long terme (par opposition à la mémoire courte). Or cette mémoire longue opère un rapport au temps qui se distingue par l' « achronos » : « la parole ancestrale n'est pas figée dans un passé immémorial », l'ancêtre est son interlocutoire qui assiste au point de rencontre des générations. La littérature au contraire, parce qu'elle a recours au support écrit, constitue un instrument qui peut faire l'économie de la mémoire collective. À la différence de la mémoire propre à l'oralité, la métamémoire qui émerge de l'écrit est « ouverte à l'innovation portée par l'imaginaire ». C'est « le lieu par excellence de la subversion, de la confrontation dialectique entre tradition et innovation, entre mémoire et imaginaire, entre identité et altérité ». Si l'oralité et l'écriture aboutissent toutes deux à une opération par laquelle sont assignés les rôles de l'Un et de l'Autre, la seconde hiérarchise le rapport entre interlocuteurs, une autorité qui se prolonge dans le social et même sur le plan des langues (Bernabé, 1997 : 50-56). Cette distinction entre l'écriture et l'oralité que nous avons proposée nous ramène au mystère.

Or la religion populaire n'est pas d'abord un phénomène défini par son rapport aux couches sociales populaires; elle est directement issue du clivage intellectuel et culturel qui oppose le discours sur le sacré à des perceptions peu ou pas conceptualisées de l'univers des dieux, un phénomène par lequel on rattache le divin à l'horizon mental quotidien. La religion populaire, de par ses efforts spontanés pour pénétrer le mystère du sacré, renvoie à l'homme sa propre image[6]. Elle survient là où il y a contestation de l'objectivation systématique du sacré qui permet de faire du sens, mais qui diminue la prise de celui-ci sur le monde (Meslin, 1972 : 5-8). Cette scission de cultures, de l'écrit et de l'oral (de l'Écriture et de la Parole), fait intervenir l'opposition de l'élite et du populaire et traduit des inégalités. L'entrechoquement de la langue de l'élite et du parler vernaculaire témoigne de la résistance contre l'avilissement du mythe par la Loi, la mémoire par l'histoire. Cela se traduit dans l'imaginaire populaire acadien dans des manifestations que l'on pourrait saisir par le concept de «carnavalisation». L'héritage rabelaisien qui anime la culture populaire acadienne crée un état de *mundus inversus.* D'abord par la dualité du monde, une lutte incessante entre l'élite et le peuple, dans laquelle le pouvoir temporel et sacré est tourné en dérision et l'ordre hiérarchique constamment (mais symboliquement) renversé. La brouille du sacré et du profane, du sublime et du grotesque, de la piété et de l'irrévérence, voilà l'univers de tous les peuples déshérités. En gros, c'est la victoire de la vie sur la mort par la transformation de celle-ci en préalable de la naissance. C'est que le rire carnavalesque est invariablement lié à la régénération de l'homme (voir Bourque et Brown, 1998). Voilà ce qui explique non seulement la persistance du duel de l'écrit et de l'oral en Acadie, mais aussi le rôle de la littérature dans la transmu-

---

6. L'Israélite, c'est l'*homo biblicus,* tout comme l'Acadien. À chercher, on y trouverait des «traits de civilisation» : «une inaptitude à la pensée philosophique [...] ; pas de vigueur d'ordre scientifique ; peu de manifestations artistiques ; peu de réussites politiques. [...] Mais, à son actif, il faut porter [...] : l'attention aux valeurs de la vie, la finesse d'observation, le goût de la terre, le don d'assimiler, la faculté de suggérer, de conter, de rêver, de vibrer, de souffrir, le sens du passé et de la continuité, le soin d'enseigner et de communiquer, le souci communautaire, le goût du symbole et du mystère» (Gelin, 1961 : 109).

tation sporadique de cette même société. L'oral a la capacité d'évoquer le primordial, tandis que l'écrit est complice de la rationalisation et du déficit de sens que celle-ci engendre.

SUR L'IDENTITÉ ACADIENNE

De l' « indécision »

Le mystère, les faits de l'âme, le sacré, les choses de l'esprit – tout ce qu'on pourrait ranger dans le « cercle enchanté de la tradition » et qui est l'objet privilégié de nos interrogations – ne sont pas sans donner prise sur l'actualité. Ils peuvent même éclairer de façon prégnante les observations de la sociologie de la condition acadienne contemporaine et notamment les recherches de Thériault. Comme d'autres, et non le moindre Hautecœur, Thériault conçoit la période 1960-2000 non pas à partir de la perspective de la continuité, mais de celle de la rupture; loin d'être une extension de la Renaissance acadienne, elle est une réponse à l'effondrement du projet national. En fait, Thériault déborde l'époque actuelle pour énoncer une théorie compréhensive de l'émergence d'une nationalité acadienne distincte de celle du Québec, une explication qui se résume non pas à l'existence préalable de deux sociétés, mais aux multiples « refus » du Québec (1999 : 116-119, 122-123). Il qualifie le nationalisme acadien traditionnel – fondé sur l'émergence primordiale de « caractéristiques nationales » et sur le « retour » – d'anachronique et de sans fondement (1995b : 69-70). Il est question pour lui de l'Acadie comme d'un processus de retrait vers la nation-culture. C'est alors du refus de l'Autre d'accueillir l'Acadien dans sa dimension politique que résulte le surinvestissement dans le symbolique, caractéristique primaire de ce peuple. Voilà un projet collectif qui, alliant résistance et marginalité, a confiné l'Acadie dans la tradition en même temps qu'il postulait une intégration différenciée à la société globale, fondant ainsi le sujet acadien comme « une volonté de faire l'histoire ». Et Thériault de remarquer que l'Acadie ne peut plus faire l'économie de la vie politique devenue une nécessité motivée par l'échec du seul référent national et par l'impossibilité d'investir un espace géopolitique (1994 : 13-18, 21-29 ; Chiasson et Thériault, 1999 : 87-93).

Si une constatation marque la sociologie de l'Acadie du Nouveau-Brunswick, c'est bien l'existence d'une « indécision identitaire ». Autoréférentielle, l'Acadie revendique la reconnaissance d'une identité typée, conforme à sa forte historicité mais, minoritaire, elle est condamnée, en cherchant à participer aux logiques modernisantes, à réaliser une intégration toujours plus poussée à la société dominante. Elle est étirée, exsangue, entre le refus de l'ethnicisation et l'impossible autonomie (Thériault, 1995a : chap. 10, 11). Pour Thériault, la capacité organisationnelle de l'Acadie d'aujourd'hui n'est guère plus forte qu'au XIXe siècle. Certes, elle est mieux outillée pour faire face « à l'épreuve de la modernité », mais elle est « en mal d'une expression collective ». Toutefois, le rêve d'une Acadie sociétale persiste ; l' « Acadie active du Nouveau-Brunswick » cherche toujours un mode de vivre-ensemble qui pourrait investir l'acadianité du rôle de lieu privilégié de l'organisation sociale. C'est ce qui distingue ce peuple des autres collectivités minoritaires, mais « c'est là aussi son drame : l'impossibilité de faire société rend toujours actuel [...] le mythe de la dépossession [...] il s'agit aujourd'hui de redéfinir [le] mythe collectif dans un monde où plus personne ne croit aux vertus, [...] ni des mystères douloureux, ni des mystères glorieux. [...] il reste [...] que la seule voie [...] est politique : [...] unifier à travers la délibération politique, et non plus par le mythe fondateur, les multiples pratiques » (1995a : 240-241). Le Congrès mondial acadien (1994), dans lequel Thériault voit précisé ce dilemme et dont il souligne le succès populaire, ne lui dit rien de bon. C'est pour lui le « retour à l'Acadie mythique [à] l'Acadie de la diaspora, [...] celle créée [...] sur le sentiment [...] d'avoir eu, à travers la déportation, une expérience historique commune ». C'est cette même Acadie dont il croyait décrire « l'inéluctable effondrement » qui renaît comme le déni d'une identité fondée sur le refus de la folklorisation. Il y voit un duel entre l'Acadie imaginaire et l'Acadie de l'historicité et y décèle la possibilité d'un dérapage vers l'ethnicisation (1995a : 295-299).

Le portrait qu'esquisse Thériault me paraît en tous points conforme à la réalité ; dans ses grandes lignes, c'est celui que proposait Hautecœur alors mû par le même sentiment d'urgence. Et sa vision est, à n'en pas douter, le reflet fidèle de l' « Acadie active », mais ses travaux laissent deviner un fond de nostalgie, de regret, voire même d'impatience. Il crie dans le vide. L'histoire semble faire du surplace, voire reculer, et la multitude, béate, se contente « du pain et des roses ». Il y a dans ses excès de passion – qui sont aussi de la sollicitude honnête et nécessaire – la même impulsion qu'avouait Fernand Dumont (celui même qui inspira la démarche acadienne de Hautecœur), le plus illustre des chantres de la « normalité ». Cependant, pour aller au fond de la logique qui est mienne, nous devons nous interroger sur la pérennité du mythe, sur la force apparemment inouïe de la logique de l'univers « intérieur ». Certes, le Congrès mondial, locution qui évoque, comme l'a fait remarquer Thériault, un parallèle entre l'expérience des Acadiens et celle des Juifs, constitue un événement dont l'importance du point de vue de l'identité acadienne est manifeste. C'est indubitablement un signe, dans le contexte général de l'épreuve de la modernité et de la longue mise en forme de l'historicité acadienne, que la « Chaîne de la tradition » tient bon et que le projet de Hautecœur n'a rien perdu de sa pertinence. Reste à voir ce qu'en dirait le « bon peuple » pour peu que celui-ci daigne se préoccuper d'un « détail »[7].

De l'utopique

Le Congrès mondial, nous dirait la masse, se loge à l'enseigne du triomphe. Il a, comme nul autre événement (pas même les Conventions nationales, encore moins les frolics [rassemblements populaires], certainement pas le Parti acadien), rompu le mutisme acadien, un bouleversement signé par ces milliers de panneaux « Fêtons » et par le chant, la parole et même l'écrit. Il s'est

---

7. « L'Acadie, c'est un détail », extrait du film *L'Acadie l'Acadie ? ! ?* réalisé par Pierre Perrault et Michel Brault (ONF, 1971).

même fait marqueur collectif, étiquette... cette étoile jaune (celle de Marie et non de David) qu'arboraient maisons, pelouses, voitures et... poitrines[8]. Comment ne pas voir dans cet événement un signe du mystère ? Et comment ne pas y voir, réduits à un moment, tous mes propos sur l'identité acadienne ? L'indécision identitaire (quelle qu'elle en soit) pâlit devant l'évidence de la participation à une solidarité, à une identité, à cette « communion avec cette Acadie-nature » qu'annonce la signification publique de son appartenance collective[9]. La « fête » (qu'elle soit meeting politique, kermesse ou rappel filial), c'est précisément « le théâtre où se jouent les moments les plus intenses du processus d'affirmation de l'identité acadienne ». Le Congrès ne fait pas exception. Son caractère institutionnel et son but éminemment politique lui confèrent un sens qui dépasse le ludique. Par son côté solennel, donné dans le divertissement, les participants sont amenés à porter un regard différent sur eux-mêmes et sur les leurs ; le réel appelle l'imaginaire, il devient « porteur de fiction ». Ainsi, comme lors des Conventions nationales, le public reprend collectivement la tragédie du peuple ; en s'accrochant aux malheurs du passé on les sublime, en rencontrant dans le « théâtre de la mémoire » ses aïeux du temps originel on assiste à sa propre rédemption. Vu sous cet angle, « la souffrance du passé et la régéné-

---

8. L'importance de ce geste se mesure au fait que le nationalisme traditionnel acadien exclut de sa rhétorique la notion de domination, tout comme chez les Juifs européens avant 1945 pour qui l'antisémitisme nécessitait qu'ils nient leur situation. Les Juifs assimilés et ceux qui ne se distinguaient que par leur pratique religieuse s'efforçaient de ne pas porter l'étiquette « juif », feinte impossible pour les Juifs « traditionnels ». Les Acadiens, pour leur part, en se pavanant avec des signes distinctifs, ne sont plus, le temps d'une « union » (« L'union fait la force » est la devise nationale acadienne), c'est-à-dire un instant mystique, ni muets ni invisibles.

9. Si, dans les lignes qui suivent, nous nous inspirons de travaux de Judith Perron (1992) et de Blanca Navarro-Pardiñas (1996), il faut noter le contexte particulier à chacun. Le premier fait référence aux Conventions nationales comme à un « événement qui, aux yeux des délégués, répondrait aux questions " Qu'est-ce que l'Acadie ? " et " Qu'est-ce que l'Acadien ? " » (Perron, 1992 : 37). Le second se rapporte aux romans d'anticipation de Claude LeBouthillier, écrivain acadien en vue, qui « explorent [...] l'exorcisation du passé et des visages effrayants du temps présent par le recours à l'imaginaire » (Navarro-Pardiñas, 1996 : 33).

ration forment un tout qui doit être perçu comme l'élément fondateur, comme la condition de cohésion du peuple acadien » (Perron, 1992 : 41-43). Les « fêtards » sont réunis dans un « acte salvateur », pour annuler le temps et l'histoire, pour faire un retour sur les origines, pour placer les circonstances dans une nouvelle suite des choses, des événements qui ne sont plus isolés, irréversibles, mais imprimés d'un sens. La souffrance du peuple acadien passé et actuel et la menace également de désintégration sont ainsi levées[10]. Libérés un moment de la tyrannie du temps, on attend « l'éternel retour du rythme cosmique » (Navarro-Pardiñas, 1996 : 35-37).

Voir dans le Congrès mondial une indication de l'effritement du projet de faire histoire chez les Acadiens du Nouveau-Brunswick, c'est mal comprendre le rapport entre le mythe et l'histoire et, au premier chef, la nature même du temporel mythique et messianique. C'est oublier que ce peuple a fait société – qu'il était même un destin –, c'est-à-dire qu'il a un passé inscrit dans le réel, justement parce que, en ce faisant, il obéissait au mythe. Peu importe que chacune des charnières de son histoire objective, qu'il s'agisse de la Renaissance ou de sa « révolution tranquille » ou même de ses épisodes d'oubli, soient le résultat d'actions proprement historiques, il n'en demeure pas moins que le temps qui agit sur les Acadiens n'est pas qu'historique, il est aussi mythique. Plus que de la longue durée, il est le temps aboli. Comment alors concevoir le projet néonationaliste d'hier ou encore celui de l'« Acadie active » d'aujourd'hui – en d'autres termes la praxis sociopolitique des quatre dernières décennies – en tant que rupture, comme l'effondrement du nationalisme traditionnel et le rejet catégorique du mythe ? Ne

---

10. L'enquête sur l'inconscient collectif acadien est chose rare, surtout qu'elle doit porter sur les séquelles de la déportation. Mais Albert J. Dugas (1995), professeur de psychologie acadien, a tenté l'expérience qui consiste à se défaire, en en prenant conscience, de tous ces mécanismes – ravalement, projection, culpabilité, peur – qui font de l'Acadien un être à l'identité « gangrenée ». Au-delà de la sémantique psychologisante de cet exercice d'exorcisme individuel, on voit s'imposer en filigrane l'identification avec l'ancêtre et sa souffrance qu'on accueille pleinement dans tout son misérabilisme et avec tous ses complexes dans le pressentiment qu'on n'en est que la « répétition ».

s'agit-il pas plutôt d'un renouveau, c'est-à-dire un autre stade du cycle mythique et non un cul-de-sac ou la fin de l'histoire ? Certes, les participants au Congrès ne se lamentaient pas du surinvestissement dans le symbolique, de l'éloge du monopole de la valeur, de l'épanouissement du référent national dans le spirituel. Pourquoi le devraient-ils ? Le déplacement dans l'onirique n'a-t-il pas engendré un lieu d'existence qui, à l'évidence même, fait l'unité-totalité et la pérennité ? N'est-ce pas cela qu'ils célébraient, non pas dans un discours du Moi collectif nécessairement dérivé de l'écrit, mais dans un rituel propre aux peuples « sans histoire », la fête et le théâtre, des lieux de l'oral ?

Les Acadiens ne veulent pas s'éveiller à l'Histoire, ils n'en ont point besoin pour survivre comme un être-ensemble cohérent et signifiant. Mais ils ne sont pas emmurés, le signe « Acadie », partout scintillant, opère le lien entre le fait social des gens et l'accession symbolique au monde. Dans ce contexte, la diaspora joue un rôle crucial. Dans la mesure où elle pèse sur l'imaginaire des Acadiens du Nouveau-Brunswick en faveur d'une Acadie éclatée, elle fait contrepoids au mythe fondateur, celui-là même qui voudrait inventer un passé où le réel se confond avec le fictif. Ce n'est pas le Congrès qui menace d'ethniciser l'Acadie ; au contraire, il lutte contre la dérive « naturelle » chez les peuples messianiques vers l'essentialisme nationalo-religieux. Cela permet d'éviter le drame qui sévit en Israël où la mythologie politique s'est construite sur l'exclusion de l'Autre, un « droit » qui serait justifié, voire dicté, par l'Alliance nouée avec Dieu. Si les Acadiens vivent sur le mode d'une certaine « schizophrénie », il ne sont pas pour autant des aliénés :

> [...] by refusing [...] historical nationalism and nationalist claims, Acadia [...] finds significant cultural strengths and creates unique alliances within a globalized cultural landscape [...]. Moreover, as [in] the Jewish diaspora, successful diaspora cultures [...] have transportable borders that remain permeable to outside cultures (Boudreau et Gammel, 1998 : 63).

Henri-Dominique Paratte résume bien le devenir de l'Acadie sous le signe de l'émergence de sa littérature qui :

> s'inscrit directement dans [...] ce cheminement [...] de l'acte de parole [...] à l'acte d'écriture [...], parole aussi, mais dans des conditions fort différentes, tous deux ayant cependant en commun de déterminer le continu de ce qu'on devrait considérer comme « acadien » à des époques

différentes. [...] Cette filiation [...] s'affirme d'autant plus fondamentale que l'Acadie, c'est d'abord un acte de foi [...] La récitation de la généalogie, le culte de mythes [...], la volonté de préserver et de fouiller le passé [...], tout autant que le désir de voir l'Acadie comme une idée [...] mondiale [...] font partie de ce contexte dans lequel l'identité est déterminée de façon mythique [...]. L'Acadie n'a peut-être pas de gouvernement qui lui soit propre ; elle n'en a pas moins créé [...] des structures de valorisation du patrimoine aussi complexes [...] que celles [...] des ensembles politiquement organisés (1996 : 299).

* * *

Peuple archétype du silence, disais-je... et de la mémoire oublieuse... l'un n'est que l'obvers de l'autre, manifestations chacun d'un même phénomène, sur deux niveaux, celui du social et celui de la psyché. Mais alors pourquoi, en titre, « l'Acadie du silence » et non l'Acadie oublieuse ou encore l'Acadie du mystère ? C'est que le silence englobe, envahit tout et qu'il est marqueur de phénomènes, mémorial et spirituel, qui travaillent en profondeur[11]. L'oubli, lui, se fait sans rites, sans rappel, dans l'interstice, au quotidien et il ne se fait jamais pleinement et toujours sans crier gare. Aussi, il ne peut jamais se faire sommation – « Oubliez » –, sauf du point de vue métaphorique. Ainsi, l'injonction « Oubliez » – qui est un fait moral – joue dans une société à culture orale le même rôle que l'injonction « Souvenez-vous » – qui est une prescription – dans une société à culture écrite ; ce sont les supports qui, ici, déterminent les « messages ». L' « oubli » et le « souvenir » sont congénères, ils ne sont que des stratégies divergentes pour faire face au même fond, l'éternel exil. C'est là la commune condition des peuples dispersés. Et comme l'oubli peut se transmuer en (re)souvenir, le silence, lui, peut se faire assourdissant. Le silence acadien n'est pas une absence ; pour peu que l'on lui prête l'oreille il a beaucoup à nous dire (voir Boudreau, 1996 : 80-81). Hautecœur s'est trompé en choi-

---

11. Le silence est le fait du pieux, dit le livre de Job (42 : 5-6), celui qui « n'a plus des " signes " à quoi attacher sa religion [...] ne perçoit plus les rétributions de Dieu », celui qui « a perdu jusqu'à cette sécurité que lui fournissait la théologie reçue ; il lui fallait cette dernière épreuve pour le faire accéder au Dieu des rétributions [...]. Alors il se tait d'un silence apaisé » (Gelin, 1961 : 62).

sissant pour épigraphe à son livre l'aphorisme de Karl Marx ([1852] 1946 : 7) : « La tradition de toutes les générations mortes pèse d'un poids très lourd sur le cerveau des vivants. » Peut-être avait-il oublié la « certitude obscure » que chante l'*anaw* – le pauvre, le pieux –, celui qui est mystique parce qu'en parfaite communion avec Dieu. Lisons le psaume 131 :

> Yahvé, mon cœur ne s'est point gonflé
>
> ni mes yeux haussés.
>
> Je n'ai pas pris un chemin de grandeurs
>
> ni de prodiges qui me dépassent.
>
> Non, je tiens mon âme en paix et silence
>
> comme un enfant contre sa mère.

Références

Anctil, Pierre (2000), « Zakhor. Réflexions sur la mémoire identitaire juive et canadienne-française », *Argument*, 3, 1, p. 76-84.

Beaulieu, Bertille (1994), « Jacques et Pélagie : le mythe du héros dans le roman historique acadien inspiré de la dispersion, 1865-1992 », *Revue de l'Université de Moncton*, 27, 1, p. 31-49.

Bernabé, Jean (1997), « De l'oralité à la littérature antillaise : figures de l'Un et de l'Autre », dans Françoise Tétu de Labsade (dir.), *Littérature et dialogue interculturel. Culture française d'Amérique*, Sainte-Foy, PUL (coll. Culture française d'Amérique), p. 49-68.

Bibeau, Gilles (1995), « Tropismes québécois. Je me souviens dans l'oubli », *Anthropologie et sociétés*, 19, 3, p. 151-198.

Boucher, Monique (1992), « Éros contre Thanatos : l'imaginaire acadien dans le journal *L'Évangéline* (1887-1920) », *Francophonies d'Amérique*, 2, p. 25-35.

Boucher-Marchand, Monique, et James de Finney (1994), « Réalité littéraire et mythes inspirateurs dans l'émergence de l'imaginaire acadien », *Études canadiennes/Canadian Studies*, 37, p. 279-286.

Boudreau, J. Paul, et Irene Gammel (1998), « Linguistic Schizophrenia : The Poetics of Acadian Identity Construction », *Journal of Canadian Studies/Revue d'études canadiennes*, 32, 4, p. 52-68.

Boudreau, Raoul (1996), « Le silence et la parole chez France Daigle », dans Raoul Boudreau *et al.* (dir.), *Mélanges Marguerite Maillet. Recueil de textes de création et d'articles sur la littérature, la langue et l'ethnologie acadiennes*, Moncton, Chaire d'études acadiennes, Université de Moncton et Éditions d'Acadie (coll. Mouvange, 4), p. 71-81.

Bourque, Denis (1989), « Horizon d'attente du lecteur acadien des années 70 : dialogue avec le mythe », dans Marguerite Maillet et Judith Hamel (dir.), *La réception des œuvres d'Antonine Maillet. Actes du colloque international organisé par la Chaire d'études acadiennes*, Moncton, Chaire d'études acadiennes, Université de Moncton (coll. Mouvange, 1), p. 199-213.

Bourque, Denis, et Anne Brown (dir.) (1998), *Les littératures d'expression française en Amérique du Nord et le carnavalesque*, Moncton, Chaire d'études acadiennes, Université de Moncton et Éditions d'Acadie (coll. Mouvange, 6).

Chiasson, Guy, et J. Yvon Thériault (1999), « La construction d'un sujet acadien : résistance et marginalité », *International Journal of Canadian Studies/Revue internationale d'études canadiennes*, 20, p. 81-99.

Chiasson, Zénon (1996), « Théâtre, histoire, mémoire », dans Raoul Boudreau et al. (dir.), *Mélanges Marguerite Maillet. Recueil de textes de création et d'articles sur la littérature, la langue et l'ethnologie acadiennes*, Moncton, Chaire d'études acadiennes, Université de Moncton et Éditions d'Acadie (coll. Mouvange, 4), p. 119-131.

Dugas, Albert J. (1995), *La bombe acadienne. De l'inconscient au conscient. Un essai de psychanalyse acadienne*, Wolfville (N.-É.), Éditions du Grand-Pré (coll. Identités, 3).

Dupont, Jean-Claude, et Jacques Mathieu (dir.) (1986), *Héritage de la francophonie canadienne. Traditions orales*, Sainte-Foy, PUL.

Finney, James de (1988), « Lecteurs acadiens d'Antonine Maillet : réception littéraire et identité », *Revue de l'Université de Moncton*, 21, 1, p. 25-41.

Finney, James de (1989), « *Le huitième Jour* : aspects ludiques et mythiques », dans Marguerite Maillet et Judith Hamel (dir.), *La réception des œuvres d'Antonine Maillet. Actes du colloque international organisé par la Chaire d'études acadiennes*, Moncton, Chaire d'études acadiennes, Université de Moncton (coll. Mouvange, 1), p. 249-264.

Finney, James de (1992), « Le journal *L'Évangéline* et les avatars du modèle héroïque acadien », *Francophonies d'Amérique*, 2, p. 13-24.

Finney, James de (1995), « L'espace socio-culturel des francophones : une comparaison Acadie/Ontario », dans Fernand Harvey (dir.), *La région culturelle. Problématique interdisciplinaire*, Québec, CEFAN et IQRC, p. 179-188.

Finney, James de, et Monique Boucher (1996), « Formation de l'imaginaire en Acadie et au Québec », dans Raoul Boudreau et al. (dir.), *Mélanges Marguerite Maillet. Recueil de textes de création et d'articles sur la littérature, la langue et l'ethnologie acadiennes*, Moncton, Chaire d'études acadiennes, Université de Moncton et Éditions d'Acadie (coll. Mouvange, 4), p. 133-145.

Finney, James de, et Pierre Rajotte (1994), « L'émergence de la littérature acadienne, 1755-1910 », *Revue de l'Université de Moncton*, 27, 1, p. 267-279.

Freud, Sigmund (1939), *Der Mann Moses und die Monotheistische Religion* ; trad. française de Cornelius Heim, *L'homme Moïse et la religion monothéiste. Trois essais*, Paris, Gallimard, 1986 (coll. Connaissance de l'inconscient).

Gelin, Albert (1961), *L'Âme d'Israël dans le Livre*, Paris, Librairie Arthème Fayard (coll. Je sais – Je crois, 65).

Gobin, Pierre B. (1988), « Le Huitième Jour », *Dalhousie French Studies*, 15, p. 26-47.

Halbwachs, Maurice ([1925] 1994), *Les cadres sociaux de la mémoire*, Paris, Albin Michel (coll. Bibliothèque de l'évolution de l'humanité, 8).

Hautecœur, Jean-Paul (1971), « Variations et invariance de l'" Acadie " dans le néo-nationalisme acadien », *Recherches sociographiques*, 12, 3, p. 259-270.

Hautecœur, Jean-Paul (1975), *L'Acadie du discours. Pour une sociologie de la culture acadienne*, Québec, PUL (coll. Histoire et sociologie de la culture, 10).

Hautecœur, Jean-Paul (1976), « Nationalisme et développement en Acadie », *Recherches sociographiques*, 17, 2, p. 167-188.

Hautecœur, Jean-Paul (1977), « Les métamorphoses de l'Acadie-nature », *Revue de l'Université de Moncton*, 10, 1, p. 11-26.

Hautecœur, Jean-Paul (1978), « Du totémisme nationalitaire au fétichisme nationaliste, au meurtre sacrificiel : une interprétation du nationalisme acadien », communication présentée au Colloque international d'études acadiennes, Université de Moncton.

Maillet, Antonine (1975), *Évangéline deusse*, Montréal, Leméac (coll. Théâtre/Leméac, 50).

Maillet, Antonine (1979), *Pélagie-la-Charrette*, Montréal, Leméac.

Maillet, Antonine (1981), *Cent ans dans les bois*, Montréal, Leméac (coll. Roman québécois, 55).

Maillet, Antonine (1986), *Le huitième jour*, Montréal, Leméac (coll. Roman québécois, 100).

Marx, Karl ([1852] 1946), *Der 18. Brumaire des Louis Bonaparte*, trad. française *Le 18 Brumaire de Louis Bonaparte*, Paris, Éditions sociales (coll. Classiques du marxisme).

Meslin, Michel (1972), « Le phénomène religieux populaire », dans Benoît Lacroix et Pietro Boglioni (dir.), *Les religions populaires. Colloque international 1970*, Québec, PUL (coll. Histoire et sociologie de la culture, 3), p. 3-15.

Morency, Jean, et James de Finney (1998), « La représentation de l'espace dans les œuvres de Gabrielle Roy et d'Antonine Maillet », *Francophonies d'Amérique*, 8, p. 5-22.

Moulaison, Glenn (1996), « Le néo-nationalisme acadien « à l'heure actuelle » ou la question du savoir en Acadie », *Francophonies d'Amérique*, 6, p. 7-19.

Navarro-Pardiñas, Blanca (1996), « La séduction des origines dans quelques romans de Claude LeBouthillier », *Francophonies d'Amérique*, 6, p. 33-38.

Paratte, Henri-Dominique (1996), « Une Acadie plurielle : la littérature créatrice d'identités de l'empremier à l'an 2000 », dans Raoul Boudreau *et al.* (dir.), *Mélanges Marguerite Maillet. Recueil de textes de création et d'articles sur la littérature, la langue et l'ethnologie acadiennes*, Moncton, Chaire d'études acadiennes, Université de Moncton et Éditions d'Acadie (coll. Mouvange, 4), p. 283-301.

Perron, Judith (1992), « La fête populaire, théâtre des enjeux politiques en Acadie (1885-1910) », *Francophonies d'Amérique*, 2, p. 37-46.

Thériault, J. Yvon (1994), « L'Acadie politique et la politique en Acadie : essai de synthèse sur la question nationale », *Revue de l'Université de Moncton*, 27, 2, p. 9-30.

Thériault, J. Yvon (1995a), *L'identité à l'épreuve de la modernité. Écrits politiques sur l'Acadie et les francophonies canadiennes minoritaires*, Moncton, Éditions d'Acadie.

Thériault, J. Yvon (1995b), « Naissance, déploiement et crise de l'idéologie nationale acadienne », dans Simon Langlois (dir.), *Identité et cultures nationales. L'Amérique française en mutation*, Sainte-Foy, PUL (coll. Culture française d'Amérique), p. 67-84.

Thériault, J. Yvon (1999), « Convergence et divergence au sein des nationalismes acadien et québécoise », dans Eric Waddell (dir.), *Le dialogue avec les cultures minoritaires*, Sainte-Foy, PUL (coll. Culture française d'Amérique), p. 113-130.

Yerushalmi, Yosef Hayim (1982), *Zakhor : Jewish History and Jewish Memory*, Seattle (Wash.) et Londres, University of Washington Press ; trad. française de Éric Vigne, *Zakhor. Histoire juive et mémoire juive*, Paris, La Découverte, 1982.

Yerushalmi, Yosef Hayim (1988), « Réflexions sur l'oubli », dans Yosef H. Yerushalmi *et al.*, *Usages de l'oubli*, Paris, Seuil, p. 7-21.

De la pluralité à la communauté : construction d'une identité franco-ténoise

Julie Lavigne, étudiante à la maîtrise
Département d'histoire
Université Laval

Les Territoires du Nord-Ouest (TNO), peuplés majoritairement par des autochtones[1], profitent depuis les années 1950 d'un afflux migratoire diversifié. On vient s'implanter dans ces terres nordiques pour y travailler surtout dans le secteur de l'exploitation minière et pétrolière, mais aussi, plus récemment, dans l'appareil gouvernemental. Le nouvel essor économique du Nord-Ouest se voit donc constamment alimenté par une population immigrante aux origines très diversifiées (FCFA, 2000 : 1 ; Lamontagne, 1999 : 24). C'est dans ce contexte que se constitue en nouveau groupe minoritaire une communauté francophone qui réclame, depuis les années 1980, le droit d'exister et de vivre en tant que collectivité distincte par sa langue et sa culture (Lamoureux, 2000 : 1).

L'usage de l'anglais domine largement dans les TNO[2] et le taux d'assimilation y est fort élevé. La communauté franco-ténoise parvient néanmoins à se développer grâce à une immigration constante qui lui permet de renouveler ses effectifs. Récente et sans

---

1. Selon le Recensement de 2001, la population autochtone dans les Territoires du Nord-Ouest est de 18 730 (Indiens de l'Amérique du Nord, Métis et Inuit), tandis que la population non autochtone, presque égale, se chiffre à 18 370 (Statistique Canada).
2. Le Recensement de 2001 donnait pour les TNO une population totale de 37 105. On dénombrait 29 080 locuteurs anglophones (parlant l'anglais uniquement, l'anglais et le français, l'anglais et une autre langue non officielle ou, encore, l'anglais, le français et une autre langue non officielle), représentant 78,37 % de la population,

enracinement historique, elle tente de se composer une identité propre sur des assises partagées qui lui sont caractéristiques. Née d'un amalgame d'individus de multiples provenances et références identitaires, de surcroît privée d'ascendance locale établie, cette collectivité doit se forger une identité commune qui s'accorde avec sa complexité. Un tel exercice de « conjugaison » identitaire est aujourd'hui sous la responsabilité de l'institution de promotion politique et culturelle que la communauté s'est elle-même donnée, la Fédération franco-ténoise.

La mission de la Fédération consiste à définir une identité collective qui, en se reflétant dans une trame de références communes, infléchirait dans un sens choisi le rapport au passé, soutiendrait la conscience collective du présent et servirait à orienter les trajectoires d'avenir. Passé territorial fouillé et remis à jour, déclarations symboliques, revendications pour l'obtention d'une reconnaissance distincte, mise sur pied d'institutions particulières, rattachement au destin des minorités francophones du pays, voilà autant de projets chapeautés par la Fédération pour construire et aménager cette identité collective.

De telles intentions soulèvent plusieurs interrogations. Comment, en effet, la Fédération tente-t-elle de générer des référents identitaires communs pour cette collectivité aux origines multiples ? Quelles sont les assises historiques et, au demeurant, le devenir collectif qu'elle propose aux francophones du Nord-Ouest ? Dit autrement, quel passé et quel avenir propose-t-elle à la communauté qu'elle tente de rassembler sous une identité commune ?

Cet article abordera l'entreprise de construction et de consolidation identitaires de la communauté à laquelle procède la Fédération franco-ténoise. Une première analyse exploratoire laisse

---

tandis qu'il y avait 1 060 locuteurs francophones (parlant le français uniquement, le français et l'anglais, le français et une autre langue non officielle ou, encore, le français, l'anglais et une autre langue non officielle), c'est-à-dire 2,86 % de la population. Par ailleurs, 5 830 (13,23 %) personnes parlent des langues non officielles, dont 920 (2,48 %) qui parlent le cri ou l'inuktituk (Statistique Canada).

supposer que la Fédération tente de démontrer la continuité historique d'une présence francophone aux origines diverses sur le territoire qui la concerne. Cette continuité viendrait légitimer la présence francophone actuelle aux TNO et, une fois l'enracinement historique démontré, permettrait à la Fédération d'associer le sort de la francophonie locale à celui des autres minorités francophones du pays qui luttent pour leur survivance. Ces deux pistes d'analyse devraient mener à la conclusion voulant que la Fédération, en remplissant son rôle, propose des références communes sur lesquelles peut s'appuyer l'identité de l'ensemble de la communauté franco-ténoise. En d'autres mots, elle lui aurait façonné un passé pour qu'elle puisse se définir et, en fin de compte, s'assurer un avenir.

Afin de comprendre la composition de la présence francophone aux TNO, la première partie du travail consistera en un survol de la morphologie actuelle de la communauté et de la Fédération franco-ténoise. La seconde partie explorera les référents historiques que la Fédération propose à la communauté pour la construction de son identité. Enfin, dans la troisième partie, les projections du devenir collectif franco-ténois émises par la Fédération seront abordées.

MORPHOLOGIE ACTUELLE DE LA COMMUNAUTÉ ET DE LA FÉDÉRATION FRANCO-TÉNOISES

D'après les statistiques officielles de 2001 sur la population selon la langue maternelle, les TNO comptent près de 40 000 habitants, dont plus d'un millier (2,86 %) de francophones. La *Loi sur les langues officielles des Territoires du Nord-Ouest* reconnaît le français au même titre que l'anglais et les six langues autochtones locales (Northwest Territories, 2000: 3). Malgré son petit nombre de locuteurs, le français y a le statut et les droits de langue officielle du Canada, ce qui lui donne la possibilité de se développer institutionnellement. Les quatre bastions démographiques de la langue française aux TNO sont Yellowknife (pop. totale: 18 028), Hay River (3 835), Inuvik (3 451) et Fort Smith (2 625), qui comptent chacun en moyenne 2,5 % de francophones (Statistique Canada, 2000). Selon le Recensement de 1996, Yellowknife accueille près de 70 % des francophones du territoire, soit plus de 650 personnes, et les autres agglomérations, entre 45 et 90 individus chacune. Les francophones restants sont disséminés dans les petites communautés du territoire, comme Fort Providence (pop. totale : 837) et Norman Wells (882), qui en comptent chacune une vingtaine (Statistique Canada, 2000).

Les francophones sont représentés dans tous les secteurs d'activités des TNO. Il s'agit d'une population fortement scolarisée qui occupe des postes dans les domaines nécessitant un personnel bilingue : administration publique, éducation, santé et services sociaux (FCFA, 2000 : 7). À titre d'exemple, la communauté francophone est largement représentée parmi le personnel enseignant des écoles d'immersion française au sein du système scolaire des TNO.

La mobilité, à commencer par celle de nature interprovinciale, est chose courante dans les Territoires du Nord-Ouest et elle touche particulièrement les francophones. En effet, 90 % de ces derniers sont nés à l'extérieur du territoire, principalement au Québec et en Acadie, alors que la proportion n'est que de 41 % chez les anglophones (Commissariat aux langues officielles, 2001 : 14). C'est ce que corroborent les résultats partiels d'un sondage effectué à l'été 2002 auprès de 118 francophones des Territoires du Nord-Ouest[3] qui proviennent à 57,6 % du Québec. Selon ces mêmes résultats partiels, ils y habitent en moyenne depuis 9,6 années et seulement 7,6 % d'entre eux prévoient y prendre leur retraite ou y finir leurs jours. Parmi tous les répondants, 47,5 % n'ont pas l'intention d'y demeurer plus de 10 ans et pour 33,9 % d'entre eux, la longueur de leur séjour aux Territoires du Nord-Ouest reste indéterminée (Lavigne, 2002).

La Fédération franco-ténoise, basée à Yellowknife, se voit comme l'institution-clé de la communauté francophone aux TNO. Son rôle, tel qu'elle le décrit elle-même, consiste à « encourager l'épanouissement et le développement de la culture française et du sentiment d'appartenance à la communauté franco-ténoise » (Fédération

---

3. Nous rappelons que cet échantillon représente plus de 10 % de la population francophone des Territoires du Nord-Ouest, laquelle regroupe un millier d'individus.

franco-ténoise, 2001b : 9). Dans cet esprit, l'un des principaux objectifs qu'elle s'est donné est de promouvoir les intérêts des francophones en veillant au respect de leurs droits (Lamoureux, 1996 : 13).

La portée de son action est à la fois locale, territoriale et nationale. Localement, la Fédération coordonne les activités des nombreuses associations culturelles créées depuis 1978 pour soutenir le fait français dans chacune de ces localités[4]. Différentes activités, comme des formations, des échanges culturels, des concours littéraires, des ateliers de discussion ou encore des soirées à caractère culturel sont ainsi organisées par ces associations sous l'égide de la Fédération. Cette dernière collabore aussi avec les organismes locaux – dont elle a assuré la mise en place – voués à l'éducation et aux communications, principalement l'école Allain-Saint-Cyr de Yellowknife (1989), les Éditions franco-ténoises/ *L'Aquilon, le souffle francophone des TNO* (1992), la garderie Plein-Soleil de Yellowknife (1994) et, plus récemment, CIVR Radio Taïga (2001), la radio communautaire de Yellowknife[5] (Fédération franco-ténoise, 2001a). Sur le plan territorial, la Fédération intervient dans le réseau associatif et défend les intérêts des communautés francophones du territoire. Le réseau associatif comprend un regroupement territorial de parents francophones depuis 2001, une commission scolaire autonome et un Comité de développement économique (CODEC) mis sur pied en 2002. Ici aussi, la Fédération joue un rôle de coordonnateur et de soutien et, par extension, favorise la définition d'une identité commune (Lamoureux, 2002).

Plus fondamentalement, dans une perspective territoriale et nationale, la Fédération a la responsabilité de faire respecter les droits linguistiques des francophones auprès des instances gouvernementales. C'est d'ailleurs ce qui l'a conduite, dès la fin des années 1980, à intenter un recours judiciaire envers les gouvernements territorial et fédéral qui auraient omis d'appliquer l'entente entre ces

---

4. L'association de Yellowknife date de 1978, celle d'Iqualuit (maintenant au Nunavut), de 1981, celle de Fort Smith, de 1984, celle de Hay River, de 1988 et celle d'Inuvik (Association franco-culturelle du Delta du Mackenzie), de 2000.
5. Site web de la Fédération franco-ténoise, Section Services aux Franco-Ténois, « Calendrier évolutif », www.franco-nord.com/3a.html

deux paliers gouvernementaux stipulant que « [l]e Canada assumera d'année en année, en permanence, tous les coûts relatifs à la prestation des services en français au public ainsi que les coûts relatifs à l'application du français comme langue officielle des Territoires du Nord-Ouest comme l'exige la Loi sur les langues officielles » (Fédération franco-ténoise, 2001b : 2). Pour justifier cette poursuite devant les tribunaux, la Fédération s'appuie essentiellement sur les « droits acquis » qui fondent l'identité franco-ténoise et lui permettent de s'affirmer collectivement. Au moment d'écrire ces lignes, la Fédération attend toujours d'être convoquée devant la Cour suprême du Canada pour y plaider sa cause.

PROPOSER UN PASSÉ COMME BASE DE L'IDENTITÉ

Les bases historiques font défaut aux francophones des Territoires du Nord-Ouest pour appuyer leur désir, somme toute récent – le concept de francophonie ne voit le jour aux TNO qu'au début des années 1980 (Lamoureux, 1999 : 2) –, de reconnaissance en tant que communauté. La diversité d'origines des francophones et l'absence d'un enracinement historique qui favoriserait la diffusion d'un sentiment d'appartenance parmi ceux-ci suggèrent en effet non pas une, mais bien plusieurs références culturelles pouvant faire prendre plus d'une direction à la construction de leur identité collective. Face à cette gamme de possibles ouverts, la communauté a créé la Fédération franco-ténoise pour soutenir l'aménagement de son identité. Quel est le passé commun que lui propose aujourd'hui cette organisation ? C'est ce que nous allons maintenant regarder de plus près.

Le premier outil créé par la Fédération pour mettre en valeur le passé franco-ténois et servir de repère identitaire a pris la forme d'une publication. Il s'agit d'une étude parue aux Éditions franco-ténoises et intitulée *Leroux, Beaulieu et les autres ou La petite histoire des francophones dans les Territoires du Nord-Ouest* (Perreault et Léger, 1989). En lui offrant un passé comme « sien », la Fédération donne au groupe franco-ténois la possibilité de mieux comprendre qui il est. Elle fait don aux Franco-Ténois d'une mémoire collective qui leur permet de se reconnaître en tant que groupement référentiel et d'affirmer que « [l]es francophones [sont] enracinés depuis les débuts de la pénétration des Blancs dans ces Territoires » (Perrault, 1988 : 63).

Des fragments d'histoire ont été extraits du passé de l'ensemble des Territoires du Nord-Ouest afin de constituer la trame référentielle d'une présence francophone continue sur le territoire, comme l'indique sans aucune ambiguïté le titre du premier chapitre de l'étude : « Les Francophones du Nord, l'histoire d'une présence continue ». Mais pour justifier la continuité de cette présence, le territoire actuel a dû être renvoyé à ses premières frontières, c'est-à-dire celles qui, jusqu'en 1876, englobaient le nord du Québec et tout ce qui se trouvait à l'ouest et au nord de l'Ontario actuel, à l'exception de la Colombie-Britannique[6]. Pour *La petite histoire des francophones*, c'est la permanence de l'appellation « Territoires du Nord-Ouest », en dépit des nombreux changements de limites territoriales au fil des ans, qui autorise la récupération d'un territoire n'existant plus aujourd'hui. Elle s'y rallie donc afin d'illustrer la continuité de la présence francophone de manière concrète. Cela dit, ce souci de marquer une continuité ne peut pas masquer certains changements profonds. En effet, si les francophones comptaient pour 50 % de la population des TNO en 1877, comme le prétend la Fédération, ils ne représentent plus aujourd'hui que 2,86 % d'une population vivant sur un territoire certes encore vaste, mais néanmoins beaucoup plus petit (Fédération franco-ténoise, 2001b : 1).

Les parcours francophones tracés dans ce que furent les Territoires du Nord-Ouest à un moment donné ou à un autre sont retenus de manière à faire apparaître une forme d'enracinement. Les divisions du premier chapitre de *La petite histoire des francophones* en témoignent d'ailleurs : « L'évolution du fait francophone dans les Territoires du Nord-Ouest au XVIIe siècle », « Le XVIIIe siècle ou

---

6. Après 1876, les districts de Keewatin, puis d'Athabaska, de Saskatchewan, d'Assiniboine et d'Alberta y seront découpés et, plus tard, une grande partie sera rattachée au Québec. Il faut mentionner que *La petite histoire des francophones*, publiée en 1989, ne parle pas du territoire du Nunavut puisque sa création date de 1999.

LES TERRITOIRES DU NORD-OUEST, 1870

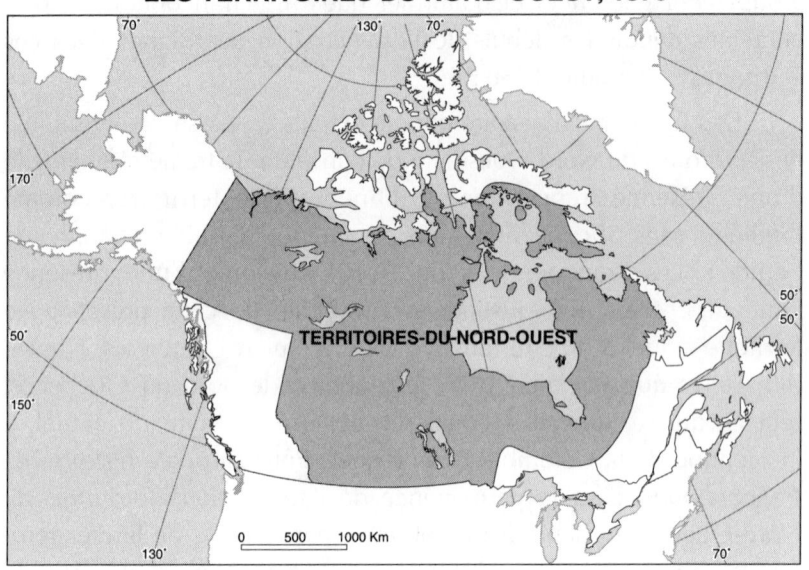

LES TERRITOIRES DU NORD-OUEST, 2002

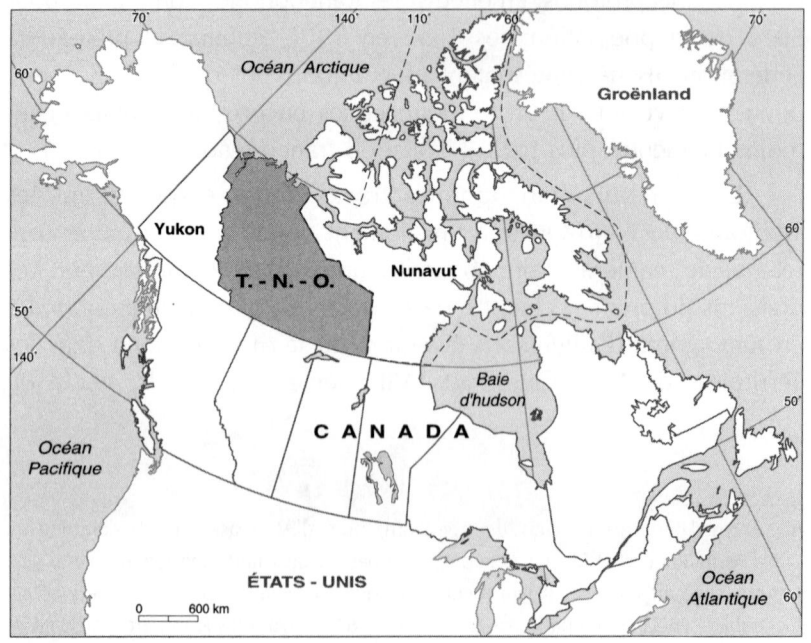

Réalisation : Laboratoire de cartographie, Département de géographie, Université Laval

l'accentuation de la pénétration blanche dans le Grand Nord » et « Première étape de la colonisation : les agents de développement dans le Nord-Ouest et dans le Nord-Est ». En d'autres mots, cette façon de faire permet d'associer des passés francophones disparates, vécus parfois isolément sur ce vaste territoire, à la constitution d'un « nouveau » passé unique, cohérent et significatif, un passé qui définirait la communauté franco-ténoise d'aujourd'hui.

Les personnages font l'objet d'un travail analogue de « rapaillage » de fragments du passé dans le souci de démontrer l'existence d'une continuité temporelle. La communauté franco-ténoise actuelle ne tire cependant pas son origine d'une « souche » plurigénérationnelle. Elle ne peut donc pas compter sur une ascendance établie pour expliquer la continuité de sa présence sur le territoire, comme l'explique *La petite histoire des francophones* :

> Les francophones travaillant dans les Territoires n'avaient jamais engagé un processus de colonisation ni même réfléchi à un projet spécifique de développement sociétal. Ils étaient venus profiter du développement des Territoires [...]. Les Oblats et les Sœurs grises venaient propager la foi chrétienne ; les trappeurs, petits commerçants et responsables des comptoirs représentaient les intérêts économiques des maisons de fourrures de Montréal et de Toronto. Aucun projet de société francophone du Nord n'a germé dans leur esprit (Perreault et Léger, 1989 : 66).

Ainsi, pour établir la continuité recherchée, on a retenu tous les gens de langue française qui ont marqué le développement des TNO formés par l'acquisition, en 1870, de la terre de Rupert et du Territoire du Nord-Ouest[7], et ce, afin que la communauté actuelle puisse constater, sans intermittence, la présence francophone telle une ascendance qui prendrait racine dans les grands parcours exploratoires des La Vérandrye, des Groseillers et Radisson, lesquels, à l'instar de figures comme d'Iberville et le chevalier de Troyes, « se distinguèrent comme défenseurs des intérêts français » (Perreault et Léger, 1989 : 18). Sont aussi nommés, dans cette veine,

> Jacques R. Legardeur de St-Pierre qui fonda, en 1751, le fort Jonquière qui est maintenant la ville actuelle de Calgary et le chevalier Saint-Luc de la

---

7. Le Canada a acheté cet immense territoire, c'est-à-dire environ sept millions d'acres de terre fertile et autres concessions de terre, à la Compagnie de la Baie d'Hudson pour la somme de 300 000 £ (680 000 $CAN).

Corne qui fut le premier homme blanc à entreprendre, dans la vallée de la Carotte, tributaire de la Saskatchewan inférieure, les premiers essais en agriculture (Perreault et Léger, 1989 : 20).

Le personnage jugé le plus important est Laurent Leroux – le siège de la Fédération franco-ténoise porte d'ailleurs son nom –, originaire du Bas-Canada et premier Blanc à atteindre la vallée du Mackenzie. Leroux fonda au XVIIIe siècle quelques postes de traite, devenus plus tard des villages, sur le pourtour du Grand Lac des Esclaves avant de regagner sa patrie d'origine. Bien qu'il ait eu une descendance métisse sur le territoire reconnu par la Fédération franco-ténoise, celle-ci n'est pas intégrée à la trame référentielle, pas plus que ne l'est sa descendance bas-canadienne (Dufour, 1985 : 554). Laurent Leroux seul est retenu pour sa présence sur le territoire à titre de francophone, si peu longtemps qu'il y soit resté. Ainsi, le projet d'inscription du fait français dans le temps et l'espace entrepris par *La petite histoire des francophones* ne s'intéresse qu'à des anecdotes éparses et éphémères[8], des fragments de passé mis l'un à la suite de l'autre pour tisser cette trame continue de la présence francophone aux Territoires du Nord-Ouest.

Cette proposition de référence commune appelle le groupe à s'identifier à partir d'éléments qui peuvent lui « appartenir » en propre, c'est-à-dire un territoire et une ascendance dite francophone. La Fédération fait du vocable « francophone » la clé de la continuité et le choix des personnages retenus se base sur leur seule qualité de locuteurs de langue française, peu importe qu'il s'agisse de Français en séjour exploratoire, tel Radisson, de Canadiens français, tel Laurent Leroux, ou encore de Métis, tel François Beaulieu[9]. Les parcours identitaires qu'ont suivis ces personnages et les groupes auxquels ils se sont eux-mêmes identifiés ne reçoivent aucune con-

---

8. Voir la liste des « Noms et occupations des Francophones du Nord-Ouest » dressée en 1904 par Louis Arthur Prud'homme dans *L'élément français au Nord-Ouest* et intégrée telle quelle à *La petite histoire des francophones*, p. 44 à 60.
9. Il se rattachait lui-même à la nation métisse : « Le vieux Beaulieu que Mgr Taché rencontra au lac Athabaska [...] disait à cet éminent missionnaire, qu'il était le doyen des Métis du Nord-Ouest » (Prud'homme, 1904 : 29).

sidération. Leur usage du français suffit seul à justifier leur inscription dans la mémoire et leur participation à la construction d'une identité collective. Grâce à ces repères historiques, territoriaux et « généalogiques », la communauté peut ainsi se construire une identité et se mirer dans un passé à son image.

Figure de proue du discours franco-ténois sur Soi, *La petite histoire des francophones* n'est toutefois qu'une manifestation parmi plusieurs des narrations du passé auxquelles procède la Fédération. Il importerait aussi de retrouver et d'étudier d'autres écrits de la Fédération, par exemple des articles à la mémoire de certains personnages parus dans *L'Aquilon*, hebdomadaire édité par elle et division des Éditions franco-ténoises qu'elle dirige. Ce discours sur le passé creuse les fondations de l'identité et propose à la communauté franco-ténoise une mémoire collective – qui n'existait pas[10] – afin qu'elle puisse se concevoir un avenir.

UN PROFIL TAILLÉ À LA MESURE D'UN AVENIR PRÉCIS

La Fédération lui ayant fourni un passé, la communauté peut maintenant y prendre appui pour solidifier son identité. Celle-ci n'a toutefois de pertinence que dans l'espérance d'un devenir en tant que collectivité. La Fédération franco-ténoise propose ainsi à la communauté d'entrevoir son avenir dans l'association – ou la solidarité – avec celui des autres communautés francophones du pays. Comme ses membres proviennent en majorité de l'extérieur des TNO, y compris du Québec[11], ils peuvent collectivement s'identifier à ce que tous les francophones vivent en commun : une marginalisation de leur langue et de leur culture.

---

10. À cet égard, voir Lamontagne (1999 : 55) qui remarque aussi ce phénomène : « Il n'y a pas de culture d'origine propre à tous ces gens venus d'ailleurs ».
11. « Certains sont Franco-Albertains, Fransaskois, Franco-Manitobains, Franco-Ontariens, Québécois ou Acadiens » (Lamontagne, 1999 : 55). Le profil du Québec, quoique différent des minorités francophones canadiennes, est intégré à l'analyse à titre de communauté confrontée, elle aussi, à une majorité linguistique au sein du Canada.

Le discours de la Fédération se centre sur la quête d'une reconnaissance par la majorité ou, simplement, le constat de la marginalisation du fait français par rapport à celle-ci :

> Les francophones, enracinés depuis les débuts de la pénétration des Blancs dans ces Territoires, sont conscients de cette réalité. Ils ont tenu, tiennent et tiendront compte de cette réalité dans leurs revendications linguistiques et culturelles. Ils subissent aussi une marginalisation linguistique et culturelle. [...] Malgré une augmentation en chiffres réels, le taux de transfert linguistique reste alarmant. Il se situe autour de 55,4 %. L'anglicisation suit son cours inexorable (Perreault et Léger, 1989 : 63).

Sur le plan discursif, les Franco-Ténois arpentent les mêmes sentiers battus que les autres communautés francophones minoritaires du pays, à savoir ceux de la survie, bien que dans leur cas, paradoxalement, l'identité menacée soit elle-même en construction. Déjà, la communauté franco-ténoise doit se battre pour garder, au nom de la présence francophone continue sur le territoire et d'un passé partagé qui confirment à ses yeux la justesse d'une telle bataille, des droits qu'elle n'a parfois même pas encore acquis. Palpable, l'inquiétude envers l'avenir envahit le discours :

> Leur langue, leur culture est [sic] marginalisée, niée dans sa différence. La banalisation et l'assimilation seront poussées à fond [...]. Marginalisés, intégrés de force à l'américanisation/anglicisation du continent nord-américain, les Franco-Ténois ont vu que les possibilités de lutte et de réaction étaient souvent limitées et violemment rabrouées. Le repli se faisait à l'intérieur de la cellule familiale, dernier repaire d'une culture à l'agonie (Perreault et Léger, 1989 : 65).

Sur la base d'une telle caractérisation, la communauté lie sa réalité à celles des autres francophonies minoritaires du Canada. Elle conforte en quelque sorte sa propre existence et, par le fait même, sa propre identité. La publication dans *L'Aquilon, le souffle francophone des Territoires du Nord-Ouest* d'articles détaillant ce que vivent les autres francophonies traduit une solidarité de situation avec elles. Les articles parus sont choisis par la Fédération de façon à présenter ces communautés minoritaires sous l'angle d'entités ayant à lutter pour leur survie, c'est-à-dire recherchant elles aussi les conditions nécessaires à leur épanouissement. Positionnant ainsi les Franco-Ténois aux côtés des autres communautés francophones minoritaires canadiennes, la Fédération leur fait voir qu'ils ne sont pas seuls et, qu'en fait, leur situation possède une cohérence et une dynamique qui s'apparentent à celles des autres.

En accompagnant ainsi le devenir des minorités francophones ailleurs au Canada, la Fédération invite la communauté franco-ténoise à prendre la place qui lui revient à l'intérieur de la francophonie canadienne et lui crée des conditions favorables à l'aménagement d'un devenir intégré à une réalité englobante. L'étude approfondie d'autres prises de parole par la Fédération – notamment les interventions faites pour justifier le recours judiciaire intenté contre les deux paliers de gouvernement au sujet du non-respect des droits des francophones aux TNO – serait toutefois nécessaire afin de mettre à l'épreuve cette démonstration.

* * *

La réflexion développée ici mène à différents constats à propos du rôle de la Fédération franco-ténoise à titre de représentante de la communauté et de soutien à son développement. À ce jour, la Fédération a su donner à cette communauté francophone aux origines diverses une mémoire pouvant servir de socle sur lequel reposerait une identité collective. Mais une telle construction identitaire ne fait sens que dans la mesure où l'avenir du groupe reste ouvert. En associant celui-ci aux autres communautés francophones du Canada, la Fédération lui permet de prendre son envol et de se développer en tant que collectivité francophone distincte.

Reste à connaître de quelle façon la communauté elle-même s'exprime dans cette relation de réciprocité, car bien que ce soit elle qui ait mandaté la Fédération de soutenir la construction de son identité, elle a toujours le loisir de refuser le résultat de ce travail. Plusieurs questions se posent à ce propos. Dans quelle mesure la Fédération a-t-elle consulté la communauté sur ses besoins de sens ou jusqu'à quel point les a-t-elle déterminés seule ? Se pourrait-il que la communauté se sente réduite à devoir accepter les références proposées parce qu'elles sont les seules à lui être offertes ? Si tel était le cas, l'identité suggérée par la Fédération serait-elle toujours pertinente ? Enfin, les paramètres définis par la Fédération franco-ténoise rejoignent-ils les aspirations identitaires de tous les membres de cette communauté ? Le sondage que nous avons mené en 2002 auprès des francophones des Territoires du Nord-Ouest permet d'entrevoir certaines réponses à ces questions. En effet, ses résultats partiels révèlent que les francophones n'adhèrent que très peu à l'identité qui leur est proposée : à peine 1,5 % des répondants ont avoué se définir en tant que Franco-Ténois, alors que 34 % se sont dits Canadiens français. Il faudrait toutefois analyser ces résultats inattendus plus en détail pour en tirer des conclusions fermes.

Références

SOURCES

Lamoureux, Daniel (1996), *Rapport bisannuel 1994-1996*, Yellowknife, La Fédération franco-ténoise.

Lamoureux, Daniel (1999), « Résolution d'action ». *Extrait du procès-verbal de l'Assemblée générale extraordinaire des membres de la Fédération franco-ténoise* (19 septembre), http://www.franco-nord.com/45.html

Lamoureux, Daniel (2000), « Profil de la communauté franco-ténoise », http://www.franco-nord.com/34.html

Lamoureux, Daniel (2002), Entrevue réalisée par l'auteure.

Lavigne, Julie (2002), *Vous parlez français et habitez les TNO*, Questionnaire sur le développement d'une identité franco-ténoise, 2002. Inédit.

Statistique Canada, *Estimation 2000*.

Statistique Canada, *Recensement 1996*.

Statistique Canada, *Recensement 2001*.

TRAVAUX

Commissariat aux langues officielles du Canada (2001), *Les langues officielles au Canada : faits et chiffres. Alberta, Colombie-Britannique, Territoires du Nord-Ouest, Yukon*, Ottawa, Commissariat aux langues officielles.

Dufour, Pierre (1985), « Laurent Leroux », *Dictionnaire biographique du Canada*, vol. VIII : *De 1851 à 1860*, Sainte-Foy, PUL, p. 553 à 555.

Fédération des communautés francophones et acadienne (FCFA) (2000), *Profil de la communauté francophone des T.N.-O.*, Ottawa, FCFA.

Fédération franco-ténoise (2001a), *Calendrier évolutif*, Yellowknife, Fédération franco-ténoise.

Fédération franco-ténoise (2001b), *Survol. Le recours judiciaire intenté par la Fédération franco-ténoise à l'encontre des gouvernements du Canada et des Territoires du Nord-Ouest*, Yellowknife, Fédération franco-ténoise.

Lamontagne, Sophie-Laurence (1999), *Les francophones du Nord canadien. Les Territoires du Nord-Ouest et le Yukon*, Sainte-Foy, INRS-Culture et société.

TRAVAUX

Northwest Territories (2000), *Revitalizing, Enhancing, and Promoting Aboriginal Languages. Strategies for Supporting Aboriginal Languages*, Northwest Territories, Education, Culture and Employment.

Perreault, Denis (dir.) (1988), *La grande tournée, les retrouvailles*, Yellowknife, Comité de consultation sur les services en français dans les Territoires du Nord-Ouest.

Perreault, Denis, et Huguette Léger (1989), *Leroux, Beaulieu et les autres ou La petite histoire des francophones dans les Territoires du Nord-Ouest*, Yellowknife, Fédération franco-ténoise, (coll. Francophones du Nord, 1).

Prud'homme, Louis Arthur (1904), *L'élément français au Nord-Ouest : voyageurs canadiens et métis, 1763-1870*, Montréal, Revue canadienne.

Le parcours identitaire des Métis du Canada: évolution, dynamisme et mythes

Sylvie LeBel, étudiante à la maîtrise
Département d'histoire
Université Laval

Le concept de francophonie canadienne renvoie habituellement à un ensemble de communautés caractérisées par certains traits communs – langue, histoire, combat pour leur survie – et par une relation particulière avec le Québec. Bien que possédant maintenant leur propre parcours sociohistorique, les Franco-Manitobains, les Acadiens et les Franco-Ténois partagèrent durant plus d'une centaine d'années le rêve d'une nation canadienne-française d'un bout à l'autre du pays et ce, jusqu'à la « rupture » avec le Québec dans les années 1960. Les Métis, quoique souvent assimilés à cette grande entité, suivirent pourtant une route divergente. Tout comme les colons canadiens-français, ils étaient majoritairement francophones et catholiques lors de leur installation dans l'Ouest au XIXe siècle. D'ailleurs, une partie de leurs descendants parlent toujours le français aujourd'hui. Cependant, les composantes de leur identité furent toujours mixtes et il en a résulté un ensemble unique, distinct des autres groupes francophones du Canada. Les élites canadiennes-françaises les incluent malgré tout dans leur projet de nation, mais jamais les Métis ne se sont déclarés Français, Canadiens français, Amérindiens ou Britanniques. Ils avaient toujours désiré être libres et indépendants et composer une « nouvelle nation » qui évoluerait selon ses propres règles.

Les définitions multiples de ce que sont les Métis au XIXe siècle révèlent toute la complexité de leur parcours identitaire. Il y a ce que les Métis eux-mêmes disent être, leur définition du « Nous », et ce que les autres, « Eux », en disent. Le caractère relationnel des distinctions ethniques a été bien établi depuis les travaux de Fredrick Barth durant les années 1960 (Barth, 1995). Selon lui, l'ethnicité ne se manifeste pas dans l'isolement social et géographique d'une collectivité, mais bien dans ses relations avec les autres. De plus, l'ethnicité n'est pas hermétique et immuable, mais perméable et sujette aux changements. Les frontières entre les communautés, bien que toujours maintenues, ne regroupent pas nécessairement les mêmes ensembles de personnes au fil du temps. Les critères d'appartenance à ces ensembles peuvent évoluer au gré des circonstances (Poutignat et Streiff-Fenart, 1995 : 134-136).

C'est en nous appuyant sur ces deux aspects de l'ethnicité que nous aimerions explorer le parcours identitaire des Métis du Canada en général et de groupes particuliers dans certains cas. Premièrement, en revenant sur les périodes marquantes de leur histoire – qui sont aussi des moments clés sur le plan identitaire – il est possible d'entrevoir le changement dans les critères d'appartenance au groupe ainsi que la mouvance de ses frontières ethniques. Deux grandes époques se distinguent – du début du XIXe siècle jusqu'aux années 1960, puis de là jusqu'à aujourd'hui – pendant lesquelles le sentiment identitaire métis a subi de profondes mutations. Deuxièmement, l'examen de la perception des Autres, ici le reste du Canada et ses différentes composantes, permettra de constater que la définition extrinsèque d'un groupe ne coïncide pas toujours avec celle que ses membres en donnent. Le cas de Louis Riel, choisi parmi les symboles identitaires métis, servira à illustrer les utilisations paradoxales du mythe et de l'identité métis.

LES MÉTIS VUS DE L'INTÉRIEUR : UNE IDENTITÉ CHANGEANTE

En Amérique, le terme Métis renvoie généralement à toute personne ayant des origines mixtes, habituellement amérindiennes et européennes. Toutefois, dans le contexte canadien, il réfère historiquement à un groupe précis, soit les Métis de l'Ouest et leurs descendants. Cependant, il existe bien évidemment des Métis ailleurs au Canada. Au recensement de 2001, 292 310 personnes se sont déclarées Métis, dont 43 % provenaient de provinces autres que le Manitoba (19 %), la Saskatchewan (15 %) et l'Alberta (23 %), associées traditionnellement aux Métis de l'Ouest[1]. Ces gens de la côte ouest (15 %), des trois territoires (1 %)[2], du Québec (5 %), de l'Ontario (17%) et des Maritimes (5 %) sont des descendants de Métis ou encore des Indiens sans statut[3]. Un certain flou existe autour du concept de Métis. En fait, la collectivité qu'il désigne a varié dans le temps, même si son appellation n'a pas changé.

Cette évolution s'est réalisée en deux moments principaux, marqués chacun par deux processus distincts. Du XIXe siècle jusqu'au milieu du XXe siècle, il y a naissance et affirmation d'une nouvelle identité métisse, puis sa négation suite à l'échec des Rébellions. À partir des années 1960, une nouvelle recherche d'identité se produit, marquée d'abord par l'ouverture ou l'agrandissement des frontières ethniques du groupe, puis par leur fermeture après la *loi constitutionnelle de 1982*.

DE LA NAISSANCE D'UNE IDENTITÉ À SA NÉGATION

Les origines des Métis sont communément retracées dans l'Ouest canadien du XIXe siècle. Pourtant, le phénomène de métissage est beaucoup plus ancien. Selon l'expression consacrée, il aurait débuté neuf mois après que les premiers Européens aient mis le pied en Amérique. Comment expliquer la prise de conscience d'une identité singulière chez un groupe spécifique de Métis dans les Prairies alors qu'elle n'apparaît pas chez les autres Métis d'Amérique du Nord ? En fait, tous ces gens auraient suivi des destins différents, certains s'intégrant à l'un de leurs groupes d'origine, d'autres formant des collectivités distinctes :

---

1. Statistique Canada, Recensement de 2001.
2. Il s'agit du Yukon, des Territoires du Nord-Ouest et du Nunavut.
3. Aujourd'hui, un Métis n'a pas nécessairement le statut d'Indien, car il n'est pas reconnu comme Indien selon la *Loi sur les Indiens*. Par contre, les Indiens sans statut ne sont pas tous des Métis. Par exemple, jusqu'en 1985, les femmes amérindiennes qui mariaient un Indien sans statut ou un non-autochtone perdaient leur statut.

> *Over time, and in different areas, people of mixed ancestry have grown up and lived out their lives in a vast variety of circumstances, leading them and their descendants to be categorized and to classify themselves by many different criteria* (Brown, 1987 : 136).

En Acadie et en Nouvelle-France, des hommes européens s'unirent à des femmes amérindiennes et, ensemble, donnèrent naissance à des enfants métis dès le XVIIe siècle. Dans les Maritimes, des Basques et des Bretons venant pêcher sur les côtes rencontrèrent des Micmacs et des Malécites, tandis qu'en Nouvelle-France, les marchands et les coureurs des bois se lièrent à des Amérindiennes saulteuses (Ojibway) et cries (McMillan, [1988] 1995 : 293). Au-delà du simple désir d'avoir une compagne, les coureurs des bois y trouvaient aussi une alliée économique indispensable. Ces unions leur permettaient d'entrer dans un vaste réseau de contacts par la famille et le groupe de chasse de la femme, leur garantissant ainsi un accès aux fourrures. Encore plus important, cela rendait possible la survie, la femme effectuant toutes les tâches nécessaires à la vie en forêt et au travail des peaux, en plus de servir d'interprète (McMillan, [1988] 1995 : 294). Les descendants de ces couples ne formèrent pourtant pas un groupe distinct et cela, en partie en raison de la politique française. Dans le but de créer et de maintenir en Amérique une seule nation, la France encourageait Français et Amérindiens à s'unir politiquement et économiquement contre un ennemi commun, l'Anglais ; elle allait même jusqu'à promouvoir les mariages mixtes. En effet, la traite devait assurer l'avenir de la colonie, mais la population devait aussi croître (Dickason, 1985 : 28). Ainsi, les enfants métis de la Nouvelle-France et de l'Acadie s'identifièrent la plupart du temps à l'un ou l'autre de leur groupe d'origine, souvent à celui autochtone, plus souple sur le plan social. La même chose se produisit à la Baie d'Hudson autour des postes de traite où les marchands anglais prirent également des femmes amérindiennes (Brown, 1987 : 137).

Des groupes relativement distincts de Métis se formèrent lorsque les autorités commencèrent à s'opposer au métissage et que la traite se déplaça un peu plus à l'ouest, autour des Grands Lacs. En se regroupant et en s'unissant entre eux, les Métis prirent conscience qu'ils partageaient un certain nombre de caractéristiques issues de leur héritage commun, l'une d'elles étant leur participation essentielle au commerce des fourrures. Il y aurait alors eu, autour des Grands Lacs, la naissance d'une société distincte (McMillan, [1988] 1995 : 294). Par contre, ni ces Métis ni ceux de la Nouvelle-France ou de la Baie d'Hudson ne développèrent une conscience identitaire débouchant sur un projet national comme le firent les Métis de l'Ouest plus tard.

Vers la fin du XVIIIe siècle et au début du XIXe siècle, la traite se déplaça encore davantage vers l'ouest, entraînant les Métis avec elle. C'est à ce moment qu'ils s'installèrent dans la province actuelle du Manitoba. Traditionnellement, on a expliqué l'émergence d'une conscience identitaire chez les Métis de l'Ouest par les actions de la North West Company. En effet, alors que des terres furent accordées par sa rivale, la Hudson's Bay Company, pour la fondation d'une colonie en plein cœur des territoires où chassaient les Métis, se répandit chez ces derniers l'idée que ces terres leur appartenaient et que l'arrivée des colons en signifiait la perte. L'idée d'une « nouvelle nation » aurait alors émergé, une nation héritière des terres laissées vacantes par les Amérindiens disséminés par les maladies et les guerres. En 1816, les Métis, équipés par la North West Company, affirmèrent leurs droits lors de la Bataille de Seven Oaks (Morton, 1978 : 28-30). C'est cette rencontre brutale qui aurait planté le germe identitaire d'une nation métisse.

Bien que le rôle joué par la North West Company ne puisse être remis en cause dans la gestation de l'identité métisse, plusieurs chercheurs en atténuent aujourd'hui la portée. En effet, selon cette explication quelque peu ethnocentrique, les Métis n'auraient pu, seuls, prendre conscience de leur caractère distinct ; ils n'auraient été que des acteurs passifs, victimes de la concurrence entre deux grandes compagnies (Sawchuk, 1978 : 24). D'autres facteurs sont maintenant considérés : l'isolement géographique et social des Métis par rapport à l'Est durant un demi-siècle et, surtout, le partage d'un mode de vie et d'une histoire commune qui s'était tissée au fil des ans et des affrontements avec les Sioux, la Hudson's Bay Company ou tout autre étranger sur leur territoire (Burley, Horsfall et Brandon, 1992 : 33-34).

Dès les premières décennies du XIXe siècle les Métis de l'Ouest possédaient une conscience d'être différents et ils avaient décidé de l'affirmer devant le reste du Canada. L'ethnie métisse avait à cette époque des caractéristiques propres. Le terme Métis s'appliquait alors aux personnes d'origines amérindienne et française avant tout, de langue française et de religion catholique. Celles-ci étaient habituellement nomades et participaient au commerce des fourrures en s'occupant du transport de marchandises. Cependant, d'autres Métis cohabitaient avec eux, de petits agriculteurs souvent, descendants d'Amérindiennes et de marchands anglais, écossais et irlandais, tous protestants, de la Baie d'Hudson et qui s'étaient joints aux Métis francophones lors de leurs déplacements vers l'Ouest. Des tensions existaient entre les deux groupes, mais les historiens croient que la pratique de l'intermariage ainsi que des activités réalisées en commun contribuaient à les atténuer (McMillan, [1988] 1995 : 296).

Sur le plan socioculturel, la première moitié du XIXe siècle est souvent qualifiée d'« âge d'or » pour les Métis de l'Ouest. À cette époque, une sorte de culture « classique » se serait formée, associée surtout aux francophones. La chasse au bison était une de leurs activités principales et elle aurait grandement contribué à maintenir les sentiments nationalistes au sein du groupe. En effet, la chasse était extrêmement bien organisée, comportant des règles strictes dictées par un conseil, sorte d'ancêtre du gouvernement provisoire mis en place plus tard lors des Rébellions des années 1860 et 1880. L'utilisation de plusieurs langues – anglaise, française et amérindiennes – ainsi que l'apparition concomitante du méchif, une langue alliant des structures du français et du cri représentèrent d'autres élément marquants. Des vêtements européens et amérindiens aux couleurs contrastées, avec des motifs floraux en broderie de soie, en plumes et en perles, ainsi que la ceinture fléchée rouge traditionnelle dite de l'Assomption formaient eux aussi des traits culturels permettant de reconnaître les Métis (Burley, Horsfall et Brandon, 1992 : 35-36). La danse, dont la Gigue de la Rivière Rouge (*Red River Jig*), mélangeant des éléments autochtones, français et écossais, accompagnée par un violoneux caractérisaient les nombreuses fêtes chez les Métis. L'esprit de famille et le sens de l'égalité, de la liberté et de l'individualisme leur étaient aussi typiques (Harrison, 1985 : 19, 26-27).

Bref, l'identité métisse née au XIXe siècle, se caractérisait par un mode de vie marqué par la chasse au bison et la participation à la traite au sein duquel se fondaient des éléments empruntés aux cultures d'origine. « *It is this integration of diverse behaviours into a distinctive conceptual whole that results in Métis habitus, and which serves to identify Métis ethnicity* » (Burley, Horsfall et Brandon, 1992 : 39). Lorsque l'intégrité de cet ensemble se trouva menacée par l'arrivée d'agents extérieurs, la conscience nationale, déjà présente en germe se transforma en certitude (Dickason, 1985 : 31).

La « nouvelle nation » métisse qui s'affirma en 1816 vécut dans un isolement relatif jusque dans les années 1860 alors que se mit en branle le projet confédératif dans l'est du Canada. Grâce au nouveau chemin de fer, des colons arrivèrent en grand nombre et submergèrent progressivement les Métis. Chez ces derniers, selon les mots de Fernand Dumont, « le sentiment national s'exacerbe quand survient l'agression extérieure ; il ne parvient pas à donner à la nation des fondations qui lui permettraient de se confirmer dans la longue durée » (Dumont, 1997 : 438). Les Métis réagirent, mais la désintégration de leur nation naissante semblait inévitable, étouffée par le projet de « nation canadienne ». Nous ne retracerons pas ici tous les événements ayant marqué les rébellions de la Rivière Rouge au Manitoba en 1869 ni ceux de Batoche en Saskatchewan en 1885. Il suffit de rappeler que la résistance des Métis fut écrasée par les troupes fédérales en 1885, que leur meneur Louis Riel fut exécuté et que les droits territoriaux auxquels ils aspiraient ne leur furent qu'au mieux partiellement reconnus par un système de « scrip » déficient[4]. Beaucoup de Métis se déplacèrent donc et se dispersèrent dans les Prairies par la suite (Harrison, 1985 : 39-46).

---

4. Suite à l'entente conclue en 1870 entre le Canada et la Grande-Bretagne pour l'acquisition de la Terre de Rupert et en réponse aux demandes de reconnaissance du droit ancestral des Métis au territoire, « le gouvernement [par l'entremise de la Commission des certificats de Métis] offrit aux Métis des certificats ou «scrips» leur donnant droit à une parcelle de terre définie. La délivrance des certificats fut marquée par des complications administratives et de la fraude, de sorte que moins de 1 000 Métis réussirent à conserver des droits sur ne serait-ce qu'une part des 1 400 000 acres » revendiqués (http ://www.archives.ca/02/0201/17_f.html).

Après ces événements s'ensuivit une période difficile marquée par la pauvreté et des mauvaises conditions de vie. Rejetés autant par les sociétés amérindiennes que blanches, les Métis de l'Ouest devinrent des « non-peuples », sans statut particulier reconnu par le gouvernement, vivant en marge des villes et n'occupant que de petits emplois. Puisque l'accès à l'éducation et à une meilleure situation économique leur était interdit, certains Métis choisirent de renier leur origine autochtone et de mettre de l'avant leur qualité de francophone catholique afin de s'intégrer à la société dominante. D'autres rejoignirent des communautés amérindiennes dans le Nord et signèrent avec le gouvernement des traités leur garantissant certains avantages en échange de leurs titres indiens (McMillan, [1988] 1995 : 305). La période allant de 1885 jusqu'aux années 1960 en est une de négation de l'appartenance au groupe métis, comme si la fierté d'être et de s'affirmer Métis n'existait plus.

Ce changement peut être interprété à l'intérieur du cadre conceptuel établi par Raymond Breton pour comprendre les francophonies minoritaires, un cadre qui conviendrait, selon l'auteur, à n'importe quelle minorité se retrouvant dans une situation d'appartenance multiple (Breton, 1994 : 59-69). Ce cadre comporte trois dimensions d'identification au groupe que l'individu peut exprimer de différentes façons, positives ou négatives. La dimension pragmatique ou utilitaire est la première dimension. La deuxième est la dimension d'interdépendance et la troisième, le partage d'un héritage culturel distinct. Ce qu'il y a d'intéressant dans le modèle de Breton, c'est qu'il n'est pas figé, il recouvre toute la gamme des comportements possibles face à la collectivité et n'exclut pas qu'un même individu ou un groupe d'individus puisse changer de comportement au cours de son existence. C'est pourquoi ce modèle nous semble utile pour tenter d'expliquer le changement d'attitude chez les Métis de l'Ouest.

Devant l'adversité et le rejet, les individus ne virent plus aucun avantage à s'identifier comme Métis. La dimension pragmatique ou utilitaire de cette appartenance fut jugée négativement par la plupart d'entre eux. Ils rejetèrent alors la collectivité métisse. Plusieurs changèrent d'ailleurs de nom pour éviter la discrimination (Harrison, 1985 : 64). L'influence du « Eux » sur l'identité est ici bien évidente.

À l'inverse, ils considérèrent que c'était l'identification à la collectivité française qui pouvait leur apporter davantage. L'interdépendance même fut perçue comme nuisible, comme si le fait de s'identifier à d'autres Métis pouvaient défavoriser la réussite sociale et économique. Certains, s'étant intégrés à la société dominante, rejetèrent d'ailleurs d'autres Métis ayant conservé leur mode de vie traditionnel (Sealy et Lussier, 1975 : 139). Enfin, bien que Riel restait très présent dans les mémoires, les Rébellions constituèrent un échec dans l'histoire de la collectivité, un héritage peut-être gênant à partager à partir de la fin du XIXe siècle.

OUVERTURE ET FERMETURE :
LA SOUPLESSE DES FRONTIÈRES MÉTISSES

La période difficile pour les Métis de l'Ouest se poursuivit jusqu'au milieu du XXe siècle. Bien que plusieurs d'entre eux s'intégrèrent à la vie occidentale des provinces nouvellement formées au tout début du XXe siècle, d'autres en restaient toujours exclus. Toutefois, durant les années 1930, quelques meneurs émergèrent et s'efforcèrent de mobiliser leurs semblables. En Alberta par exemple, la première convention de l'Association des Métis d'Alberta et des Territoires du Nord-Ouest eut lieu en 1932 et la Commission Ewing enquêta sur les conditions de vie des Métis de la province en 1935. Des organisations se formèrent dans les autres provinces également, mais il était difficile de réunir dans des organismes les Métis jaloux de leur indépendance. De plus, le manque de fonds demeurait un problème constant (Harrison, 1985 : 97-99, 104-106).

Après la Seconde Guerre mondiale, alors que la pauvreté et la ségrégation des Métis persistaient, ils se mobilisèrent[5]. Les Métis furent d'abord représentés au niveau fédéral par le Conseil national indien jusqu'en 1968, puis ils s'écartèrent des Amérindiens pour former leur propre association nationale, le Conseil national des

---

5. Ce phénomène s'inscrivait aussi dans la montée du féminisme et des mouvements de contestation chez les minorités, particulièrement aux États-Unis où les Amérindiens et les Noirs s'organisaient et revendiquaient des droits.

autochtones du Canada, qui représentait aussi les Indiens sans statut (Sawchuk, 1998 : 32). En se regroupant pour militer sous la même bannière, les Métis et les Indiens sans statut espéraient ainsi avoir davantage d'ascendant auprès des autorités. Joe Sawchuk, qui a travaillé dans l'organisation des Métis du Manitoba durant les années 1970, affirme que l'individu a le choix de s'intégrer au groupe dominant ou encore

> he can join with others in emphasizing ethnic identity in an attempt to develop a more economically and politically viable position in the society (Sawchuk, 1978 : 73).

Évidemment, l'influence du groupe dépendait aussi de son poids démographique : plus les Métis seraient nombreux à revendiquer, plus les possibilités de se faire entendre seraient grandes. Ainsi a-t-on assisté à un phénomène d'ouverture des frontières, c'est-à-dire que davantage de gens pouvaient se dire Métis à partir des années 1960.

> The Metis of the twentieth century constitute an ethnic group which in order to survive as a unit has had to shift its boundaries considerably to include many people who originally would not have been considered members (Sawchuk, 1978 : 14).

Autrement dit, les critères d'identification au groupe métis changèrent dans le temps. Au XIXe siècle, le terme Métis regroupait essentiellement les Métis de la Rivière Rouge et leurs descendants. Au milieu du XXe siècle, le terme était toujours le même, mais l'ensemble qu'il désignait s'était élargi jusqu'à inclure toute personne ayant des origines mixtes. Ainsi, le Conseil national des autochtones du Canada représentait-il autant les Métis que les Indiens sans statut de l'est et de la côte ouest du Canada, mais qui n'avaient pas nécessairement de liens avec l'histoire de Rivière Rouge. Ils n'avaient en commun que leurs origines amérindiennes et leur condition de défavorisés. Cette ouverture de l'identité métisse traduisait surtout une volonté et une action politiques. Les frontières ethniques apparaissent ainsi comme un concept pouvant être manipulé, une stratégie que les associations métisses avaient bien comprise.

À la même époque, leurs dirigeants politiques présentèrent consciemment l'héritage des Métis « traditionnels » de l'Ouest comme celui de tous les Métis du Canada. Cela répondait à un besoin de rassembler toutes les personnes possédant des origines mixtes : « *It provided a strong image around which to rally to establish both an identity and a sense of self-worth* » (Nicks, 1985 : 111). Le drapeau métis, brandi pour la première fois en 1816 lors de l'attaque des Métis sur la colonie, devint en 1976 le drapeau officiel de tous les Métis du pays. La ceinture fléchée traditionnelle devint l'emblème officiel de l'Association des Métis et des Indiens sans statut de l'Ontario en 1978 (Redbird, 1980 : 48 ; voir aussi Racette, 1987 : 30). Louis Riel fut perçu comme la figure emblématique sur laquelle pouvait se construire le legs métis et abondamment utilisé par de multiples groupes régionaux sur des affiches et lors de commémorations. Pour se donner davantage de force et une identité plus convaincante, « *the modern Metis are rapidly adopting, in a modern context, as many symbols of the traditional Metis lifestyle as possible* » (Redbird, 1980 : 48).

Depuis 1982 toutefois, un changement majeur s'est opéré sur les plans organisationnel et identitaire. Le Conseil national des autochtones du Canada a longtemps exercé des pressions au niveau fédéral pour que soient reconnus les droits des Métis et des Indiens sans statut. Dans la Constitution de 1982, les Métis, au même titre que les Inuit et les Amérindiens, ont vu leurs droits reconnus en tant que peuple autochtone du Canada. Dès 1983, les Métis se sont séparés des Indiens sans statut pour fonder leur propre organisation nationale, le Ralliement national des Métis, et ils ont resserré les critères d'identification à leur groupe. Une nouvelle phase a alors débuté dans le parcours identitaire des Métis, une phase de fermeture. Aujourd'hui, contrairement aux années 1960 et 1970, n'est pas métis qui veut. Le Ralliement national des Métis considère qu'un Métis doit être un descendant des Métis de l'Ouest. Certaines associations provinciales, manitobaine et albertaine entre autres, vont même plus loin. Les Métis doivent être en mesure de prouver leur origine si nécessaire, être acceptés comme tels par les autres et descendre de Métis admissibles au programme de « scrip » du gouvernement de l'époque (Sawchuk, 1998 : 23). Alors qu'au départ,

Métis et Indiens sans statut formaient un groupe de pression partageant les mêmes intérêts, la reconnaissance constitutionnelle d'une partie de ce groupe a entraîné sa fragmentation. Cette redéfinition de l'identité métisse correspond à une stratégie politique, apparemment dans le but de préparer une revendication importante à propos de titres sur des terres dans l'Ouest. Ce qu'il y a d'également remarquable, c'est la façon dont une définition provenant de l'extérieur, dans ce cas-ci l'État canadien, a eu un impact profond sur la dimension ethnique du groupe (voir Sawchuk, 1985).

La culture et les traditions de la Rivière Rouge sont aussi devenues au fil du temps celles de beaucoup d'Indiens sans statut et de Métis au Canada, dépassant le cadre des revendications. Au plan individuel, plusieurs s'identifient réellement comme Métis, même s'ils ne descendent pas des Métis de l'Ouest, et ils adoptent volontiers les symboles hérités du XIXe siècle et des Rébellions. C'est surtout le sentiment d'interdépendance, toujours selon le modèle de Breton, qui inciterait les gens à s'identifier aux Métis de l'Ouest. Ils perçoivent que l'amélioration de leur vie, de leurs conditions économiques, sociales et politiques serait peut-être facilitée par une action collective (Breton, 1994 : 63). En même temps et sans qu'il y ait contradiction, l'identification aux Métis de l'Ouest paraît aussi utilitaire ou pragmatique, car « la modernité ferait que les activités et événements collectifs ethniques, tout comme les religieux, seraient vus et utilisés comme des biens de consommation » (Breton, 1994 : 63). Se dire Métis, ou s'identifier à n'importe quelle autre minorité ethnique riche de traditions et de symboles, serait aujourd'hui populaire, enrichissant et bien vu. Quelques-uns déplorent toutefois cet état de cause. Certains parlent d'un « impérialisme culturel » que l'héritage de la Rivière Rouge exercerait sur les autres traditions métisses ailleurs au Canada et qui masquerait leurs particularités. Par exemple, le festival annuel *Back to Batoche* s'adresse à tous les Métis, mais fait de l'Ouest leur seul foyer historique et culturel, ce qui est faux. Bien que cet héritage serve de pont entre les communautés, les Métis du Canada entier devront développer dans l'avenir une conscience collective basée sur de nouvelles valeurs dans un contexte moderne (Redbird, 1980 : 50). De même, les chercheurs, dont les travaux ne portaient que sur Louis Riel et les Rébellions renforcissant ainsi la primauté de la culture métisse héritée de l'Ouest, redécouvrent aujourd'hui la spécificité des autres cultures métisses de l'est et de la côte ouest du pays (Nicks, 1985 : 105).

LES MÉTIS VUS DE L'EXTÉRIEUR : LA PLURALITÉ DU MYTHE RIEL

Vues de l'intérieur, les frontières du groupe métis apparaissent donc comme modifiables au gré des besoins et permettant aux gens de les franchir dans les deux directions. À l'extérieur, il y a les Autres de qui on se différencie, ceux qui ne sont pas Nous. Ces Autres entretiennent une relation ambivalente par rapport à l'identité métisse, exerçant une influence parfois considérable sur la définition interne du groupe. Cette dynamique s'exerce de différentes manières selon que les groupes soient francophones, anglophones ou amérindiens. Tous ces gens empruntent des éléments à l'identité métisse et jouent avec ses frontières, souvent pour leur propre profit.

Le personnage de Louis Riel compte parmi les symboles les plus significatifs du bagage identitaire métis canadien. Emblème d'abord des Métis de l'Ouest, il est devenu un symbole fort pour une multitude de groupes et même un héros national. Pourtant, lors de sa pendaison en 1885, une déchirure profonde entre francophones et anglophones marqua le pays. Si Riel était déjà un héros pour les Canadiens français à cette époque, il en était tout autrement pour les Canadiens anglais. Pour les premiers, Riel était un défenseur de la langue française et du catholicisme. Si des rébellions avaient eu lieu dans l'Ouest, c'était en raison du fanatisme des Anglais et non à cause des Métis. Pour les seconds, le gouvernement provisoire instauré par Riel était illégitime, tout comme l'exécution d'un colon orangiste. Riel était un traître et devait être exécuté selon la loi. Dans les histoires du Canada ou de l'Ouest écrites par des anglophones à cette époque et jusque vers les années 1950, les héros étaient les soldats, les explorateurs, les marchands et la Northwest Mounted Police[6]. Attaché à la Couronne, le Canada anglais voyait dans Riel

---

6. Laquelle deviendra en 1990 la Royal Canadian Mounted Police ou Gendarmerie royale du Canada.

un obstacle à la civilisation et à l'expansion britannique (Owram, 1982 : 319-322).

Ces interprétations apparemment irréconciliables furent construites dans un contexte particulier de conflits à l'échelle nationale. À une époque où les élites du Canada français rêvaient d'une nation francophone et catholique d'un bout à l'autre du pays, la résistance des Métis représentait l'opposition de toute la nation canadienne-française au protestantisme et aux projets anglais. Pourtant, les Métis, bien que conscients de leurs racines, souhaitaient fonder un peuple distinct de ceux de leurs ancêtres anglais, français, cris ou saulteux. De plus, même si les principaux acteurs des Rébellions furent francophones et catholiques, de nombreux Métis anglophones et protestants ainsi que des Amérindiens des Prairies y participèrent. Mais ces faits restaient souvent dans l'ombre au Canada français et, peu importe si les Métis combattaient d'abord pour leur propre survie, il suffisait aux dirigeants et intellectuels canadiens-français qu'ils aient été francophones et catholiques pour faire de Riel un martyr, quitte à taire sa « folie » messianique. Les vraies raisons du conflit étaient déformées et certains symboles propres aux Métis se voyaient confisqués par d'autres (Owram, 1982 : 319-322).

Dans les années 1930 et 1940, quelques historiens, dont Marcel Giraud et George Stanley, commencèrent à interpréter les Rébellions et le personnage de Louis Riel dans un autre cadre que celui des confrontations Québec/Ontario ou francophones/anglophones. Mais ces ouvrages n'eurent que peu d'impact (Owram, 1982 : 324-325). Ce n'est qu'après la Seconde Guerre mondiale que Riel devint progressivement un héros national. Les luttes contre le racisme et l'exclusion s'intensifiant, les Canadiens jetèrent un regard nouveau sur ce groupe minoritaire de leur propre pays ayant lutté pour sa survie. C'est surtout lorsqu'il cessa d'être représenté comme un Canadien français catholique que Riel acquit du prestige auprès des anglophones. Stanley par exemple l'avait représenté comme un autochtone défendant ses droits. De plus, depuis la Seconde Guerre mondiale, l'appartenance au Commonwealth s'effritait, alors que s'accentuaient les relations avec les États-Unis. Comme ailleurs dans le monde, la culture américaine envahissant le Canada amena avec elle ses héros de l'Ouest par l'intermédiaire de la radio, des journaux, des bandes dessinées et du cinéma. Les Canadiens de l'Ouest, par besoin de se différencier de cette culture américaine et pour s'opposer à la domination économique et culturelle de l'Est du pays, adoptèrent Riel comme « leur » héros, symbole de leur identité régionale nouvellement née dès la fin du XIXe siècle (Owram, 1982 : 325, 330).

Déjà le symbole de la lutte entre francophones catholiques et anglophones protestants, Riel devint en plus le symbole de l'injustice de l'Est envers l'Ouest, du mauvais traitement des autochtones par l'Occident et finalement, le défenseur de toute minorité. Le combat des Métis se transforma en symbole de la lutte anti-impérialiste et de la résistance au capitalisme américain. « *Riel had become a sort of northern Che Guevara searching for the people's socialist utopia on the Northern plains* » (Owram, 1982 : 328). Par ailleurs, l'association de Riel avec les idées de la gauche est devenue chose courante aujourd'hui. Il est vu comme un opposant au racisme et à l'impérialisme, et comme un combattant pour l'égalité raciale et sociale ainsi que pour l'autodétermination. En réalité, les idées qu'il exprima dans plusieurs de ses écrits ne peuvent aucunement être associées à la gauche. Attaché au parti conservateur, Riel sympathisait plutôt avec les ultramontains et les meneurs catholiques dans le monde. Thomas Flanagan a démontré comment il se rapprochait même de la droite réactionnaire de l'époque (Flanagan, 1986 : 222-227). Ces images de Riel, « icône de la gauche », n'existent que pour des raisons idéologiques contemporaines, elles ne sauraient être corroborées par les faits.

Riel est aujourd'hui devenu un mythe à l'échelle nationale. Au Canada anglais, il est une sorte de libérateur, un emblème qui différencie le pays des États-Unis (Flanagan, 1986 : 220). Au Québec, il constitue toujours un personnage remarquable. Lors du centenaire de sa pendaison en 1985, le président de la Société Saint-Jean-Baptiste de Montréal, Gilles Rhéaume, parlait du « meurtre » et de l'« assassinat » de Louis Riel, réclamant du gouvernement du Québec sa réhabilitation et assimilant encore historiquement les Métis à la nation canadienne-française (Rhéaume, 1985). Toutefois, l'attention des historiens s'étant davantage concentrée à l'intérieur des frontières de la province du Québec depuis une quarantaine d'années, peu de nouvelles études y ont été publiées à son sujet depuis les années 1950 (Owram, 1982 : 332). Par contre, pour les francophones hors Québec, il demeure un point de ralliement identitaire. Dans le théâtre de l'Ouest, par exemple, Riel et le combat des Métis représentent la propre lutte des Franco-Manitobains, une sorte de « cérémonie de reconnaissance d'identité commune », selon Ingrid Joubert. Montrer la résistance des Métis sur scène servirait « à cristalliser les ressentiments des Franco-Manitobains, à galvaniser leur courage et à leur créer une âme collective » (Joubert, 1996 : 214). En même temps, un certain révisionnisme parcourt ce théâtre, montrant les combats intérieurs de Riel et son déséquilibre mental. Au lieu d'un combattant héroïque, il est dépeint comme une victime de la pression, son destin symbolisant l'aliénation collective de son peuple. Il existe donc une diversité de façons dont le mythe est représenté et cela correspond pour les Franco-Manitobains « à la complexité d'une situation vécue par une minorité en quête d'une identité » (Joubert, 1996 : 217).

Toutefois, les rebuffades envers certains révisionnistes montrent bien jusqu'à quel point le mythe de Riel est devenu sacré. L'historien Flanagan créa une controverse lorsqu'il prit position contre le pardon de Riel à la fin des années 1970. Certains demandèrent même sa destitution de ses fonctions universitaires et le considérèrent comme un raciste (Miller, 1988 : 7). Dans l'historiographie plus récente, une certaine tendance à atténuer les positions jugées extrémistes – particulièrement celles de l'Ontario qui, en 1885, réclamait haut et fort la condamnation du traître – se laissait deviner, comme s'il existait aujourd'hui, au Canada, un désir de se racheter envers le passé et Riel (voir Silver, 1988). Ce sentiment de culpabilité s'apparente à celui que les Canadiens éprouvent envers les Amérindiens. Ainsi le gouvernement fédéral, celui-là même qui avait condamné et exécuté Riel, a-t-il déposé, en 1997, un projet de loi visant à le réhabiliter et à le reconnaître comme un des « Pères de la Confédération »[7].

---

7. Voir http ://www.parl.gc.ca/36/1/parlbus/chambus/house/bills/private/C-213/C-213_1/361152bF.html

* * *

Les frontières ethniques des Métis du Canada ne sont pas demeurées celles de la communauté formée de descendants de coureurs des bois et d'Amérindiennes des Grands Lacs qui se sont installés dans l'Ouest dans la première moitié du XIXe siècle. Leur mode de vie unique, leur culture matérielle ainsi que les événements qui ont marqué leur existence provoquèrent la naissance d'un sentiment identitaire singulier et puissant. Cependant, les traits spécifiques aux Métis – les motifs floraux, la langue et la chasse au bison par exemple – ne se sont pas maintenus, ils relèvent aujourd'hui du folklore. En fait, l'héritage culturel des Métis de l'Ouest constitue une sorte de réservoir de symboles et de traditions avec lequel leurs descendants entretiennent des relations parfois négatives lorsqu'il devient synonyme d'échec et de discrimination, parfois positives lorsqu'il devient mobilisateur et créateur d'avenir. De même, selon l'évolution du contexte sociopolitique, les frontières du groupe autorisé à partager cet héritage culturel s'ouvrent ou se ferment. Les divisions ethniques et les critères d'appartenance au groupe apparaissent ainsi malléables et perméables.

La définition de ces critères par les membres d'un groupe se fait habituellement à l'intérieur de la dichotomie du Nous par rapport au Eux, c'est-à-dire le reste du Canada, qu'il soit francophone, anglophone ou amérindien. Au fil des ans, le Canada a emprunté et intégré certains de leurs symboles identitaires confirmant l'idée de Barth (1995) que les cultures ne peuvent se former dans l'isolement et sans une interaction essentielle entre groupes. Étrangement, le Canada est encore réticent aux demandes de ses minorités et les Métis constituent encore aujourd'hui un groupe défavorisé. Pourtant, tout comme le principe de défense des minorités, Louis Riel, devenu un héros national, fait partie intégrante de l'identité canadienne. Le Canada a ainsi établi avec les Métis une relation paradoxale de rejet social, mais d'inclusion symbolique.

Le mythe de Louis Riel ne correspond toutefois pas à une seule vision nationale ; c'est un mythe fractionné, une mosaïque de récits biographiques et historiques qui correspondent aux intérêts de ceux qui s'en réclament. Il n'est national que parce que tous les groupes ethniques ou culturels du Canada, qu'ils soient métis, francophones, anglophones, amérindiens ou autres, peuvent s'y identifier et il contient ainsi à lui seul toute la mosaïque canadienne. Il représente d'une certaine façon la première tendance identitaire canadienne dont parle Nicolas van Schendel (1994 : 102) : l'identité mosaïque dans laquelle se juxtaposent territorialement et socioculturellement plusieurs ethnies et nationalités. Aucun autre symbole ne semble appartenir à autant de gens différents au Canada. Cela ne serait-il pas dû à la nature même de l'identité des Métis, c'est-à-dire une identité composée dès le départ d'origines diverses ? Van Schendel (1994 : 114) définit l'identité des Métis du XIXe siècle comme étant « d'ethnicité plurielle et de nationalité singulière ». Il l'associe à une deuxième tendance identitaire canadienne, celle d'une identité métisse qui se développerait en marge de l'identité mosaïque. À l'époque, les Métis auraient été de « nouveaux Canadiens » qui intégraient la diversité ethnique du Canada, la « pluricanadianité », tout en affirmant néanmoins le caractère singulier de leur être métis. Devant la difficulté contemporaine à penser le Canada et à retrouver un sens à la canadianité, la voie tracée par les Métis il y a plus de 100 ans est peut-être une solution : être à la fois pluriel et singulier.

Références

Barth, Fredrick (1995), « Les groupes ethniques et leurs frontières », dans Philippe Poutignat et Jocelyne Streiff-Fenart (dir.), *Théories de l'ethnicité*, Paris, PUF, p. 203-249.

Breton, Raymond (1994), « Modalités d'appartenance aux francophonies minoritaires : essai de typologie », *Sociologie et sociétés*, 26, 1, p. 59-69.

Brown, Jennifer S.H (1987), « The Métis : Genesis and Rebirth », dans Bruce Alden Cox (dir.), *Native People, Native Lands. Canadian Indians, Inuit and Metis*, Ottawa, Carleton University Press, p. 136-147.

Burley, David V., Gayel Horsfall et John D. Brandon (1992), *Structural Considerations of Métis Ethnicity. An Archaeological, Architectural, and Historical Study*, Vermillion, The University of South Dakota Press.

Dickason, Olive Patricia (1985), « From "One Nation" in the Northeast to "New Nation" in the Northwest : A Look at the Emergence of the Métis », dans Jacqueline Peterson et Jennifer S.H. Brown (dir.), *The New Peoples : Being and Becoming Métis in North America*, Lincoln (NE) et Winnipeg (Man.), University of Nebraska Press et University of Manitoba Press, p. 19-36.

Dumont, Fernand (1997), « Essor et déclin du Canada français », *Recherches sociographiques*, 38, 3, p. 419-467.

Flanagan, Thomas (1986), « Louis Riel : Icon of the Left », *Délibérations et mémoires de la Société royale du Canada*, Cinquième Série, t. I, p. 219-228.

Harrison, Julia D. (1985), *Metis. People Between Two Worlds*, Vancouver, The Glenbow-Alberta Institue et Douglas & McIntyre.

Joubert, Ingrid (1996), « Le Passé a-t-il de l'avenir devant lui ? Bilan du théâtre francophone de l'Ouest canadien », *Theatre Research International*, 21, 3, p. 208-218.

McMillan, Alan D. ([1988] 1995), *Native Peoples & Cultures of Canada*, Vancouver, Douglas & McIntyre.

Miller, J.R. (1988), « From Riel to the Métis », *Canadian Historical Review*, LXIX, 1, p. 1-20.

Morton, A.S. (1978), « The New Nation, The Métis », dans Antoine S. Lussier et D. Bruce Sealy (dir.), *The Other Natives : the Metis*, t. I : *1700-1885*, Winnipeg (Man.), Éditions Bois-Brûlés et Manitoba Métis Federation Press, p. 27-37.

Nicks, Trudy (1985), « Mary Anne's Dilemma : The Ethnohistory of an Ambivalent Identity », *Canadian Ethnic Studies*, XVII, 2, p. 103-114.

Owram, Douglas (1982), « The Myth of Louis Riel », *Canadian Historical Review*, LXIII, 3, p. 315-336.

Poutignat, Philippe, et Jocelyne Streiff-Fenart (dir.) (1995), *Théories de l'ethnicité*, Paris, PUF.

Racette, Calvin (1987), *Flags of the Métis*, Régina (Sask.), Gabriel Dumont Institute.

Redbird, Duke (1980), *We are Metis. A Metis View of the Development of a Native Canadian People*, Willowdale, Ontario Metis and Non Status Indian Association.

Rhéaume, Gilles (1985), « Le centenaire de Louis Riel ». *L'Action Nationale*, LXXIV, 6, p. 583-590.

Sawchuk, Joe (1978), *The Metis of Manitoba : Reformulation of an Ethnic Identity*, Toronto, Peter Martin Associates Limited.

Sawchuk, Joe (1985), « The Metis, Non-Status Indians and the New Aboriginality : Government Influence on Native Political Alliances and Identity », *Canadian Ethnic Studies*, XVII, 2, p. 135-146.

Sawchuk, Joe (1998), *The Dynamics of Native Politics. The Alberta Metis Experience*, Saskatoon (Sask.), Purich Publishing (coll. Purich's Aboriginal Issues Series).

Sealy, D. Bruce, et Antoine S. Lussier (1975), *The Métis : Canada's Forgotten People*, Winnipeg, (Man.), Métis Federation Press.

Schendel, Nicolas van (1994), « L'identité métisse ou l'histoire oubliée de la canadianité », dans Jocelyn Létourneau (dir.) et Roger Bernard (coll.), *La question identitaire au Canada francophone : récits, parcours, enjeux, hors-lieux*. Sainte-Foy, PUL (coll. Culture française d'Amérique), p. 101-121.

Silver, A.I. (1988), « Ontario's Alleged Fanaticism in the Riel Affair », *Canadian Historical Review*, LXIX, 1, p. 21-50.

L'insécurité linguistique des francophones ontariens et néo-brunswickois. Contribution à l'étude de la francophonie canadienne

Wim Remysen, étudiant à la maîtrise
Département de langues, linguistique et traduction
Université Laval

L'étude des dynamiques identitaires du Canada français se doit de prendre en considération les diverses valeurs associées à la langue française dans les différentes communautés francophones canadiennes. En effet, malgré que ces communautés partagent la même langue, les attitudes linguistiques envers elle varient sensiblement d'une région à l'autre étant donné le contexte sociolinguistique particulier à chaque communauté. Les objectifs de la présente contribution sont à replacer dans ce contexte : nous nous proposons d'analyser les attitudes linguistiques de deux communautés francophones dans une perspective comparatiste. Cette analyse privilégie un aspect particulier des attitudes linguistiques, à savoir le sentiment d'insécurité linguistique, c'est-à-dire le sentiment de dépréciation et d'incertitude qu'éprouvent certains locuteurs envers leurs usages linguistiques. La typologie de l'insécurité linguistique établie par Calvet (1998) orientera notre analyse.

Les deux communautés socioculturelles à l'étude sont les communautés franco-ontarienne et néo-brunswickoise. La préférence pour l'analyse de l'insécurité linguistique dans ces deux régions est loin d'être innocente. C'est dans ces régions que le poids démographique des francophones est le plus important au Canada hors

Québec. Qui plus est, ces deux régions sont géographiquement proches de la province de Québec, ce qui peut avoir des retombées particulières sur les attitudes linguistiques de ces communautés.

L'INSÉCURITÉ LINGUISTIQUE : UNE RÉALITÉ POLYMORPHE ET COMPLEXE

Pour différentes raisons d'ordre historique, politique et social, le français en usage au Canada se distingue de celui en usage en France, en Belgique ou en Suisse. Depuis longtemps, cette spécificité a conduit les francophones canadiens à entretenir une relation ambiguë avec leur langue. Tantôt stigmatisée pour ses spécificités qui la distinguent du français européen, tantôt célébrée pour les mêmes particularités, la langue française au Canada donne lieu, à la fois, au mépris et à la glorification.

Cette relation ambiguë que les francophones canadiens entretiennent avec leur langue peut aboutir à un sentiment de malaise par rapport à leurs usages linguistiques, un sentiment que l'on nomme insécurité linguistique. La raison de l'émergence de cette insécurité au Canada est simple : constatant que la variété du français dont ils se servent tranche sur la norme qui est de vigueur en France, les francophones canadiens sous-valorisent souvent leurs propres usages linguistiques. Par conséquent,

> l'insécurité linguistique correspond à la conscience qu'il existe une norme exogène, que l'on associe à une région extérieure, qui serait supérieure par rapport à la variété linguistique en usage dans sa propre région (Gérin-Lajoie et Labrie, 1999 : 87).

Cependant, l'identité linguistique des Franco-Canadiens n'en est pas compromise pour autant. Plusieurs auteurs ont souligné que la variété linguistique spécifique à une communauté socioculturelle peut faire partie de l'identité de cette communauté, ce qui peut aboutir à une véritable revendication linguistique (Bouchard, 1998 : 93-95). En d'autres termes, il peut y avoir une corrélation importante entre l'affirmation identitaire d'une communauté et la valorisation de sa propre variété linguistique. Une telle revendication identitaire et linguistique peut fortement atténuer le sentiment d'insécurité linguistique dans certaines communautés linguistiques[1].

L'émancipation linguistique croissante des Québécois est un bel exemple de cette revendication simultanée d'une identité nationale et d'une identité culturelle et linguistique (Francard, 1998 : 18). À la lumière de la complexité du sentiment d'insécurité linguistique, plusieurs auteurs ont souligné l'importance de distinguer différents types d'insécurité[2]. Dans ce travail, nous prenons en considération les trois catégories d'insécurité suivantes, reprises à Calvet (1998 : 27) : insécurité statutaire, identitaire et formelle.

En proposant cette typologie, Calvet (1998 : 20) met l'accent sur l'importance de considérer l'insécurité linguistique non pas uniquement dans une perspective intralinguistique (variation au sein d'une même langue), mais également dans une approche interlinguistique (rapports de force entre des langues différentes, qui ne sont pas toujours apparentées). Effectivement, la définition retenue dans la section précédente part de l'opposition entre variétés légitimes et illégitimes d'une même langue. Or, l'insécurité peut aussi résulter des rapports de force entre des langues différentes. Étant donné que le français côtoie l'anglais en Amérique du Nord, il est nécessaire de considérer l'insécurité linguistique des francophones canadiens dans une perspective à la fois d'ordre intralinguistique et interlinguistique.

L'insécurité statutaire, en premier lieu, souligne à quel degré il est important pour un locuteur que sa langue (ou la variété de la langue qu'il parle) soit statutairement acceptée. Calvet (1998 : 27) définit cette insécurité comme le « rapport du nombre de locuteurs déclarant parler A au nombre d'entre eux pensant qu'il faut parler A » dans une situation donnée. Ce type d'insécurité pose le

---

1. La reconnaissance de sa propre variété qui en découle est notamment illustrée par Bourdieu (1982 : 54).
2. Par exemple l'opposition insécurité dite/agie (Moreau, 1996), insécurité directe/indirecte (Ledegen, 2000), insécurité statique/dynamique (Ledegen, 2000) et insécurité saine/pathologique (Robillard, 1996). Ces typologies, aussi intéressantes soient-elles, n'entreront pas en ligne de compte dans cette contribution.

problème de la position qu'occupe une (variété de) langue au sein d'une communauté. Pour la francophonie canadienne, l'importance du statut de la langue française joue surtout dans les provinces hors Québec, où le français doit faire face à la présence de l'anglais. Toutefois, le problème se pose également au Québec : il suffit de penser, par exemple, à l'assimilation des immigrants à Montréal ou encore à toute la problématique liée au choix de la langue dans l'enseignement. Le problème qui se pose est donc celui de la « légitimité du choix de code » (Canut, 1998 : 44)[3]. Dans cette analyse, nous abordons ce type d'insécurité en analysant les aires d'emploi du français en Ontario et au Nouveau-Brunswick. La question qui se pose est de savoir dans quelles situations l'emploi du français est possible ou peu usuel, voire impossible. En d'autres termes, l'insécurité statutaire pose toute la problématique du comportement linguistique des francophones.

L'insécurité identitaire, ensuite, aborde la langue d'un point de vue ethnolinguistique. La question, ici, consiste à déterminer jusqu'à quel degré la langue est une entité caractéristique de l'identité de la communauté au sein de laquelle elle est parlée. Rappelons le rôle important que peut jouer l'identité linguistique dans la construction identitaire d'une communauté (voir supra).

Finalement, l'insécurité formelle surgit à partir du moment où le locuteur pense que la façon dont il parle enfreint la norme légitime. C'est cette forme d'insécurité linguistique qui est abordée traditionnellement par les sociolinguistes (voir Francard, 1993 ; Ledegen, 2000). Elle se manifeste comme une quête de légitimité linguistique, qui s'explique par le fait que les locuteurs mesurent la distance entre la norme linguistique dont ils ont hérité et la norme qui domine le marché linguistique[4]. Cette forme d'insécurité provient du mythe selon lequel une langue est une entité homogène et immuable, fixée une fois pour toutes. La forte croyance en une

---

3 Canut appelle cette insécurité liée au choix de code « insécurité langagière ». Ce terme recouvre donc le même concept que la notion « insécurité statutaire » proposée par Calvet (1998).
4. Le concept de « marché » relève de la théorie des champs de Bourdieu (1982).

telle « langue une » favorise une attitude normative par rapport à la langue (Houdebine, 1993 : 33).

Au Canada français, le problème de l'insécurité formelle se pose dans toutes les communautés francophones, y compris la québécoise[5]. La qualité de la langue pose notamment problème d'un double point de vue : intralinguistique et interlinguistique (voir supra). D'abord, l'hégémonie de la France, voire de Paris, dans la question de la légitimité linguistique rend difficile l'acceptation de la variation linguistique du français en Amérique du Nord. L'évaluation des variétés de français au Canada est trop souvent encore soumise à une norme exogène, à savoir celle de France. Par ailleurs, la qualité du français au Canada est compromise, pour beaucoup de locuteurs, par l'influence de l'anglais. Une émancipation sur le plan de la sécurité linguistique suppose donc une libération double : prise de distance par rapport au modèle de France et meilleure compréhension de l'influence anglaise.

L'analyse de la conscience linguistique proposée dans cette étude aborde également la question plus générale de la vitalité linguistique, terme que nous empruntons à Stebbins et que lui définit ainsi :

> «ethnolinguistic vitality » results from a set of structural factors influencing the probability that the language group in question will conduct itself as an active and distinctive entity in inter-group relations (Stebbins, 2000 : 13).

Cette vitalité linguistique est analysée principalement sur trois plans différents : le statut ou le prestige de la langue, sa présence démographique et son soutien institutionnel (Giles *et al.*, 1977 : 308). Tous ces éléments sont abordés dans notre analyse. Notre étude contribue donc à une meilleure compréhension de la vitalité linguistique des communautés francophones étudiées.

---

5. Nous avons traité cette problématique dans le cadre de notre mémoire de licence (Remysen, 2001), soutenu à la Katholieke Universiteit Leuven (KUL), Belgique (voir également Remysen, 2004). Dans le même ordre d'idées, les ouvrages récemment publiés par Dor (1996, 1997 et 1998), Laforest (1997) et Lamonde (1998) abordent les questions liées à la qualité du français au Québec.

SITUATION DÉMOGRAPHIQUE DES FRANCOPHONES EN ONTARIO ET AU NOUVEAU-BRUNSWICK

La réalité démolinguistique des francophones en Ontario et au Nouveau-Brunswick est une question complexe étant donné la répartition inégale des francophones dans ces provinces. Ainsi, la province de l'Ontario compte presque un demi-million de francophones qui forment environ 4,4 % de sa population (Statistique Canada, 2001), chiffre qui laisse croire à une minorisation de l'ensemble de la francophonie ontarienne. Si la majorité des francophones ontariens vit en situation de minorité, il n'en demeure pas moins que certaines régions présentent un taux de francophones plus élevé que d'autres. L'Ontario abrite ainsi à la fois des communautés majoritaires (à Hearst, à Kapuskasing et à Ottawa, par exemple), paritaires (entre autres à Sudbury) et minoritaires[6] (surtout dans le sud de la province) (Stebbins, 2000 : 22-23). Il va sans dire que le comportement et les attitudes linguistiques des francophones ontariens dépendent largement de la situation sociolinguistique particulière de la région où ils vivent.

On retrouve le même scénario au Nouveau-Brunswick, où la population francophone constitue 32,9 % de la population provinciale totale. Les concentrations francophones les plus importantes se situent dans le Nord-Ouest de la province (la Péninsule acadienne, région de la ville d'Edmunston), c'est-à-dire dans la région limitrophe au Québec, et dans le Nord-Est (région de Bathurst) et le Sud-Est (région de Moncton). Le Sud-Ouest du Nouveau-Brunswick, où se situe également Fredericton, la capitale de la province, est majoritairement anglophone. Même si les francophones du Nouveau-Brunswick forment une minorité linguistique au sein de la province, ils vivent toutefois, pour l'essentiel, dans des régions où ils

---

6. Stebbins (2000 : 22-23) définit les concepts de majorité, parité et minorité selon le degré de « complétude institutionnelle » : « [p]eople living in a majority society [...] live in institutional completeness [...] [p]arity societies are of necessity bilingual, reasonably institutionally complete for both languages [...] Francophones are numerically inferior in the minority societies. Thus most of them live in linguistic institutional incompleteness ».

sont majoritaires (Stebbins, 2000 : 22). La communauté francophone du Nouveau-Brunswick est donc beaucoup plus homogène que la communauté franco-ontarienne.

Selon Castonguay (2000 : 23), la reconnaissance politique du français au Nouveau-Brunswick explique pourquoi cette province résiste beaucoup mieux à l'assimilation que les autres provinces canadiennes. De plus, c'est la seule province qui réussit à faire diminuer le taux d'anglicisation de ses jeunes adultes. En Ontario, par contre, l'assimilation a presque doublé dans un laps de temps de 25 ans, ce qui a entraîné un déclin considérable de la population de langue française, même dans la région de la capitale fédérale, où les francophones forment une concentration très forte.

L'INSÉCURITÉ STATUTAIRE : LE COMPORTEMENT LINGUISTIQUE

Comme le nombre de francophones se répartit de façon inégale sur les territoires de l'Ontario et du Nouveau-Brunswick, c'est moins le fait de se retrouver dans une de ces deux provinces qui influe sur le comportement linguistique que le fait de vivre dans une communauté locale plus ou moins minoritaire ou majoritaire (Bernard, 1994 : 323-324). Par conséquent, l'usage du français dans le domaine public augmente de façon considérable lorsque l'importance numérique des francophones s'accroît.

L'Ontario

En Ontario, le français n'est pas reconnu comme langue officielle, malgré la force numérique des francophones dans certaines de ses régions. Il s'avère que le choix de parler français tient plus aux pressions sociales de la communauté en question qu'au simple désir de le parler (Bernard, 1996 : 324). Les Franco-Ontariens se voient confrontés à un choix linguistique difficile. Les études sur le comportement linguistique des Franco-Ontariens soulignent cette ambiguïté, qui est source d'insécurité statutaire.

Ainsi, le milieu professionnel et les activités commerciales jouent en faveur d'une anglicisation constante en Ontario. De plus, les médias de langue anglaise jouissent d'une grande force d'attraction et le français est pratiquement absent dans ce secteur. Le choix de langue devient même problématique dans les écoles (Bernard, 1994 : 329-331). Nous touchons ici à un problème que Stebbins (2000) a traité dans sa théorie sur la perceptibilité et l'imperceptibilité des sociétés francophones au Canada, concepts qu'il emprunte à Cohen (1985). La question de la perceptibilité des francophones en Ontario est difficile à traiter, notamment parce qu'il y a des différences notables entre les régions. Ainsi, il est plus ardu de vivre une vie complètement en français dans des régions ontariennes où cette langue est moins présente socialement, c'est-à-dire là où il est plus difficile de travailler, de recevoir une éducation et d'assister à des activités socioculturelles en français. Selon l'expression de Bernard (1994 : 330-331), il y a, dans certaines régions ontariennes, un manque de représentation symbolique : l'espace médiatique est occupé par la majorité anglaise et la communauté ne se perçoit pas en tant que telle. À l'instar de Stebbins (2000 : 139-149, 151-164), nous pouvons conclure à une vitalité linguistique très inégale selon les différentes régions ontariennes.

Par ailleurs, le comportement linguistique au sein de la famille a des répercussions importantes sur le statut qui est dévolu au français (Gérin-Lajoie et Labrie, 1999 : 84). Selon Erfurt (1999 : 69-71), les jeunes Franco-Ontariens utilisent de moins en moins le français dans les interactions avec leurs frères et sœurs de même qu'avec leurs amis francophones. Surtout à l'extérieur de la maison, le maintien du français demeure très faible en faveur d'un unilinguisme anglais. Dans la communication avec les parents, pourtant, le français est plus souvent maintenu, notamment parce que beaucoup de parents imposent le français à la maison (Erfurt, 1999 : 67-69). À cet égard, il ne faut pas sous-estimer le rôle de la mère : des études sociolinguistiques montrent que les mères ont plus tendance de continuer à parler français avec leurs enfants, contrairement aux pères (Bernard, 1994 : 328 ; Erfurt, 1999 : 69 ; Stebbins, 2000 : 156).

La situation devient encore plus complexe dès qu'on aborde le phénomène de l'exogamie. Les mariages mixtes, qui sont d'autant plus probables en milieu minoritaire qu'en milieu majoritaire, entraînent très souvent l'anglicisation du comportement linguistique d'une famille (Moïse, 1999 : 179). Le parent francophone marié à un conjoint anglophone éprouve souvent des problèmes à transmettre sa langue maternelle à ses enfants. L'assimilation des enfants dans les mariages mixtes est d'autant plus probable dans les régions où le français est très minoritaire, mais le processus est un peu ralenti quand la mère est de langue maternelle française (Bernard, 1994 : 326 ; Stebbins, 2000 : 156). Le capital linguistique que les parents transmettent à leurs enfants varie donc sensiblement d'une famille à l'autre (Gérin-Lajoie et Labrie, 1999 : 84-85).

À la suite de cet exposé sur le statut problématique du français en Ontario, nous pouvons conclure à une vie française fort hétérogène. Le concept « français, langue maternelle » peut recouvrir une multitude d'acceptions en Ontario : la première langue apprise, la langue de la mère ou encore la langue la plus souvent utilisée (Gérin-Lajoie et Labrie, 1999 : 85). Cette hétérogénéité se traduit par une situation de diglossie : dans cette province, l'anglais occupe le rôle de langue dominante, tandis que le français voit son importance reléguée au second plan, celui de langue dominée. Or, beaucoup de travaux ont souligné le rôle que joue la diglossie dans l'émergence de l'insécurité linguistique (voir Gueunier *et al.*, 1978 ; Francard, 1993). Ainsi, les locuteurs de la langue dominée ont souvent le sentiment que la maîtrise de leur langue est déficiente, notamment parce que leur langue est influencée par la langue dominante (par exemple, à cause de l'emploi d'anglicismes et de tournures anglaises). La diglossie joue ainsi un rôle important dans l'insécurité formelle d'une communauté socioculturelle. Par ailleurs, la diglossie ontarienne pourrait jouer en faveur de l'anglais (voir Moïse, 1999 : 179). Parler anglais revient alors à la négation de sa situation minoritaire et à l'expression de la volonté de se rallier au groupe linguistiquement dominant. Nous touchons ici à l'approche identitaire de l'insécurité linguistique, abordée dans le paragraphe suivant.

Le Nouveau-Brunswick

Depuis 1969, le français est reconnu, avec l'anglais, comme langue officielle du Nouveau-Brunswick (Cardinal *et al.*, 1994 : 35), faisant du Nouveau-Brunswick la seule province canadienne officiellement bilingue. De plus, cette province est, depuis 1993, la seule au Canada à garantir l'égalité des deux communautés linguistiques (Boudreau et Dubois, 1993 : 148). Le français occupe donc un espace important au sein de la vie politique néo-brunswickoise, ce qui a des répercussions importantes sur son statut.

Stebbins (2000 : 22) qualifie la francophonie néo-brunswickoise de paritaire, mais certaines régions peuvent être considérées comme majoritaires. En théorie, cela voudrait dire que les francophones sont capables de vivre leur vie dans leur langue maternelle. Cependant, Péronnet (1990) a souligné que l'institutionnalisation du français au Nouveau-Brunswick reste problématique. Même si le gouvernement est désireux de protéger le français, il fait trop souvent « peser la responsabilité sur l'individu » (Péronnet, 1990 : 239). Ainsi, la politique linguistique du Nouveau-Brunswick porte presque exclusivement sur l'emploi du français sur le plan politique et gouvernemental et non pas sur la langue du travail et de l'économie, des médias et de la publicité. Il en incombe souvent à l'individu de faire valoir ses droits linguistiques dans ces domaines particuliers.

Regardons maintenant de plus près les aires d'emploi du français et le comportement linguistique des Néo-Brunswickois. Comme en Ontario, le comportement linguistique varie sensiblement d'une région à l'autre à l'intérieur de la province. Rappelons que la perceptibilité du français est la plus grande dans les parties septentrionales et orientales du Nouveau-Brunswick, c'est-à-dire là où les francophones sont le plus nombreux. Landry et Allard (1989 : 84-85) ont classé les Acadiens en trois catégories selon le degré de vitalité ethnolinguistique de la région : vitalité faible, moyenne ou moyenne élevée. Ensuite, le degré d'utilisation du français a été mesuré dans des aires d'emploi différents.

Leurs résultats montrent que le français occupe une place très importante au sein de la famille, à l'école et, dans une moindre mesure, dans les interactions avec les amis. Ces résultats sont très proches pour les trois catégories. Le statut du français pose surtout problème sur les plans institutionnel et culturel (Landry et Allard, 1989 : 90). En d'autres termes, dès qu'on sort du domaine intime de la famille, le français est de moins en moins utilisé.

Le français est bien préservé au foyer, ce qui n'est pas le cas en Ontario où l'anglais entre de plus en plus dans la communication familiale. De plus, l'exogamie pose moins de problèmes au Nouveau-Brunswick qu'en Ontario pour la simple raison que son taux y est beaucoup moins élevé (Bernard, 1991 : 22). Cette situation s'explique par la force démographique relative des francophones néo-brunswickois : comme il s'agit d'un groupe assez grand, les mariages mixtes sont moins fréquents que dans les provinces où les francophones sont plus minorisés, comme en Ontario.

Malgré l'importance numérique des francophones au Nouveau-Brunswick, le visage linguistique de cette province est majoritairement anglais. Il y a une contradiction concernant le statut du français au Nouveau-Brunswick. D'une part, il s'agit d'une langue officielle qui est encore très vivante parmi les membres de la communauté francophone. D'autre part, le français n'est pas très perceptible dans cette province, ce qui rend son statut problématique, malgré sa protection au niveau politique. Somme toute, le rapport de force entre les francophones et anglophones demeure toujours un rapport de minorité à majorité.

L'INSÉCURITÉ IDENTITAIRE

Le statut problématique du français en Ontario et au Nouveau-Brunswick ne manque pas d'avoir des retombées sur l'identité des minorités des francophones, surtout sur la place qu'elles accordent à la langue française dans leur identité. Ainsi, Erfurt (1999 : 61) a souligné que la mise en corrélation « langue = identité » est très fragile au sein des communautés minoritaires.

L'Ontario

À la suite de son étude sur l'importance du français dans la construction de l'identité franco-ontarienne[7], Moïse (1999) conclut à

---

7. Notons que, dans les travaux sur l'identité des Franco-Ontariens, beaucoup d'attention a également été accordée à l'appellation de la communauté (voir Boissonneault, 1996).

quatre types d'identité linguistique. Le premier groupe de locuteurs se compose de ceux qui vivent le français comme une évidence. La deuxième catégorie comprend les locuteurs pour qui la vie en français est un véritable choix et qui s'opposent de façon acharnée à l'assimilation. Le troisième groupe rassemble les Franco-Ontariens indécis. Ils n'attachent pas beaucoup d'importance au français soit parce qu'ils ne s'y sentent plus attachés, soit parce qu'ils refusent leur origine française. Le dernier groupe est celui des Franco-Ontariens qui valorisent à la fois le fait français et le fait anglais. Leurs pratiques deviennent celles de véritables bilingues et leur bilinguisme devient un symbole d'identité très fort.

Les résultats de Moïse (1999) tranchent sur l'analyse de Savas (1988). Selon ce dernier, les Franco-Ontariens sont très attachés à leur langue et ils possèdent une identité francophone fortement marquée. Les différences entre les deux études peuvent indiquer une évolution diachronique en cours : effectivement, plus de dix ans séparent les deux enquêtes l'une de l'autre.

Tout comme Moïse (1999), d'autres auteurs[8] soulignent l'importance croissante du bilinguisme dans l'identité franco-ontarienne. Les résultats de l'enquête qu'Erfurt (1999) a menée dans sept communautés à travers l'Ontario montrent que la grande majorité des personnes interrogées estiment que le français joue un rôle important dans leur vie, mais qu'elles valorisent en même temps le bilinguisme français-anglais. De plus, même si la langue française est perçue comme importante, le comportement linguistique rapporté[9] par les Franco-Ontariens montre un net déclin de l'usage du français. Selon Erfurt (1999 : 75), cette contradiction est due au discours politique et idéologique actuel sur les droits de la minorité francophone en Ontario. Si les personnes interrogées se prononcent

---

Comme ce travail n'aborde que l'élément linguistique dans la construction identitaire, il s'agit d'une problématique qui déborde le cadre de la présente contribution.
8. Il s'agit notamment de Bernard (1996 : 79-80), Erfurt (1999 : 76-77) et Stebbins (2000 : 155-156).
9. La sociolinguistique fait une différence entre le comportement linguistique rapporté (le locuteur décrit lui-même son comportement linguistique) et observé (le sociolinguiste décrit le comportement linguistique qu'il analyse sur le terrain) (voir Labov, 1966).

en faveur du maintien du français, il se peut qu'elles reflètent ainsi non pas leur propre conception, mais plutôt l'importance qui est actuellement accordée au français en termes de politique linguistique. Grâce à l'intérêt alors accordé au bilinguisme français-anglais, les Franco-Ontariens manifestent à la fois leur attachement au français et leur acceptation du fait anglais.

Cette nouvelle identité franco-ontarienne valorisant le bilinguisme entraîne le déclin du rôle que joue la langue dans la construction identitaire des Ontariens francophones (Bernard, 1994 : 80). Pour certains Franco-Ontariens, la langue ne paraît plus être une valeur de culture importante, et elle est reléguée au rang de simple outil de communication. Évidemment, ce phénomène ne s'applique pas à l'ensemble des Ontariens francophones et il semble difficile d'identifier plus clairement cette nouvelle tendance (Bernard, 1994 : 80).

Le Nouveau-Brunswick

De façon générale, l'identité acadienne se caractérise par deux éléments, à savoir la survivance et la minorisation (voir Chiasson et Thériault, 1999). Son histoire est celle d'une minorité (francophone) qui résiste à la domination d'une majorité (anglophone). La construction de l'identité des Acadiens puise dans sa spécificité culturelle, que l'on pourrait appeler marginale, afin que ces derniers s'affirment comme communauté et résistent ainsi à la dominance de la majorité. Malgré leur minorisation, les Acadiens affirment leur identité, qui devient le lieu privilégié de résistance. Il y a donc une conscience identitaire acadienne très grande, qui est peut-être moins présente chez les Franco-Ontariens. Depuis les années 1960, l'identité acadienne s'est toutefois fragmentée. Le discours acadien émane dorénavant de multiples sources ; ainsi, le discours sur l'acadianité est différent, par exemple, dans les discours féministe ou juridique (Chiasson et Thériault, 1999 : 94).

Malgré la fragmentation de l'identité acadienne[10], le français demeure toujours le pivot de cette identité (Johnson et McKee-

---

10. Due, entre autres, à la répartition des Acadiens dans plusieurs provinces.

Allain, 1999 : 223-224 ; Stebbins, 2000 : 116). Dans son enquête, Boudreau (1991 : 22-23) relève deux raisons qui expliquent l'attachement à la langue française. D'abord, certains locuteurs évoquent principalement des raisons d'ordre sentimental : le français est important parce que c'est la langue des ancêtres. D'autres expliquent leur attachement par des motivations esthétiques, c'est-à-dire que le français est une langue belle et poétique.

Cependant, l'image du français comme élément d'identité ne fait plus l'objet d'un consensus unanime (Boudreau, 1995 : 136-138 ; Johnson et McKee-Allain, 1999 : 223). Ainsi, pour certains, l'identité des Acadiens n'est pas simplement liée à la langue française, mais plutôt à leur vernaculaire français, appelé parfois chiac[11] (Boudreau et Dubois, 1993 : 158-159). De plus, l'identité bilingue devient de plus en plus source de fierté pour certains Néo-Brunswickois. Il semble néanmoins que cette nouvelle identité se limite surtout aux régions du sud-est du Nouveau-Brunswick, c'est-à-dire là où l'anglais est le plus fort (Johnson et McKee-Allain, 1999 : 223). En d'autres termes, le français est surtout élément d'identité dans les régions où le français affiche une forte vitalité, tandis que le bilinguisme est valorisé dans les régions où le français est plus minoritaire.

L'INSÉCURITÉ FORMELLE

L'Ontario

À l'instar d'Erfurt (1999 : 76), il faut distinguer l'insécurité formelle, liée à la valorisation du bilinguisme français-anglais, de celle qui relève directement de la variété du français en usage en Ontario.

Selon Erfurt (1999 : 76-77), l'identité bilingue des Franco-Ontariens entraîne des lacunes dans leur maîtrise du français. La

---

11. Le chiac est en fait le parler acadien propre à la région de Moncton (Johnson et McKee-Allain, 1999 : 223).

génération des personnes âgées serait notamment atteinte par un bilinguisme de type soustractif, ce qui veut dire que la langue seconde remplace la langue maternelle à l'extérieur de la communication en famille. Cette situation résulte alors en une double lacune dans la maîtrise de chacune des deux langues. Les jeunes Franco-Ontariens, quant à eux, se caractériseraient par un bilinguisme additif (voir Cardinal et al., 1994 : 29-30). En d'autres termes, l'anglais devient leur première langue, tandis que le français est acquis surtout comme langue seconde à l'école. Par conséquent, les jeunes maîtrisent tous les registres de l'anglais, mais leur maîtrise du français est souvent réduite au registre formel, au détriment des registres plus informels. Cependant, peu d'études ont encore été menées sur ce bilinguisme franco-ontarien. Il serait intéressant d'analyser comment les Franco-Ontariens se situent eux-mêmes vis-à-vis de ce manque de maîtrise que décèle Erfurt (1999 : 76-77).

En termes d'insécurité formelle, les sociolinguistes ont surtout abordé les caractéristiques du français tel qu'il se pratique en Ontario. L'Ontario français se situant à la périphérie du pouvoir linguistique, la variété du français qui y est en usage tranche sur la norme traditionnellement véhiculée dans la francophonie. Cependant, l'enseignement franco-ontarien a tendance à promouvoir le français qui se rapproche le plus du français dit standard, sans le moindre égard pour les usages des élèves. Francard (1993 : 13, 33-36) a attiré l'attention sur l'importance de l'école dans l'émergence d'une insécurité linguistique : privilégiant une approche prescriptive dans l'enseignement de la langue, elle accorde très peu de place aux variétés linguistiques dont se servent les élèves. En conséquence, les élèves développent une attitude négative envers leur propre façon de parler. En d'autres termes, l'école engendre chez ceux-ci une insécurité formelle.

Plus particulièrement, deux phénomènes sont susceptibles d'alimenter l'insécurité linguistique formelle : l'alternance codique et les emprunts à l'anglais. À cet égard, l'étude de Poplack (1989) montre une différence intéressante entre les francophones d'Ottawa (français en situation paritaire) et ceux de Hull (situation majoritaire). Ainsi, les Franco-Ontariens et les Québécois avouent ouvertement leur insécurité linguistique et ils méprisent leur variété de français.

Cependant, les locuteurs de Hull montrent plus de signes de sécurité linguistique, probablement parce qu'ils appartiennent à un groupe majoritaire (Poplack, 1989 : 132), tandis que les Franco-Ontariens surestiment largement l'emploi des anglicismes et des alternances codiques.

Le Nouveau-Brunswick

L'insécurité linguistique formelle des Néo-Brunswickois a fait l'objet de plusieurs études (Boudreau, 1991 ; Boudreau et Dubois, 1993 ; Picard, 1996) dont nous présentons ici les résultats les plus intéressants. Les éléments suivants sont analysés dans ce paragraphe : la conscience d'une norme exogène, l'autoévaluation, le rapport à l'anglais et l'influence de l'identité sur les attitudes.

En premier lieu, beaucoup de Néo-Brunswickois valorisent le français qui est parlé hors de leur province, au détriment de leur propre variété de français. Pour beaucoup de locuteurs, la norme légitime se situe au Québec et non pas en France. La conscience d'une norme exogène est plus aiguë chez les témoins du sud-est et du nord-ouest du Nouveau-Brunswick, deux régions hétérogènes sur le plan linguistique. Il y a donc une corrélation entre la diglossie d'une région et son insécurité linguistique (voir Francard, 1993).

Cette fixation sur une norme exogène mène souvent à une autodépréciation de sa propre façon de parler (Boudreau et Dubois, 1993 : 152-153 ; Picard, 1996 : 41-42). L'autoévaluation des Néo-Brunswickois suit en plus la même distribution géographique que nous avons établie pour la conscience d'une norme exogène : l'autodépréciation est plus forte pour les locuteurs du nord-ouest et, surtout, ceux du sud-est. Pour les locuteurs bilingues, il y a d'ailleurs une corrélation intéressante entre l'autoévaluation en français et en anglais ; plus on s'évalue négativement en français, plus on s'évalue positivement en anglais (Boudreau et Dubois, 1993 : 153).

Le rapport à l'anglais paraît le plus problématique dans le sud-est où les locuteurs autoévaluent très sévèrement leur compétence en français. Cette attitude les pousse à vouloir éliminer toute influence venant de l'anglais (Boudreau et Dubois, 1993 : 154-156).

Même si l'analyse de leur discours révèle que les locuteurs n'utilisent pas autant de mots anglais qu'ils ne le pensent, les locuteurs eux-mêmes ont la vive conviction que leur français est « une langue sabirisée, une langue mélangée » (Boudreau et Dubois, 1993 : 155), parsemée d'éléments anglais. Cette situation fait preuve d'une forte insécurité linguistique formelle.

Le sentiment identitaire des francophones du Nouveau-Brunswick, finalement, peut avoir une influence positive sur l'évaluation de leur langue. Ainsi, le parler vernaculaire est valorisé par certains locuteurs et l'emploi d'une autre variété de français est ressenti comme une menace et un signe de snobisme (Boudreau et Dubois, 1993 : 159). Un sentiment identitaire fort peut donc contrecarrer une insécurité formelle aiguë (voir Bouchard, 1998). Remarquons que nous n'avons pas pu conclure à une telle situation en Ontario, où la place du français dans l'identité franco-ontarienne est beaucoup plus difficile à cerner.

Évidemment, plusieurs problèmes surgissent à cause de cette évaluation subtile de la qualité de la langue (Péronnet, 1993 : 107 ; Stebbins, 2000 : 124-127). Vu l'écart qui existe entre le français acadien et le français dit standard, définir une norme de français pour l'Acadie devient compliqué. Il faudrait cependant développer une norme qui soit le plus proche possible de l'usage en cours au Nouveau-Brunswick : une norme qui s'écarterait trop de l'usage acadien serait moins accessible aux Néo-Brunswickois, ce qui pourrait les pousser à renoncer à l'usage du français au profit de l'anglais (Martinet, 1989 : 162). En d'autres termes, une approche trop normative de la langue risquerait de décourager les locuteurs et les entraîner à préférer l'anglais, qui paraît à ce moment plus facile d'accès (Péronnet, 1993 : 107). Il est indispensable que l'enseignement du français au Nouveau-Brunswick tienne compte de ces questions qui touchent à la norme et à la qualité de la langue (Stebbins, 2000 : 127).

* * *

L'objectif du présent article consistait à analyser et à étudier la conception du français dans les communautés francophones ontarienne et néo-brunswickoise à partir de la notion d'insécurité linguistique. Il y a d'abord une insécurité linguistique statutaire, aussi bien en Ontario qu'au Nouveau-Brunswick. Le fait de parler français dépend largement de la force numérique des francophones dans les différentes régions des deux provinces ainsi que des pressions sociales qui les régissent. Même au Nouveau-Brunswick, où le français est reconnu comme langue officielle, l'emploi du français ne va pas toujours de soi.

L'étude de l'insécurité linguistique identitaire apprend que le français continue de jouer un rôle dans la construction identitaire d'un certain nombre de francophones ontariens et néo-brunswickois. En Ontario, cependant, cet attachement disparaît peu à peu dans l'identité de certaines personnes. Au Nouveau-Brunswick, le français reste un élément d'identification plus important. Par ailleurs, on assiste dans les deux communautés à l'émergence d'une nouvelle identité bilingue.

L'insécurité formelle joue à la fois sur les plans intralinguistique et interlinguistique et cela dans les deux provinces. Cependant, l'insécurité formelle est moins étudiée en Ontario, beaucoup d'études privilégiant l'analyse du français quant à son statut et à son rôle identitaire. D'abord, le caractère vernaculaire des variétés de français est de nature à créer une insécurité formelle intralinguistique. En d'autres termes, il y a une dévalorisation de ces variétés à cause de la divergence qu'elles présentent par rapport au modèle linguistique valorisé. Pour le Nouveau-Brunswick, ce modèle valorisé est très souvent celui du français québécois. Le cas ontarien est moins connu à cet égard, d'où la nécessité d'entreprendre des études sociolinguistiques à ce sujet. En deuxième lieu, la pression de l'anglais peut également causer une insécurité formelle interlinguistique. On considère que cette langue corrompt la qualité du français, notamment par les nombreux emprunts ou par l'emploi des alternances codiques. L'emploi des anglicismes est toutefois survalorisé, c'est-à-dire les locuteurs pensent en utiliser plus qu'ils ne le font en réalité. Cet écart entre comportement linguistique rapporté et comportement linguistique observé témoigne d'une insécurité linguistique formelle.

Références

Bernard, Roger (1991), *Un avenir incertain. Comportements linguistiques et conscience culturelle des jeunes Canadiens français*, Ottawa, FJCF.

Bernard, Roger (1994), « Comportements linguistiques et conscience culturelle des jeunes Canadiens français », dans Claude Poirier, Aurélien Boivin, Cécyle Trépanier et Claude Verreault (dir.), *Langue, espace, société. Les variétés du français en Amérique du Nord*, Sainte-Foy, PUL (coll. Culture française d'Amérique), p. 319-334.

Bernard, Roger (1996), *De Québécois à Ontarois*, Ottawa, Éditions du Nordir.

Boissonneault, Julie (1996), « Bilingue/francophone, Franco-Ontarien/ Canadien-français : choix des marques d'identification chez les étudiants francophones », *Revue du Nouvel-Ontario*, 20, p. 173-192.

Bouchard, Chantal (1998), *La langue et le nombril. Histoire d'une obsession québécoise*, Montréal, Fides (coll. Nouvelles études québécoises).

Boudreau, Annette (1991), « Les rapports que de jeunes Acadiens et Acadiennes entretiennent avec leur langue et avec la langue », *Égalité*, 30, p. 17-37.

Boudreau, Annette (1995), « La langue française en Acadie du Nouveau-Brunswick, symbole d'appartenance, mais pas seulement... », dans Simon Langlois (dir.), *Identité et cultures nationales. L'Amérique française en mutation*, Sainte-Foy, PUL (coll. Culture française d'Amérique), p. 135-152.

Boudreau, Annette, et Lise Dubois (1993), « J'parle pas comme les Français de France, ben c'est du français pareil ; j'ai ma own p'tite langue », dans Michel Francard (dir.), Geneviève Geron et Régine Wilmet (coll.), *L'insécurité linguistique dans les communautés francophones périphériques. Actes du colloque de Louvain-la-Neuve 10-12 novembre 1993*, vol. 1, Louvain-la-Neuve, Institut de linguistique (coll. Cahiers de l'Institut de linguistique de Louvain 19, 3-4), p. 147-168.

Bourdieu, Pierre (1982), *Ce que parler veut dire. L'économie des échanges linguistiques*, Paris, Fayard.

Calvet, Louis-Jean (1998), « L'insécurité linguistique et les situations africaines », dans Louis-Jean Calvet et Marie-Louise Moreau (dir.), *Une ou des normes ? Insécurité linguistique et normes endogènes en Afrique francophone*, s.l., Cirelfa/Agence de la francophonie (coll. Langues et développement), p. 7-38.

Canut, Cécile (1998), « Activité épilinguistique et insécurité linguistique », dans Louis-Jean Calvet et Marie-Louise Moreau (dir.), *Une ou des normes ? Insécurité linguistique et normes endogènes en Afrique noire*, s.l. Cirelfa/Agence de la francophonie (coll. Langues et développement), p. 39-48.

Cardinal, Linda, Jean Lapointe et Joseph Yvon Thériault (1994), *État de la recherche sur les communautés francophones hors Québec 1980-1990*, Ottawa, CRCCF.

Castonguay, Charles (2000), « Minorités de langue française : démographie et assimilation », *L'Action nationale*, 90, 2, p. 17-35.

Chiasson, Guy, et Joseph Yvon Thériault (1999), « La construction d'un sujet acadien : résistance et marginalité », *International Journal of Canadian Studies/Revue internationale d'études canadiennes*, 20, p. 81-99.

Cohen, Anthony P. (1985), *The Symbolic Construction of Community*, London, Tavistock.

Dor, Georges (1996), *Anna Braillé ène shot (Elle a beaucoup pleuré). Essai sur le langage parlé des Québécois*, Outremont, Lanctôt.

Dor, Georges (1997), *Ta mé tu là ?: (Ta mère est-elle là ?). Un autre essai sur le langage parlé des Québécois*, Outremont, Lanctôt.

Dor, Georges (1998), *Les qui qui et les que que ou Le français torturé à la télé. Un troisième et dernier essai sur le langage parlé des Québécois*, Outremont, Lanctôt.

Erfurt, Jürgen (1999), « Le changement de l'identité linguistique chez les Franco-Ontariens », dans Normand Labrie et Gilles Forlot (dir.), *L'enjeu de la langue en Ontario français*, Sudbury, Prise de parole, p. 59-77.

Francard, Michel (1993), *L'insécurité linguistique en Communauté française de Belgique*, Bruxelles, Service de la langue française (coll. Langue et société, 6).

Francard, Michel (1998), « La légitimité linguistique passe-t-elle par la reconnaissance du statut de variété « nationale » ? Le cas de la communauté française Wallonie-Bruxelles », *Revue québécoise de linguistique*, 26, 2, p. 13-23.

Gérin-Lajoie, Diane, et Normand Labrie (1999), « Les résultats aux tests de lecture et d'écriture en 1993-1994 : une interprétation sociolinguistique », dans Normand Labrie et Gilles Forlot (dir.), *L'enjeu de la langue en Ontario français*, Sudbury, Prise de parole, p. 79-108.

Giles, Howard, Richard Y. Bourhis et Donald M. Taylor (1977), « Towards a Theory of Language in Ethnic Group Relations », dans Howard Giles (dir.), *Language, Ethnicity, and Intergroup Relations*, London, Academic Press, p. 307-348.

Gueunier, Nicole, Émile Genouvrier et Abdelhamid Khomsi (dir.), Michel Carayol et Robert Chaudenson (coll.) (1978), *Les Français devant la norme. Contribution à une étude de la norme du français parlé*, Paris, Champion (coll. Créoles et français régionaux).

Houdebine, Anne-Marie (1993), « De l'imaginaire des locuteurs et de la dynamique linguistique. Aspects théoriques et méthodologiques », dans Michel Francard (dir.), Geneviève Geron et Régine Wilmet (coll.), *L'insécurité linguistique dans les communautés francophones périphériques. Actes du colloque de Louvain-la-Neuve 10-12 novembre 1993*, 1, Louvain-la-Neuve, Institut de linguistique (coll. Cahiers de l'Institut de linguistique de Louvain 19.3-4), vol. 1, p. 31-40.

Johnson, Marc, et Isabelle McKee-Allain (1999), « La société et l'identité de l'Acadie contemporaine », dans Joseph Yvon Thériault (dir.), *Francophonies minoritaires au Canada. L'état des lieux*, Moncton, Éditions de l'Acadie, p. 209-235.

Labov, William (1966), *The Social Stratification of English in New York City*, Washington DC, Center for applied linguistics.

Lamonde, Diane (1998), *Le maquignon et son joual. L'aménagement du français québécois*, Montréal, Liber.

Laforest, Marty (1997), *États d'âme, états de langue. Essai sur le français parlé au Québec*, Québec, Nuit Blanche.

Landry, Rodrigue, et Réal Allard (1989), « Vitalité ethnolinguistique et diglossie », *Revue québécoise de linguistique théorique et appliquée*, 8, 2, p. 73-101.

Ledegen, Gudrun (2000), *Le bon français. Les étudiants et la norme linguistique*, Paris, L'Harmattan (coll. Espaces discursifs).

Martinet, André (1989), « Rapport d'atelier », dans *Actes du XVe colloque international de linguistique fonctionnelle tenu au Centre universitaire de Moncton et à l'Université Sainte-Anne*, Moncton, Centre de recherche en linguistique appliquée, p. 159-166.

Moïse, Claudine (1999), « Lien de transmission et lien d'origine dans la construction identitaire », dans Normand Labrie et Gilles Forlot (dir.), *L'enjeu de la langue en Ontario français*, Sudbury, Prise de parole, p. 167-195.

Moreau, Marie-Louise (1996), « Insécurité linguistique : pourrions-nous être plus ambitieux ? Réflexions au départ de données camerounaises, sénégalaises et zaïroises », dans Claudine Bavoux (dir.), *Français régionaux et insécurité linguistique. Approches lexicographoques [sic], interactionnelles et textuelles. Actes de la deuxième table ronde du Moufia 23-25 septembre 1994*, Paris et Saint-Denis, L'Harmattan et Université de la Réunion (coll. Espaces francophones), p. 103-115.

Péronnet, Louise (1990), « Aménagement linguistique en Acadie du Nouveau-Brunswick », *Revue québécoise de linguistique théorique et appliquée*, 9, 3, p. 223-257.

Péronnet, Louise (1993), « La situation du français en Acadie : de la survivance à la lutte ouverte », dans Didier de Robillard et Michel Beniamino (dir.), *Le français dans l'espace francophone*, tome 1, Paris, Champion, p. 101-116.

Picard, Annie (1996), « Faits de variation dans le parler d'adolescents du Nouveau-Brunswick. Français acadien et contact avec l'anglais », mémoire de maîtrise (linguistique), Université Laval.

Poplack, Shana (1989), « Statut de langue et accommodation langagière le long d'une frontière linguistique », dans Raymond Mougeon et Édouard Beniak (dir.), *Le français canadien parlé hors Québec. Aperçu sociolinguistique*, Sainte-Foy, PUL, p. 127-151.

Remysen, Wim (2001), *Le sentiment d'insécurité linguistique des Québécois. Analyse des attitudes linguistiques dans le discours épilinguistique*, vol. 1 : *Cadre théorique et analyse*, vol. 2 : *Données des enquêtes*, mémoire de licence, Katholieke Universiteit Leuven (Belgique).

Remysen, Wim (2004), « La variation linguistique et l'insécurité linguistique. Le cas du français québécois », dans Pierre Bouchard (dir.), *La variation dans la langue standard. Actes du colloque tenu les 13 et 14 mai 2002 à l'Université Laval dans le cadre du 70ᵉ Congrès de l'Acfas*, Québec, Office de la langue française.

Robillard, Didier de (1996), « Le concept d'insécurité linguistique : à la recherche d'un mode d'emploi », dans Claudine Bavoux (dir.), *Français régionaux et insécurité linguistique. Approches lexicographoques [sic], interactionnelles et textuelles. Actes de la deuxième table ronde du Moufia 23-25 septembre 1994*, Paris et Saint-Denis, L'Harmattan et Université de la Réunion (coll. Espaces francophones), p. 55-76.

Savas, Daniel (1988), *Profile of the Franco-Ontarian Community*, Toronto, Office of Francophone Affairs.

Statistique Canada (2001), *Recensement de 2001*.

Stebbins, Robert A. (2000), *The French Enigma. Survival and Development in Canada's Francophone Societies*, Calgary, Detselig Enterprises.

Instruction, alternance linguistique et postmodernité au Canada français

Simon Laflamme
Département de sociologie
Université Laurentienne

L'identité collective est toujours associée à la manière dont circule l'information au sein d'un groupe. Dans les sociétés post-industrielles, cette circulation de l'information dépend fortement du contenu des messages véhiculés par les médias de masse et du rapport qu'entretient le groupe avec ces messages. Dans le cas des minorités francophones au Canada, on ne peut rendre compte de la circulation de l'information qu'en prenant en considération la concurrence entre les messages médiatiques et la manière de gérer les symboliques qui y sont associées. Pour regarder ces phénomènes de plus près, nous réunirons quelques résultats de trois enquêtes que nous avons menées au cours des dix dernières années. Nous verrons alors que la mise en commun de ces résultats éclaire le rapport complexe qu'une minorité francophone entretient avec des médias de masse généralement produits par une majorité anglophone.

UNE AMBITION DÉMESURÉE

Notre première recherche (Laflamme et Dennie, 1990) sur la situation franco-ontarienne a porté sur les jeunes, leur rapport à l'éducation et au marché du travail et la manière dont ils se percevaient eux-mêmes en tant que francophones et se représentaient l'univers anglophone. Ces travaux ont permis de faire deux observations majeures.

La première observation est en réalité la confirmation d'un constat antérieur, fait par Louise Laforce, Pierre W. Bélanger, Pierre Roberge et Guy Rocher en 1979, à savoir que les jeunes Franco-Ontariens ont habituellement de grandes aspirations – sur les plans éducationnel et occupationnel – qu'on ne retrouve pas ailleurs. Le phénomène demande une explication, car il est étonnant à maints égards. D'abord, parce que c'est la faiblesse des aspirations qui pose problème dans la plupart des sociétés ; règle générale, il faut les susciter et les entretenir. Ensuite, parce que ces aspirations ne correspondent pas à la réalité de la structure occupationnelle franco-ontarienne. Finalement, parce que ces aspirations ne motivent pas réellement l'étude car, comparé à l'ensemble de la population ontarienne, le taux de décrochage est très élevé et la probabilité de faire des études postsecondaires est deux fois plus faible chez les francophones que chez les anglophones.

La deuxième observation, sans doute une de nos découvertes les plus importantes au sujet des groupes minoritaires au Canada, concerne le lien entre le degré de francité et le niveau d'éducation. Vers la 10e année d'études, le jeune Ontarois possède une admiration sans borne pour tout ce qui est de culture anglaise. Cette admiration s'atténue avec la scolarisation, surtout lorsque celle-ci se poursuit au niveau postsecondaire et encore davantage au niveau universitaire. À cette relativisation de l'image de l'anglais correspond une acceptation de sa propre francité. Il semblerait que, dans une société postindustrialisée et de médias de masse, seule l'instruction incite le Franco-Ontarien à assumer sa francité de façon récurrente.

C'est précisément la mise en relation de ces deux observations qui permet de voir à quoi il faut attribuer l'ambition démesurée des jeunes Franco-Ontariens ou, encore, de voir le rôle que joue cette ambition dans leur imaginaire. Nous avons pu constater que c'est au moment où les jeunes tendent le plus à décrocher, vers la 10e année scolaire, que l'admiration non seulement pour la langue, mais aussi pour la culture et le système des représentations anglaises est à son point culminant et que le français se fait le plus rebutant. Ces données indiquent que l'instruction est moins en rapport avec l'ambition éducationnelle ou occupationnelle que ne l'est l'imaginaire ou, plutôt, que l'ambition correspond moins à des aptitudes scolaires qu'à une représentation du monde et qu'elle ne sert pas vraiment l'instruction. Pour le francophone vivant en milieu minoritaire, l'ambition paraît admirable aux yeux de tous, surtout aux yeux de l'anglophone ; elle est une manière de conjurer le sentiment d'être un minoritaire. Comme l'ambition ne sert pas forcément le travail scolaire, elle peut très bien coïncider avec un piètre rendement. Dans ces circonstances, le jeune se retirera de l'école et, pour ne pas trop souffrir de ne pas réaliser ses ambitions et être néanmoins louable aux yeux du monde, il deviendra un majoritaire admirable ; il deviendra un Anglais. L'ambition du jeune Franco-Ontarien serait donc, pour une bonne part, associée à son statut de minoritaire et à la place que prend l'anglais dans une société de communication de masse[1].

Tous les Franco-Ontariens n'abandonnent cependant pas leurs études et ne se tournent pas vers l'anglais. Plusieurs d'entre eux finissent par ajuster leur ambition à leurs possibilités. Ils persistent dans le système scolaire, apprivoisent leur francité et connaissent le succès. Ce sont principalement des femmes, notamment à cause de l'encouragement dont elles bénéficient de la part de leur mère, que cette dernière soit instruite ou non. Or, on sait que, dans une société postindustrielle, les postes de pouvoir sont généralement détenus par les personnes instruites. On pouvait donc s'attendre à ce que ces postes soient majoritairement occupés par des femmes au sein de la communauté franco-ontarienne. Une recherche récente a démontré que c'était effectivement le cas (Laflamme et Bagaoui, 2000).

L'imaginaire franco-ontarien est donc en grande partie en tension entre, d'une part, une admiration de l'Anglais et une négation de soi, et, d'autre part, une méfiance de l'Anglais et une estime de soi. L'admiration de l'Anglais et la négation de soi font partie de l'imaginaire des moins instruits, qui sont en grande partie des hommes, tandis que la méfiance vis-à-vis de l'Anglais et l'estime de soi sont le fait des plus instruits, qui sont le plus souvent des femmes.

---

1. Les analyses ont aussi révélé que cette ambition n'était pas tributaire du statut socio-économique des parents, ce qui se comprend facilement quand on se souvient que les aspirations sont généralement très élevées. Cette découverte constituait déjà une forte critique de la sociologie de l'éducation traditionnelle.

Les premiers reluquent aisément du côté anglophone, les seconds se tournent résolument du côté francophone. Or, ce sont ces derniers qui reproduisent la communauté en maintenant ou en créant ses institutions. La communauté franco-ontarienne est ainsi tiraillée entre une tendance au développement, entretenue par ses leaders responsables de leur développement, et une tendance au non-développement et à l'assimilation soutenue par les personnes les moins instruites. Dans une large mesure, il y a ici les termes d'un débat très animé qui est au cœur de la francité ontarienne.

DEUX GROUPES LINGUISTIQUES, UNE COMMUNICATION DE MASSE

Les résultats de notre recherche sur l'ambition chez les Franco-Ontariens joints à nos questionnements en sociologie de la communication ont donné lieu à une recherche où il s'agissait de comparer la situation linguistique des Franco-Ontariens à celle des Anglo-Ontariens (Laflamme et Reguigui, 1997). Pour ce faire, nous avons relevé les erreurs linguistiques et évalué la structure d'un certain nombre de compositions écrites par des étudiants anglophones et francophones de première année universitaire. Au fur et à mesure de l'analyse, notre présomption voulant que toutes les difficultés franco-ontariennes en rédaction seraient attribuables à leur situation de minoritaire s'est avérée un peu simpliste. L'étude a, au contraire, mis en lumière un important phénomène d'homogénéisation révélant que francophones et anglophones commettent tous beaucoup d'erreurs et ne parviennent que rarement à produire une argumentation solide, construite logiquement. Pour ce qui est des erreurs, les francophones en font plus que les anglophones, mais davantage parce que les possibilités d'erreur sont plus nombreuses en français que parce qu'ils sont minoritaires ou qu'ils ont une moins grande capacité intellectuelle. Les anglophones, par exemple, ne font pas vraiment d'erreurs d'accord des participes, mais ils font plus d'erreurs que les francophones pour ce qui est de l'usage de la majuscule ou du trait d'union, les règles grammaticales qui s'y réfèrent étant plus compliquées en anglais qu'en français. Certes, ils font aussi moins d'erreurs d'emprunts linguistiques, mais ces erreurs sont marginales dans l'ensemble des écrits des francophones. En fait, nous avons observé une difficulté générale à écrire sans faute, comme si l'école secondaire, qu'elle soit française ou anglaise, n'était pas parvenue à leur enseigner correctement à écrire leur langue maternelle. Pour ce qui est de la structure du texte, de l'aptitude à mettre des idées dans un ordre logique, la plupart des textes comportaient effectivement une introduction, un développement et une conclusion, mais ce schéma formel ne se traduisait pas dans son contenu : la conclusion, par exemple, avait rarement un lien avec le contenu du corps du texte. Les compositions dont le fond et la forme formaient un tout harmonieux étaient marginales : environ 10 % chez les francophones comme chez les anglophones. En fait, la plupart des textes ne contenaient que des prises de position (on est pour ceci, contre cela) écrites sur un mode affirmatif tout à fait à l'image du discours médiatique.

Si la fréquence des erreurs et la qualité du contenu varient très peu et ce, quelle que soit l'origine familiale, il faut donc penser que l'éducation traditionnelle a un adversaire de taille, à savoir les médias de masse.

VIVRE DANS L'ALTERNANCE LINGUISTIQUE : LES MÉDIAS, LA LANGUE ET LA LITTÉRATIE EN ONTARIO FRANÇAIS

Poursuivant notre recherche dans la voie d'une sociologie de la communication et y conjuguant notre intérêt pour la situation francophone, nous avons fait une troisième enquête, cette fois à l'échelle de l'Ontario français où nous avons pu vérifier plusieurs hypothèses (Laflamme et Bernier, 1998). L'enquête était aussi doublée d'un échantillon de contrôle pris dans la région de Montréal.

Nous avons pu confirmer qu'il y a toujours, vers la 10e année d'études en Ontario français, une forte résistance à la langue française qui se manifeste, par exemple, dans la préférence pour les médias anglophones. La comparaison avec l'échantillon montréalais a permis de voir que cette tendance n'est pas absente chez le jeune Québécois, bien qu'elle y soit moins prononcée. Nous avons pu aussi confirmer le fait qu'une éducation post-secondaire, universitaire notamment, favorise un retour à la culture francophone.

Nous avons par ailleurs découvert que le fait de lire en anglais ne constituait pas en soi un empêchement à la lecture en français. Au contraire, de façon générale, plus le Franco-Ontarien lit en anglais, plus il lit aussi en français et sa propension à lire est souvent directement proportionnelle à son degré d'instruction. Le problème pour le Franco-Ontarien, ce n'est pas la lecture en français, c'est la lecture tout court. Comme l'ensemble de la population est relativement peu scolarisée – pour diverses raisons parmi lesquelles les revenus moindres dans le secteur des mines et des forêts, la trop jeune histoire du système d'éducation en français, etc. –, elle est peu encline à lire. Ce qui étonne, cependant, c'est que la disposition à lire en français dépend très peu du milieu, c'est-à-dire qu'elle est peu liée au fait que l'environnement offre ou non des ressources en français; la lecture en français n'est pas moins importante dans le Nord-Ouest, par exemple, que dans l'Est où les publications en français sont beaucoup plus facilement accessibles. Dans notre société postindustrielle, les Franco-Ontariens qui lisent trouvent à lire, que ce soit en français ou en anglais et quel que soit leur lieu d'habitation.

Nous avons enfin découvert que l'exposition aux médias prend de nombreuses formes et que toutes les combinaisons sont possibles. On peut très bien, par exemple, trouver quelqu'un qui lit beaucoup et qui regarde beaucoup de télévision ou quelqu'un qui lit fréquemment, mais qui ne regarde pas à la télévision. Certes, la télévision est le média le plus populaire et, en moyenne, on y consacre le plus de temps, mais elle côtoie généralement les autres médias et la répartition du temps alloué à chacun varie selon les individus. C'est ainsi que, si la télévision est le média dominant, elle est loin d'être le seul; la radio et l'imprimé sont aussi très présents. La lecture des journaux francophones est fréquente partout, même si les quotidiens en français ne sont, en vérité, accessibles que dans l'Est de la province. On lit, par exemple, alternativement le quotidien anglophone et les hebdomadaires régionaux, car les messages destinés à de vastes publics n'éliminent pas la quête d'informations locales.

* * *

Ces trois enquêtes permettent de tirer trois grandes conclusions pour la francophonie minoritaire en Ontario, des conclusions qui ne vont pas toutes dans le même sens, mais qui témoignent de la complexité de la situation de cette minorité.

La première conclusion a trait à l'importance de l'éducation. Il semble que, dans un milieu francophone minoritaire comme celui de l'Ontario français, au cœur d'une société où les médias sont omniprésents, il n'y ait de possibilité de reproduction – ou de production – culturelle que par le biais de l'instruction en français, laquelle parvient seule à relativiser la culture anglophone et, partant, à redonner sens à la francité. Les leaders des minorités francophones au Canada ont toujours compris intuitivement que la reproduction de la culture passe par l'éducation en français ; c'est pourquoi ils ont tant travaillé à la mise sur pied d'institutions scolaires. Cette analyse montre à quel point cette intuition est juste et elle en souligne le caractère fondamental dans une société de communication de masse. Elle indique à quel point il est essentiel que les francophones s'instruisent, et beaucoup, en français.

La deuxième conclusion met en lumière un phénomène d'homogénéisation du rapport à la langue et de l'aptitude à produire des idées. Il semble que bon nombre de francophones et d'anglophones ne retiennent du discours collectif que les messages véhiculés par les médias de masse qu'ils transmettent, à leur tour, selon la forme affirmative – et non argumentative – utilisée par ces mêmes médias. Il apparaît aussi que ces affirmations font appel uniquement à une prise de position qui, somme toute, ne nécessite pas une réflexion très élaborée. En principe, on pourrait s'attendre à ce que le système d'éducation, après des études secondaires tout au moins, ait muni les élèves d'une langue qui soit l'instrument par excellence de la pensée, mais cela est loin d'être évident. Il semble que la société postmoderne ne demande au citoyen que de prendre position, d'adhérer qu'à un seul camp sur les diverses questions qui s'affrontent sur la place publique, c'est-à-dire de ne s'insérer dans un champ discursif déjà aménagé par les médias de masse. La postmodernité suggère là des positions dont l'essence est qu'elles soient saisies. Or, ce rapport de préhension à l'égard du discours devient plus important que la discursivité elle-même et il relègue au second plan le champ de la pensée, de la construction d'opinion et de l'argumentation. La démocratie, dans cet ordre des choses, ne craint pas la confrontation des positions, mais elle provoque davantage la coexistence de propos opposés qu'elle n'incite à l'élaboration d'une pensée articulée à laquelle correspondrait une opinion. Dans le cas de la minorité franco-ontarienne, l'homogénéisation se fait non seulement par obligation de prendre position mais, parce que le discours médiatique est en grande partie dans une autre langue, elle est doublement victime d'un système d'enseignement qui ne les contraint pas à maîtriser leur propre langue, et donc leurs instruments de pensée, ce qui ouvre la porte à l'assimilation d'un autre instrument de communication et de pensée. Heureusement, l'éducation post-secondaire parvient à freiner cette tendance et permet à la francophonie d'être productrice de ses propres messages. Il existe donc un rapport de force complexe entre un système d'éducation (responsable en grande partie du développement de l'aptitude à s'exprimer) qui francise et une société qui se fait peu exigeante quant au contenu des discours. Il faut souligner aussi que, dans cet univers, si la langue de la minorité n'était pas une langue puissante dans la concurrence des messages médiatiques, la reproduction culturelle serait compromise, car la portion instruite de la population ne parviendrait pas à trouver suffisamment de raisons objectives pour se conforter dans sa culture.

La troisième et dernière conclusion porte sur l'alternance linguistique. Elle souligne que l'exposition à l'anglais n'a pas forcément pour corollaire l'assimilation. Cependant, elle indique bien que cette alternance n'est possible que lorsque la personne, après une longue fréquentation des institutions scolaires, parvient à relativiser l'image médiatique de la culture anglaise, qu'elle acceptera de s'exposer aux médias de langue française et qu'elle arrivera à influencer la reproduction culturelle. Ce n'est que dans la mesure où le français s'impose comme nécessité au Franco-Ontarien que les leaders francophones, notamment, peuvent et doivent veiller à médiatiser leur culture. C'est une démarche essentielle pour toute culture dans une société postindustrielle.

Références

Laflamme, Simon, et Donald Dennie (1990), *L'Ambition démesurée. Enquête sur les aspirations et les représentations des étudiants et des étudiantes francophones du Nord-Est de l'Ontario*, Sudbury, Prise de parole/Institut franco-ontarien (coll. Universitaire, Série Études).

Laflamme, Simon, et Ali Reguigui (1997), *Deux groupes linguistiques, une communication de masse*, Montréal et Paris, L'Harmattan.

Laflamme, Simon, et Christiane Bernier (1998), *Vivre dans l'alternance linguistique. Médias, langue et littératie en Ontario français*, Sudbury, FORA.

Laflamme, Simon, et Rachid Bagaoui (2000), « Les leaders franco-ontariens après l'État providence », *Recherches sociographiques*, 41, 2, p. 239-269.

Laforce, Louise, Pierre W. Bélanger, Pierre Roberge et Guy Rocher (1979), *Les aspirations scolaires au Québec et en Ontario : des observations des enquêtes ASOPE et SOSA*, Les cahiers d'ASOPE, 6.

Mutation de l'imaginaire commun

Le débat autour de l'existence et de la disparition du Canada français : état des lieux[1]

Marcel Martel
Département d'histoire
Université York

Jusqu'à récemment, l'existence du Canada français était un fait acquis. Bien qu'il n'y ait jamais eu de territoire de ce nom reconnu par la communauté internationale, l'expression Canada français était néanmoins fort répandue et traduisait même un sentiment d'appartenance chez les francophones. Ainsi en 1997, près de 23 % des Québécois interrogés par la maison de sondage Léger et Léger se définissaient comme Canadiens français (*Le Devoir*, 9 mai 1998, A-4). L'identité canadienne-française est donc encore porteuse de sens pour un certain nombre de francophones, même si le pourcentage de ceux qui se disent Canadiens français diminue constamment depuis les années 1960.

Depuis la fin de cette décennie, un débat sur l'existence du Canada français en tant que lieu d'identité culturelle commun aux francophones du Canada agite le milieu scientifique, surtout à l'extérieur du Québec. Le présent texte porte sur ce débat et se divise en trois parties. Je résumerai d'abord le contenu d'articles relativement récents qui synthétisent bien le débat. Je tenterai ensuite de définir ce qu'était le Canada français avant de parler de la fin du Canada français et je conclurai sur quelques pistes de recherche.

---

1. Je remercie André Larose pour ses commentaires et corrections sur une première version de mon texte.

DÉBAT AUTOUR DE L'EXISTENCE DU CANADA FRANÇAIS

En 1996, Claude Denis, professeur de sociologie à la Faculté Saint-Jean de l'Université de l'Alberta, fait paraître un bref article intitulé « La Patrie et son nom. Essai sur ce que veut dire le " Canada français " ». Il y affirme que le Canada français, comme référence territoriale pour tous les francophones du Canada y compris ceux du Québec, prend forme dans la foulée des transformations socio-économiques mieux connues sous le nom de Révolution tranquille. Bref, pour Denis, le territoire du Canada français, avant 1960, était en fait celui du Québec et la Révolution tranquille, plutôt que de provoquer sa disparition, a donné naissance à un Canada français qui acquiert, à partir de ce moment, un sens ethnique.

Pour étayer sa thèse quelque peu audacieuse, Denis n'apporte pas beaucoup d'éléments de preuve. Il a néanmoins le mérite de nous obliger à nous interroger sur la signification de l'expression Canada français. Rappelons brièvement ses éléments de preuve. En premier lieu, Denis utilise les conclusions d'études sur les manuels scolaires traitant de l'histoire du Canada, notamment celui des Frères des écoles chrétiennes, de la géographie et de l'apprentissage de la langue française en usage dans les écoles du Québec avant 1960. Ces manuels véhiculent une représentation du territoire du Canada français qui se limite aux frontières du Québec. En second lieu, Denis cite le cas du célèbre ouvrage d'Everett C. Hughes, intitulé *French Canada in Transition* et publié en 1943, pour démontrer encore une fois que le terme Canada français est interchangeable avec celui du Québec. Il en irait de même pour un autre ouvrage classique, soit le recueil d'études et de textes choisis et présentés par Marcel Rioux et Yves Martin intitulé *La société canadienne-française* (1971).

Selon Denis, le Canada français devient une réalité au cours de la Révolution tranquille et est utilisé à des fins partisanes par les néo-nationalistes, les indépendantistes québécois et les fédéralistes. Il prétend que dans leur quête pour démontrer qu'une véritable rupture avec le passé prend forme au Québec pendant les années 1960, les néo-nationalistes et les indépendantistes font référence au Canada français afin de démarquer le Québec nouveau de son passé, un passé qui renvoie au nationalisme ethnique devenu révolu grâce aux effets libérateurs de la Révolution tranquille. Pour leur part, les fédéralistes, inspirés par Pierre Elliott Trudeau, attribuent également un sens ethnique au Canada français pour ainsi neutraliser le Québec « comme espace politique national » (Denis, 1996 : 191) et justifier le rôle du gouvernement fédéral auprès des communautés francophones en milieu minoritaire.

Un autre ouvrage contient également des conclusions audacieuses sur l'existence du Canada français. Le regretté Roger Bernard fait paraître en 1998 un recueil de ses articles sur la francophonie canadienne intitulé *Le Canada français. Entre rêve et utopie*. Dans sa conclusion, l'auteur, qui était à l'époque professeur de sociologie à l'Université d'Ottawa, affirme que le Canada français n'a jamais existé. Selon lui, le Canada français a fait partie de l'imaginaire national, certes, mais il est demeuré une idée qui ne s'est toutefois pas concrétisée aux plans constitutionnel, politique et juridique.

La conclusion de Bernard est un peu déconcertante, car la plupart des chapitres de son livre traitent des enjeux auxquels sont confrontées les communautés francophones : les taux d'assimilation élevés, les faibles taux de fécondité, l'exogamie et l'émergence de l'identité bilingue chez les jeunes. De plus l'ouvrage traite de la rupture et/ou de la transformation du Canada français dans la foulée de la Révolution tranquille. Cette conclusion, qui contraste avec la teneur du livre, oblige le lecteur à s'interroger sur les intentions de Bernard. L'auteur a-t-il tenté de faire un procès à la loi fédérale sur les langues officielles, adoptée en 1969, sur laquelle de nombreux dirigeants francophones en milieu minoritaire ont fondé leurs espoirs ? Comme bien d'autres, Bernard espérait peut-être que la loi règlerait le problème de l'assimilation chez ceux qu'il appelle les « francophones hors frontières » (Bernard, 1998 : 155). Ou encore, cherchait-il à critiquer les dirigeants des institutions francophones hors Québec ? Depuis 1969, ces dirigeants profitent des programmes de subvention mis en place par le Secrétariat d'État – devenu récemment Patrimoine canadien – dans le cadre de la *Loi sur les langues officielles*. Avec le recul du temps, Bernard constate que les résultats ne sont pas satisfaisants et que les attentes des dirigeants du réseau instititonnel francophone manquaient peut-être de réalisme à l'égard de l'action gouvernementale dans le domaine des stratégies pour assurer la vitalité des collectivités.

L'ouvrage de Bernard fait de la survivance une question clé dans la compréhension du développement des communautés francophones en milieu minoritaire. L'auteur ne cache pas son pessimisme au sujet de leur avenir. Pendant plusieurs années, les nationalistes canadiens-français affirmaient que si un groupe francophone en milieu minoritaire disparaissait, cette perte entraînerait des conséquences incalculables pour le Québec. Reconnaissant qu'une telle idée n'émeut plus grand monde au Québec, Bernard s'interroge. Il admet que les changements des dernières années ont amené les francophones du Québec à se replier sur leur territoire et à faire de leur État un instrument de développement collectif. Par conséquent, si les communautés francophones à l'extérieur du Québec viennent à disparaître, Bernard estime que ce sera une perte, du moins, pour le Canada.

LE CANADA FRANÇAIS : ÉLÉMENTS DE DÉFINITION

Bernard et Denis ont une vision totalisante du Canada français. Dans leurs analyses, ils envisagent la nation comme un tout et négligent de s'intéresser aux intellectuels, aux institutions culturelles ou, encore, aux organismes politiques qui développent une pensée nationaliste, se dotent de ressources pour en faire la promotion et utilisent diverses stratégies dans le but de faire triompher leur point de vue et leur vision de ce que devrait être le Canada français.

Comme je l'ai déjà souligné, Denis s'intéresse au matériel pédagogique. Il semble oublier que, de 1938 à 1967, les élèves des écoles du Québec, dont ceux qui utilisaient les manuels des Frères des écoles chrétiennes pour l'apprentissage de certaines matières, étaient invités, dans le cadre des campagnes annuelles pour la Survivance organisées par le Conseil de la vie française en Amérique, à amasser des sous pour leurs frères et sœurs hors Québec. En plus d'encourager les campagnes annuelles du Conseil, le département de l'Instruction publique distribuait les calendriers de la Survivance, produits également par le Conseil de la vie française en Amérique, comme autre moyen pour sensibiliser les élèves à l'existence d'un Canada français hors des frontières du Québec (Martel, 1997).

Par ailleurs, si Everett Hughes et Marcel Rioux écrivent sur un Canada français qui serait en fait le Québec, d'autres auteurs, tels que Michel Brunet et Robert Rumilly, publient des ouvrages à succès ayant pour cadre le Canada français et l'Acadie. Pour sa part, le politologue Gérard Bergeron publie, en 1967, *Le Canada français après deux siècles de patience*. Son ouvrage porte sur le Canada français, c'est-à-dire son « centre dur », soit le Québec, et « le cercle flou », soit le Québec et les communautés francophones en milieu minoritaire, pour reprendre les termes de l'auteur (Bergeron, 1967 : 99).

Ces quelques exemples montrent que, avant les années 1960, le concept de Canada français prenait différents sens et que ses frontières fluctuaient en fonction des organismes et des individus qui organisaient des activités ou publiaient des écrits à ce sujet. Par conséquent, il serait possible de formuler l'hypothèse qu'il y avait en même temps plus d'un discours sur le Canada français et que les établissements d'enseignement du primaire et du secondaire, tout comme les milieux intellectuels, devenaient des lieux où s'affrontaient divers entrepreneurs en idéologies ou en identités (Reicher et Hopkins, 2001). En reprenant l'hypothèse des entrepreneurs en idéologies et en identités, il serait possible d'identifier les individus et les organismes et de découvrir leurs stratégies de diffusion. En d'autres mots, poser la question de l'existence du Canada français comme idée ou utopie devrait nous inciter à nous demander qui sont les gens qui remettent en question l'existence du Canada français. Cette remise en question est-elle antérieure au débat actuel ? Si oui, qui promeut cette idée et dans quelles circonstances ? Il faudrait tout autant identifier les individus et les organismes qui ont cru en son existence.

En guise de réponse, il est possible d'affirmer que le Canada français comme idée mobilisatrice et projet de société a existé. Tenter de le définir constitue un défi puisque celui qui s'aventure dans cette tâche est contraint de se livrer à un travail d'exclusion et d'inclusion. J'essaierai quand même de le faire à partir de quatre éléments : les individus, le territoire, le réseau institutionnel et le projet nationaliste.

Le premier élément de ma définition du terme Canada français fait référence aux individus. L'identité canadienne-française se forge au cours du XIXe siècle, comme le rappelle Yves Frenette dans sa synthèse sur les Canadiens français. Ce sont souvent les élites définitrices canadiennes qui ont articulé le mieux cette identité et la vision de la société à laquelle appartiennent les individus, porteurs d'une identité. Sans vouloir nier l'autonomie de l'acteur et la capacité de ce dernier à se définir, les Canadiens français s'efforcent de protéger et de promouvoir leurs références culturelles à l'extérieur du Québec. Leurs références culturelles sont d'abord la langue française, marqueur important de différence culturelle, puis le catholicisme, ce qui témoigne de la réussite de la stratégie du clergé pour accroître son autorité, dans la foulée de l'échec des Rébellions de 1837 et de 1838 au Bas-Canada.

Le second élément de définition du Canada français est la dimension territoriale. L'idée de Canada français renvoie à un territoire dont les frontières sont plus au moins précises, car elles évoluent dans le temps. Certes, le Canada français n'a jamais constitué un territoire jouissant d'une reconnaissance internationale, sur lequel un État unique aurait exercé sa souveraineté, mais il y a quand même eu un territoire du Canada français. Fernand Dumont (1997) et Yves Frenette (1998) ont tous deux tracé les frontières mouvantes de ce territoire qui s'accroît en fonction des migrations des porteurs de l'identité canadienne-française. D'abord centré sur la vallée du Saint-Laurent mais s'étendant aux «pays d'en haut», le territoire canadien-français s'agrandit grâce à la migration vers les États-Unis à compter de 1840. Or le départ de centaines de milliers de Canadiens français stimule un autre rêve : celui d'un peuplement francophone appréciable dans les plaines de l'Ouest canadien. Les évêques de Saint-Boniface indiquent à leurs confrères du Québec qu'il faudrait orienter le mouvement migratoire canadien-français en direction de leur coin de pays. Les élites du Québec préfèrent cependant que les francophones demeurent dans la province de Québec pour ainsi assurer un rapport de force politique avantageux pour les Canadiens français à l'intérieur du Canada. Ces calculs politiques et stratégiques sapent le rêve des évêques de Saint-Boniface et expliquent les efforts de colonisation des Laurentides, du

Saguenay et plus tard de l'Abitibi (Painchaud, 1986 ; Lalonde, 1983). D'ailleurs, le peuplement de l'Ouest s'avère une mission impossible car, aux plaines de l'Ouest qu'ils connaissent mal, les Canadiens français préfèrent les États de l'Est américain qui leur sont familiers en raison de la présence là-bas de nombre des leurs (Roby, 1990, 2000).

Dans son mémoire de maîtrise à l'Université d'Ottawa, Jeffrey Marcil (1998) présente une autre illustration de ce qu'a été le territoire du Canada français. Il s'intéresse en fait à la couverture des activités des groupes acadiens et francophones au Canada et aux États-Unis par trois quotidiens du Québec, dont *La Presse*. À première vue, ce sujet semble un peu banal, mais il ne l'est nullement, car Marcil a eu l'intelligence de choisir une année au cours de laquelle aucune crise majeure n'affecte les droits des communautés francophones minoritaires, soit la fin de l'année 1905 et 1906. Dans un cas contraire, on peut présumer qu'il y aurait eu couverture médiatique intense, comme l'a démontré la crise scolaire en Ontario de 1912 à 1927. Quelles sont les conclusions du mémoire ? Pour la période étudiée, l'auteur révèle l'existence d'un réseau de correspondants, dont certains choisissent toutefois de taire leur identité, qui rédigent des articles sur les communautés francophones de l'Ontario, de l'Ouest, des Maritimes et des États de la Nouvelle-Angleterre. Et, lorsque ces correspondants doivent identifier les francophones, ils utilisent le terme Canadien français, sauf dans le cas des Acadiens. Bien entendu, les francophones de l'Ontario et des États-Unis reçoivent une couverture médiatique plus importante que ceux d'ailleurs, mais les francophones du Québec accèdent malgré tout à une connaissance du Canada français grâce à ces articles. Ainsi, tout le pays s'anime et acquiert un sens dans ces quotidiens. Il est donc est plus qu'une vue de l'esprit au début du XXe siècle, il est un espace dynamique.

Le réseau institutionnel constitue le troisième élément de définition du Canada français. Les Canadiens français cherchent à créer plusieurs institutions – des écoles, des paroisses, des journaux, des caisses populaires, etc. – qui s'appuient sur la famille comme unité de base. Ces institutions deviennent des lieux de sociabilité, des outils de revendication, des marqueurs de territoire ainsi que des milieux de solidarité. Ces réseaux institutionnels locaux et provinciaux s'insèrent dans un réseau national qui se met graduellement en place à partir de 1926, suite à la création de l'Ordre de Jacques-Cartier. L'Ordre aide d'ailleurs à la mise sur pied de plusieurs autres organismes nationaux tels que le Conseil de la vie française en Amérique ou encore l'Association canadienne-française des éducateurs de langue française.

Pour les dirigeants et les militants de toutes ces institutions, le Canada français est plus qu'une idée. Il est non seulement un projet de développement de leur communauté, mais aussi un pari pour la survie de l'élément canadien-français en dépit des pressions – qui varient en fonction notamment de la capacité d'organisation déployée par chaque communauté – qui favorisent toutes l'assimilation.

L'idée de Canada français renvoie aussi à un projet nationaliste, ce qui constitue le quatrième élément de ma définition. Ce projet d'inspiration clérico-nationaliste prend forme en réaction aux crises scolaires qui surviennent d'abord au Manitoba, à partir de 1890, puis en Ontario en 1912. Henri Bourassa devient le penseur et le vulgarisateur de la notion de Canada comme pacte entre deux peuples fondateurs, l'objectif étant de mettre un terme aux reculs des droits des Canadiens français à l'extérieur du Québec.

Dans le cadre de ce projet nationaliste, celles qu'on appelle maintenant les communautés francophones en milieu minoritaire jouent un rôle déterminé. Ce rôle est résumé par l'image des avant-postes et du château fort. Les premiers sont formés des groupes francophones en milieu minoritaire tandis que le Québec constitue le second[2]. Il existe donc une volonté d'affirmer qu'il y a une néces-

---

2. L'analogie des avant-postes et du château fort traduit la notion de l'indispensable solidarité. Cette notion a été réaffirmée dans le document soumis par le Conseil de la langue française au ministre responsable de l'application de la *Charte de la langue française* et elle a été reprise dans la « Politique du Québec à l'égard des communautés francophones et acadiennes du Canada », adoptée en 1995. Les auteurs du document écrivent que « Plus elles seront fortes et organisées, plus les communautés francophones et acadiennes se feront reconnaître par leur gouvernement respectif et plus elles pourront contribuer à l'élargissement de l'espace d'utilisation du français [...]. Plus la langue et la culture françaises seront vivantes au Québec, plus les communautés bénéficieront de leur rayonnement » (Conseil de la langue française, 1994 : 13).

saire solidarité entre tous les parlants français et que la vitalité sociolinguistique des uns et des autres est essentielle. Tout recul dans les avant-postes affecte nécessairement le château fort et vice versa.

Par ailleurs, l'idée des avant-postes et du château fort exprime un sentiment de crainte face à la nation canadienne-anglaise avec laquelle les Canadiens français partagent le pays. Les communautés francophones sont perçues comme assiégées. Cette perception apparaît dans le contexte des luttes scolaires à la fin du XIXe siècle puisque le gouvernement du Manitoba, puis celui de l'Ontario, nient aux francophones leurs droits à un système scolaire reflétant leurs valeurs culturelles.

Ce discours nationaliste constitue la base des revendications constitutionnelles et de l'action politique des réseaux institutionnels provinciaux et national. Les divers organismes membres de ces réseaux y font référence lorsqu'ils cherchent à obtenir le développement du réseau de radio et de télévision de Radio-Canada *from coast to coast* à compter de 1920 ou encore pour dénoncer la sous-représentation des Canadiens français dans la fonction publique fédérale (Martel, 1997).

À PROPOS DE L'ÉCLATEMENT DU CANADA FRANÇAIS

La production scientifique sur l'éclatement du Canada français est venue complexifier la compréhension de cet événement. Pour Gaétan Gervais, la transformation de la pensée nationaliste canadienne-française dans les années 1960 est la grande responsable de la fin du Canada français comme référence commune aux francophones du Canada. « Le grand navire du Canada français échoua, éventré, sur le bas-fond du néo-nationalisme québécois » (Gervais, 1999 : 145). La problématique de la survivance est contestée par les partisans du néo-nationalisme et le débat sur la pensée nationaliste, qui agite les milieux intellectuels, puis institutionnels, permet d'observer la création d'un Autre : le francophone hors Québec. Pour sa part, Gratien Allaire ne nie pas les conséquences du néo-nationalisme québécois sur le projet nationaliste canadien-français. Il offre toutefois une interprétation plus nuancée. D'après lui, tenir les néo-nationalistes comme les grands responsables du naufrage du Canada français – pour reprendre les termes de Gervais – signifie qu'on leur attribue « une influence qu'ils n'auront, peut-être, qu'après l'élection du Parti québécois en 1976 ». Allaire rappelle que d'autres facteurs ont provoqué l'éclatement du Canada français, notamment « le changement du rôle de l'Église catholique, ou la réaction des gouvernements provinciaux à une intervention directe du Québec sur son territoire et dans ses domaines de compétence ou l'action du gouvernement fédéral [...] » (Allaire, 1999 : 181, 183).

Allaire rappelle à juste titre que les causes de l'éclatement du Canada français sont nombreuses. En fait, de multiples brisures se sont produites dans les rapports entre les francophonies minoritaires canadiennes et la francophonie québécoise et celles-ci ont favorisé l'émergence de deux solitudes : le Québec d'un côté et les francophonies minoritaires de l'autre. Selon nous, l'expression « deux solitudes » que le romancier Hugh MacLennan a appliquée aux relations entre le Canada anglais et le Canada français pourrait s'appliquer aussi aux relations entre les francophones du Québec et ceux des autres provinces à partir de la fin des années 1960. Dans le sillage de l'article de Dumont (1997), il est possible d'analyser l'éclatement du Canada français en reprenant chacun des volets de la définition utilisée précédemment.

En premier lieu, les Québécois francophones n'émigrent plus en aussi grand nombre après 1930. Dans son explication sur la disparition/mutation du Canada français, Frenette (1998 : 171-172) insiste sur la baisse de l'émigration canadienne-française vers les États-Unis, ce qui signifie, selon lui, que les Canadiens français du Québec ont perdu graduellement contact avec ces communautés francophones nord-américaines. Il en est autrement pour les provinces canadiennes puisque l'émigration se poursuit après 1945. Même si l'émigration interprovinciale des francophones n'est pas très importante au plan quantitatif, certains Canadiens français vont tout de même s'établir ailleurs au Canada, au gré de la conjoncture économique, par exemple à l'occasion du *boom* pétrolier en Alberta au début des années 1980. L'hypothèse de la baisse de contacts entre les Canadiens français, qui s'expliquerait par la diminution de l'émigration et ses conséquences pour l'intérêt à l'égard des francophonies en milieu minoritaire, devrait faire toutefois l'objet d'une recherche plus fouillée.

Par ailleurs, l'imaginaire national et la représentation des groupes francophones dans les avant-postes sont transformés par l'émergence d'un discours sur la disparition du fait français hors des frontières du Québec après la Seconde Guerre mondiale. Les travaux de Richard Arès sur les recensements fédéraux de 1951 et de 1961, publiés dans les années 1960, permettent de semer le doute chez les nationalistes à propos des chances de survie du Canada français et surtout de la vitalité culturelle réelle des avant-postes francophones. Le poids des nombres devient une donnée dite objective qui permet de redessiner les contours du territoire canadien-français (Martel, 2000).

Les progrès de l'assimilation, mis en lumière par Richard Arès, contribuent à tracer le territoire réel de la nation canadienne-française. Or celui-ci coïncide de plus en plus avec les frontières de la province de Québec. Il y a donc rétrécissement du territoire du Canada français.

Dans le domaine de la pensée nationaliste, on observe aussi une évolution qui conduit à une déchirure. La dualité demeure un aspect fondamental dans la représentation des rapports des Canadiens français avec l'Autre, qu'il soit immigrant ou Canadien anglais. Toutefois, la nature de la dualité change avec le temps. Alors qu'à l'époque d'Henri Bourassa, on avait affaire à deux nations culturelles, après 1960, la dualité acquiert en plus une dimension territoriale précise : le Québec devient le territoire auquel s'identifient les francophones du Québec alors que les Canadiens anglais s'identifient au Canada d'un océan à l'autre. Leur Canada inclut le Québec comme on pouvait le lire en 1995 sur les affiches des individus venus proclamer leur attachement au Québec à la veille du référendum sur la souveraineté.

Enfin, il y a également changement dans les stratégies de défense et d'épanouissement de la nation. Le recours à l'État du Québec par les francophones de ce territoire amène une nouvelle dynamique dans les rapports entre le Québec et les francophones du Canada. La stratégie fondée sur l'État reçoit sa consécration lors des assises nationales des États généraux du Canada français tenus à Montréal en 1967. Ce rassemblement, le dernier rassemblement national des Canadiens français, est le symbole même de l'éclatement du Canada français. La brisure survenue alors a été très médiatisée, mais elle marque en fait l'aboutissement d'un processus de transformation accéléré par l'activisme étatique québécois, notamment dans le domaine culturel et celui de la production des symboles, qui avait débuté vers 1960.

Cet activisme étatique québécois entraîne le renouvellement du capital symbolique de la province de Québec et permet l'introduction dans le vocabulaire des termes « État du Québec », « institutions nationales québécoises » et « Québec, centre politique et culturel ». Cette dernière expression se transforme pour aboutir à la définition selon laquelle le Québec est l'une des deux composantes de la dualité canadienne. Ainsi, lorsque le premier ministre Jean Lesage rencontre ses homologues provinciaux, il les entretient à propos du rôle particulier du Québec comme défenseur de la culture canadienne-française au Canada. Pour sa part, le ministre des Affaires culturelles, Georges-Émile Lapalme, définit le Québec comme la métropole des communautés francophones en Amérique et un phare pour ces dernières. Il en serait ainsi, selon lui, en raison du poids démographique du Québec dans la nation canadienne-française et du contrôle de l'État du Québec par la majorité francophone (Martel, 1997).

L'activisme étatique québécois incite à son tour le gouvernement fédéral à actualiser le capital symbolique canadien. Comme le souligne l'étude de Raymond Breton (1986), les querelles avec le Québec surviennent dans un contexte de renouvellement du capital symbolique marqué par l'adoption d'un nouveau drapeau canadien en 1965, puis par l'adoption de la *Loi sur les langues officielles* en 1969 et, en 1971, par l'introduction de la politique sur le multiculturalisme.

Tandis que les francophones du Québec font de leur État provincial un instrument de construction de la nation, les dirigeants du réseau institutionnel francophone en milieu minoritaire font de même avec le gouvernement fédéral, perçu comme un allié objectif dans leur stratégie de reconnaissance du caractère bilingue et biculturel du Canada. On sait qu'ils ont perdu la bataille en ce qui concerne la reconnaissance constitutionnelle du caractère biculturel.

En effet, le premier ministre Pierre Trudeau s'opposait à une reconnaissance officielle des cultures anglaise et française. Après le rapatriement et la modification de la Constitution canadienne en 1982, les dirigeants francophones utilisent les outils juridiques conférés par la *Charte canadienne des droits et libertés* pour obtenir l'égalité d'accès aux écoles de langue française partout au pays, forçant ainsi la main aux gouvernements provinciaux récalcitrants (voir Martel, 1991).

* * *

Le Canada français renvoie à un aspect de l'histoire commune des francophones au Canada et dans une partie de l'Amérique. Il s'est formé au milieu du XIXe siècle et il était porteur d'une identité, il composait un territoire aux frontières plus ou moins déterminées, il avait créé des réseaux institutionnels et construit un projet nationaliste. Il a connu une série de transformations, associées à la Révolution tranquille, qui amènent son éclatement. Cette définition du Canada français peut être contestée comme le démontre la production scientifique récente. Cette dernière a toutefois le mérite de nous inciter à indiquer des pistes de recherche à explorer qui permettront de poursuivre la discussion autour de l'existence et de la signification de l'expression Canada français. D'abord, il serait approprié d'étudier le domaine des réseaux personnels et institutionnels. Comme on le sait, le Canada français a existé bien avant 1960 puisque des organismes ont tenté de lui donner un sens. Par l'étude des réseaux, il sera possible de reconstituer le Canada français, d'identifier ses composantes, de mesurer le dynamisme des échanges, d'établir son évolution et surtout d'aborder un domaine encore négligé par les études, celui des représentations et de l'imaginaire de la nation.

L'étude de Claude Denis a le mérite de donner à penser qu'il y a peut-être plus d'une représentation du Canada français. Il faudrait le vérifier, comme il importerait de déterminer s'il existe plusieurs discours à son sujet et ce, dans des espaces-temps différents. En plus de dégager ces multiples représentations, il conviendrait de s'intéresser aux personnes qui les ont véhiculées ainsi qu'à leurs stratégies de diffusion. La recherche devrait également inclure l'analyse des luttes et des alliances qui se sont produites entre les individus et les groupes dans le but d'occuper l'espace discursif et idéologique. En somme, il serait probablement possible de démontrer l'existence d'une concurrence entre plusieurs visions du Canada français.

L'histoire des médias et des stratégies mises au point par les groupes francophones pour contrer l'assimilation en milieu minoritaire constitue une autre avenue de recherche. Les innovations technologiques – l'arrivée de la presse puis celle de la radio, de la télévision et maintenant d'Internet – ont toujours fait craindre le pire aux dirigeants des francophonies minoritaires. Pourtant, elles ont fini par être des ferments de résistance dans ces collectivités. Il serait pertinent d'explorer et de comparer les réactions des communautés à l'arrivée des nouveaux médias. Est-ce que les réactions ont été défensives ? Quelles stratégies ont été élaborées ? Ont-elles évoluées dans le temps ? Comment s'est effectué la mise en forme des discours qui amènent les communautés ou certaines d'entre elles à se mobiliser et à agir ? En se mobilisant sur des projets de postes de radio et de télévision français, y avait-il une volonté de briser l'isolement géographique des communautés francophones et de raffermir un sentiment d'appartenance au Canada français ou à un espace francophone ?

Une dernière piste de recherche à explorer serait celle fondée sur l'hypothèse d'un Canada français dominé par les gens du Québec. Une étude de la provenance géographique des dirigeants du réseau institutionnel démontrerait peut-être que le fonctionnement des institutions, qui ont contribué à donner un sens au Canada français, a souvent été dominé par des Québécois. Encore là, il faut agir avec prudence puisque les francophones des communautés minoritaires ont joué un rôle déterminant, notamment au sein de l'Ordre de Jacques-Cartier[3]. En dépit de cette mise en garde, il serait pertinent d'analyser le leadership des groupes francophones, tant sur le plan national que sur le plan provincial. Dans ce dernier cas, l'attention devrait porter sur la place des Européens francophones et des francophones « autochtones » ou « de souche », c'est-à-dire ceux et

---

3. Une des causes de la dissolution de cet organisme en 1965 était les querelles entre la direction nationale, dominée par les francophones d'Ottawa, et les représentants montréalais qui n'apprécient guère d'être dirigés par les gens de la capitale nationale.

celles qui habitent l'Ontario ou l'Ouest depuis plus d'une génération. Quelles étaient leurs stratégies d'intégration aux institutions provinciales et nationales qui constituaient les bases de pouvoir dans les communautés francophones ?

Ces questions montrent que nos connaissances sur le Canada français et les rapports entre les francophonies sont encore partielles et conduisent parfois à des généralisations. Tout compte fait, il reste encore bien des aspects à fouiller pour parvenir à une meilleure connaissance du Canada français.

Références

Allaire, Gratien (1999), « Le rapport à l'*autre* : l'évolution de la francophonie de l'Ouest », dans Joseph-Yvon Thériault (dir.), *Francophonies minoritaires au Canada. L'état des lieux*, Moncton, Édition d'Acadie, p. 163-189

Bergeron, Gérard (1967), *Le Canada français après deux siècles de patience*, Paris, Seuil.

Bernard, Roger (1998), *Le Canada français : entre mythe et utopie*, Ottawa, Le Nordir.

Breton, Raymond (1986), « Multiculturalism and Canadian Nation-Building », dans Alan Cairns et Cynthia Williams (dir.), *The Politics of Gender, Ethnicity and Language in Canada*, Toronto, University of Toronto Press, Royal Commission on the Economic Union and Development Prospects for Canada and the Canadian Government Publishing Centre, Supply and Services Canada, p. 27-66.

Conseil de la langue française (1994), *Renforcer la solidarité linguistique avec les communautés francophones et acadiennes du Canada*, Québec, Gouvernement du Québec.

Denis, Claude (1996), « La Patrie et son nom. Essai sur ce que veut dire le "Canada français" », *Francophonies d'Amérique*, 6, p. 185-198.

Dumont, Fernand (1997), « Essor et déclin du Canada français », *Recherches sociographiques*, 38, 3, p. 419-467.

Frenette, Yves, et Martin Pâquet (coll.) (1998), *Brève histoire des Canadiens français*, Montréal, Boréal.

Gervais, Gaétan (1999), « L'histoire de l'Ontario français (1610-1997) », dans Joseph Yvon Thérault (dir.), *Francophonies minoritaires au Canada. L'état des lieux*, Moncton, Édition d'Acadie, p. 143-161.

Hughes, Everett Cherrington (1943), *French Canada in Transition*, Toronto, Gage.

Lalonde, André (1983), « Les Canadiens français de l'Ouest : espoirs, tragédies, incertitude », dans Dean R. Louder et Eric Waddell (dir.), *Du continent perdu à l'archipel retrouvé. Le Québec et l'Amérique française*, Québec, PUL, p. 81-95.

Marcil, Jeffrey (1998), « "Les nôtres". Franco-Américains, Canadiens français hors-Québec et Acadiens dans la grande presse montréalaise de langue française, 1905-1906 », Mémoire de maîtrise, Université d'Ottawa.

Martel, Angéline (1991), *Les droits scolaires des minorités de langue officielle au Canada : de l'instruction à la gestion*, Ottawa, Bureau du Commissaire aux langues officielles.

Martel, Marcel (1997), *Le Deuil d'un pays imaginé. Rêves, luttes et déroutes du Canada français. Les rapports entre le Québec et la francophonie canadienne, 1867-1975*, Ottawa, Les Presses de l'Université d'Ottawa.

Martel, Marcel (2000), « "Hors du Québec, point de salut !" Francophone Minorities and Quebec Nationalism, 1945-1969 », dans Michael D. Behiels et Marcel Martel (dir.), *Nation, Ideas, Identities. Essays in Honour of Ramsay Cook*, Don Mills (ON), Oxford University Press, p. 130-140.

Painchaud, Robert (1986), *Un rêve français dans le peuplement de la Prairie*, Saint-Boniface, Éditions des Plaines.

Reicher, Stephen, et Nick Hopkins (2001), *Self and Nation : Categorization, Contestation and Mobilization*, Londres, Sage.

Rioux, Marcel, et Yves Martin (1971), *La société canadienne-française : études choisies et présentées par Marcel Rioux et Yves Martin*, Montréal, Hurtubise.

Roby, Yves (1990), *Les Franco-Américains de la Nouvelle-Angleterre, 1776-1930*, Sillery, Septentrion.

Roby, Yves (2000), *Les Franco-Américains de la Nouvelle-Angleterre. Rêves et réalités*, Sillery, Septentrion.

Oublier Évangéline

Herménégilde Chiasson
Moncton, Nouveau-Brunswick

François Paré, un des critiques littéraires les plus perspicaces et les plus engagés de sa génération, a dit dans le film de Jean-Marc Ladouceur, *Le dernier des Franco-Ontariens*, que l'Acadie était écrasée par le poids de son passé alors que l'Ontario français l'était par le poids de son devenir. Cette réflexion me vient souvent à l'esprit en pensant à la formation et à la mutation de notre imaginaire. Comment arrimer un imaginaire solide et vertical de 400 ans aux bouleversements de l'époque contemporaine? Comment l'Acadie en est-elle arrivée à se momifier ou, pour reprendre une dimension futuriste du même phénomène, à se cryogéner durant aussi longtemps? La métaphore qui me vient à l'esprit serait celle des pays qui arrivent à fermer leurs frontières et qui, de cette manière, pouvaient autrefois établir un contrôle sur la circulation des personnes et des idées. La stratégie pouvait fonctionner, mais depuis la découverte des ondes hertziennes ce combat rétrograde a perdu l'efficacité qu'il croyait avoir.

L'imaginaire acadien, comme tant d'autres phénomènes culturels, prend son origine profonde dans la Déportation de 1755. Jean-Paul Hautecœur, dans son livre *L'Acadie du discours*, affirme qu'il s'agit là de l'an 1 du peuple acadien, celui qui le fonde dans le martyr et qui imprime dans son imaginaire un comportement qui le marque depuis. À partir de cette date fatidique, l'Acadie disparaît des manifestations matérielles et géographiques, le nom se renfloue dans une sorte de vénération religieuse et, pour plus de 100 ans, il se produit une errance dont nous ne savons rien ou presque. Sans institution, sans protection et sans scolarisation, il ne nous est resté que la mémoire pour renflouer des souvenirs dont la douleur était impensable. Comme toutes les collectivités déportées nous avons fait de la première Acadie, celle d'avant la Déportation, une terre de rêves perdue à jamais. Cette idéologie est perceptible dans les complaintes que nous avons composées sur le mode mineur et qui ressemblent fort aux blues des Noirs américains ou aux *cantors* des Juifs de la diaspora. L'inconsolable mélopée du paradis perdu.

Comme tous les peuples dépossédés, notre haine est grande, mais elle ne pouvait s'exprimer devant un ennemi qui veillait à ce que les choses restent au beau fixe, que tout se passe selon un plan qui nous maintenait, qui nous maintient encore, dans l'indigence. La seule solution restait la ruse, soit se maintenir sur le territoire et gagner du terrain à l'insu des occupants. Cette situation va durer, en fait elle dure toujours, et nous gardons en nous, dans notre inconscient collectif, le souvenir des luttes qui surgissent comme des slogans chaque fois que cette image de la Déportation refait surface. Au fil du temps nous avons gagné certains droits, fruits d'une tolérance de bon aloi, qui sont en fait des rectificatifs historiques tandis que notre présence restera longtemps problématique.

Avec le temps s'est installé une grande amnésie et j'ai parfois l'impression que nous poursuivons certains comportements par le simple fait que nous obéissons à un programme qui serait beaucoup plus d'ordre génétique que culturel. Nous avons perdu la trace de 100 ans d'histoire et dans cette période circulent les plus grands mythes et les plus grandes erreurs de cet imaginaire qui a fait de nous des martyrs et des perdants. Au nombre de ces facteurs on retrouve le fait que personne n'ait tenu compte de cette chronique ou, pire, que personne n'ait pris sur lui de nous en faire le récit, si approximatif qu'il puisse être. Il n'existe pas encore à ce jour d'histoire de l'Acadie, sauf ces efforts de propagande qui décrivent la perfidie de l'Angleterre face à la victime sans tache que nous étions. Nous ne saurons pas qu'il n'y a jamais eu d'Acte de reddition de l'Acadie et que l'Acte de la Déportation est toujours en vigueur, que nous nous sommes battus jusqu'à la fin, que la dernière fois où les canons français ont tiré en Amérique du Nord ce fut sur la rivière Restigouche et que Beausoleil Broussard, qui avait son repaire sur la Miramichi, s'est rendu jusqu'en Louisiane poursuivre un combat qu'il ne voulait pas interrompre.

Cette Acadie combative nous l'avons perdue au contact d'une œuvre littéraire de fiction qui marquera notre imaginaire autrement que notre histoire. Le poème *Évangéline* de l'Américain Henry Wadsworth Longfellow deviendra la référence historique dont l'Église avait besoin pour son œuvre de propagande et confirmer l'efficacité de son slogan, foi et culture. Notre histoire devint une fiction. Dans cette œuvre nous sommes les vaincus nobles et sans défense qui montent dans les bateaux en chantant des cantiques. Il fallait que nous soyons ces victimes pour permettre à l'Église de peindre un portrait noir et terrifiant de l'anglophonie dont la connaissance, la fréquentation ou l'amitié menait droit à la conversion protestante et à la perte de notre âme bien unique et suprême dont la religion catholique se chargeait en exclusivité. Voilà pour la mémoire, voilà pour l'histoire.

Cet imaginaire traditionnel, il s'est construit autour de l'Église et il sera alimenté, confirmé et diffusé par l'intelligentsia acadienne qui se développera autour des collèges classiques et notamment du Collège Saint-Joseph de Memramcook, là où aura lieu la célèbre convention de 1881, celle qui institue la nation acadienne. On sait que ce rassemblement sera un peu la suite ou plutôt la réaction des Acadiens à une réunion de la Société Saint-Jean-Baptiste où ils avaient été invités quelques années plus tôt pour choisir le 24 juin comme jour de fête nationale pour tous les Canadiens français. À Memramcook ils entérinèrent le 15 août, fête de Notre-Dame de l'Assomption, comme jour de leur fête nationale et se donnèrent l'*Ave Marie Stella* comme hymne de rassemblement. Plus tard, en 1884, à la Convention de Miscouche à l'Île-du-Prince-Édouard, ils se donnèrent un drapeau, le bleu blanc rouge des républicains français avec l'étoile jaune dans le bleu.

Ces symboles sont devenus les marques affirmatives d'une identité sur laquelle plusieurs ont fondé leur appartenance et leur dignité. Dans bien des endroits il s'agit de produire ces symboles en public pour se donner une fierté, un nationalisme assez ambigu puisqu'il s'agit souvent de manifester au grand jour une identité parfois nébuleuse ou souterraine qui, dans une poussée émotive, souvent soudaine et incontrôlable, ressemble aux confessions publiques d'autrefois. Ce qui est assez tragique et déplorable c'est que ces étalages d'identité ne correspondent souvent à rien d'autre qu'à une sorte de surenchère, une sorte de valeur ajoutée. On est fier de sa descendance, on est fier de ce que l'on a été, du courage de ses ancêtres, de leur ténacité, mais sans mesurer que nous sommes le prolongement de ces gens-là et que notre combat est continuel. Lorsque le temps viendra de passer à l'action on se rendra compte, dans la majeure partie des cas, que l'affirmation culturelle, politique ou économique se réduisait souvent à un auto-collant sur un pare-chocs, une épinglette sur un veston ou un maquillage de 15 août en forme de drapeau acadien.

Il y a désormais certains rituels auxquels il faut circonvenir si l'on veut faire partie de la grande famille acadienne. Au nombre de ceux-là, on retrouve le tintamarre du 15 août. À 18 heures, en ce jour fatidique, les Acadiens descendent dans la rue et font le maximum de bruit pour montrer qu'ils sont vivants. Puis, vers les 19 heures, 19 heures 30 ils remballent leurs chaudrons et leurs cuillères et font autre chose. Dans les villes à majorité anglophone, on accorde une dispense de descendre dans la rue et l'on peut « tintamariser » en demeurant dans sa voiture, le rituel s'accomplissant quand même grâce au klaxon du véhicule. Cette coutume a été inventée dans les années 1970 par un directeur de la Société des Acadiens du Nouveau-Brunswick qui avait dû frapper une corde sensible puisque la coutume constitue désormais une sorte d'indice de la fierté acadienne. À Caraquet par exemple, ville de 5 000 habitants, on a dénombré lors du dernier tintamarre 25 000 Acadiens qui sont descendus dans la rue principale. Par déformation on a fait de cet événement une tradition et les gens sont déçus de ne pas lui trouver un fondement historique, mais ça viendra de la même manière qu'on s'évertue à trouver une descendance acadienne à ceux qui n'en ont pas. Après tout, on a bien découvert que Jean Béliveau et Maurice Richard étaient de descendance acadienne, ce qui a fait dire à un esprit mal intentionné, lorsque l'Université de Moncton a remis un doctorat honorifique à Boutros Boutros Ghali durant le Congrès mondial acadien de 1994, que son vrai nom était en fait Boudreau Boudreau Gallant.

Cette identité de surface qui se traduit par un imaginaire à peine plus profond correspond sans doute à une nouvelle dimension de l'Acadie : la dimension économique, la rentabilisation d'une culture. Lorsqu'on a annoncé à Hanoi que Moncton accueillerait le prochain Sommet de la francophonie, celui de 1999, le maire Léopold Belliveau, premier et unique maire acadien de cette ville, dans une entrevue qu'il accordait, se répandit en gratitude en pensant aux innombrables retombées économiques qu'un tel événement allait faire rejaillir sur sa ville. Le fait qu'il s'agissait d'un événement francophone d'envergure internationale ne lui vint même pas à l'esprit et le fait qu'il allait se tenir en Acadie encore moins. Pas étonnant qu'il fallut un débat de fond à l'hôtel de ville pour faire changer trois noms de rue en français dans un Moncton qui, autrement, affiche partout son visage unilingue anglophone. Mais ce n'est pas le seul endroit où l'Acadie devient rentable. Les ministères du Tourisme des trois provinces où les Acadiens sont concentrés s'appliquent à nous faire une publicité sans précédent dont le thème principal finit par être immanquablement notre joie de vivre. L'Acadie du Village acadien et du Pays de la Sagouine fait vendre. Une Acadie du violon qui nous fait penser, comme l'a si bien montré Monique LeBlanc dans son film *Le lien acadien*, que nous n'avons que cette activité là à l'esprit, une sorte de déformation génétique qui nous fait dériver vers cet instrument comme les anguilles vers la mer des Sargasses. Il y a aussi le homard, les plages et l'accent qui se mélangent dans une sorte de fricot dont nous seuls avons gardé la recette et qui constitue une sorte de potion magique qui expliquerait notre résistance ancestrale et notre persécution équivalente.

Cette mythologie qu'on croyait éteinte, elle revit sous une forme nouvelle dans les lubies de certains nationalistes qui voudraient, par exemple, que nous demandions des excuses officielles à la reine d'Angleterre pour les peines et les misères de la Déportation. Oubliant que les excuses n'ont jamais rien changé et qu'il vaut mieux s'appliquer à intervenir dans notre avenir, nous allons encore une fois nous mobiliser pour une cause qui prendra l'avant-scène médiatique et qui, en définitive, ne changera pas grand chose au fait que la ville de Moncton, malgré la notoriété et l'apport financier que nous y contribuons, nous narguera de son uniluguisme et de son arrogance quand viendra le temps de demander du service en français ou d'exiger un affichage qui tienne compte du fait que le tiers de sa population est francophone. Voilà les vrais excuses à demander. Car le front est là dans ce passage entre une Acadie à l'imaginaire pastoral et mythique, l'Acadie d'Évangéline, et une Acadie urbaine où nous devons faire notre place au plus vite. Au rang des autres lubies, il y a celle de la diaspora, celle d'une Acadie à la descendance innombrable et dont plusieurs ne soupçonnent même pas l'existence sous-jacente, sorte de géant endormi qui un jour va se réveiller. Ce gonflement statistique a fait dire au poète Gérald LeBlanc, avec l'ironie grinçante qu'on lui connaît, qu'il y a effectivement un milliard d'Acadiens en Chine mais que le problème vient du fait qu'ils ne le savent pas. Toujours selon lui, l'œuvre de Mao ne serait qu'un vaste système de codage pour leur dire qu'ils sont acadiens et qu'ils doivent le réaliser au plus vite.

Nous avons donc affaire à un imaginaire tenace et coriace qui se maintient par les liens rassurants et la justification profonde qu'il tire de la tradition. Il est donc important que les choses ne changent pas, qu'elles restent au beau fixe. Ceci me fait penser au roman *Maria Chapedelaine*, à l'effet qu'au pays du Québec rien n'a changé. Le changement est donc mauvais, il entraîne des pertes de profit et laisse un goût amer dans la bouche. Le bon vieux temps est encore le seul refuge du bonheur. Au pays d'Évangéline non plus on aimerait bien croire que rien n'a changé. Oui le décor a changé, quelques villes se sont rajoutées, quelques idées ont fait leur chemin jusqu'à nous, mais l'âme acadienne est restée la même, celle qui a fait de nous des Acadiens doux et inoffensifs, victimes d'une terrible malchance historique, mais revenus sur les lieux pour affirmer à la face du monde que nous avons conservé notre joie de vivre.

Cette Acadie de la petite misère et de la grande déprime, elle nous est racontée dans une œuvre qui va nous marquer pour plusieurs années encore et dont il n'est pas de correspondance dans ce que j'appelle la nouvelle littérature acadienne. *La Sagouine*, d'Antonine Maillet, qui paraît en 1974 au Québec, sera reçue sur le territoire comme un antidote à l'*Évangéline* de Longfellow. Une chose est certaine c'est que nous avons eu là l'autre côté des choses. Si Évangéline avait cette évanescence qui en faisait une femme de vent et de sainteté, sorte de victime sacrifiée sur l'autel de l'amour et de la nostalgie, la Sagouine, elle, était on ne peut plus terre-àterre. Femme de ménage qui travaille à genoux et qui voit le monde dans son « siau d'eau sale », la Sagouine va vite devenir le symbole controversé de toute une population. En Acadie on la prit d'abord comme une femme du peuple dont les propos amusants enclenchaient un rire rabelaisien mais, ailleurs, elle devint vite un objet de curiosité linguistique et de revendication politique qui fit de son auteur une ambassadrice et une porte-parole dont la renommée vint sceller cette nouvelle vision dont l'Acadie avait hérité malgré elle.

Le fait que la Sagouine sera reconnue à l'extérieur mettra en branle le proverbe qui nous annule et nous exclut vis-à-vis ceux qui sont restés sur les lieux avec nous, à savoir que nul n'est prophète en son pays. Ceux qui restent ont tout à perdre comme ont beau mentir ceux qui viennent de loin. Cet antagonisme explique en partie le rôle controversé que le Québec a joué dans l'établissement de ce nouvel imaginaire. Celui-ci disposant d'un appareil médiatique imposant et intimidant, nous nous sommes alors vus dans la position du Québec vis-à-vis la France lorsqu'elle fait de Denise Bombardier une auteure décorée de la Légion d'honneur et régulièrement reçue à *Bouillon de culture*, balayant ainsi des réputations littéraires telles que celles de Marie-Claire Blais ou de Michel Tremblay. Toutes proportions gardées, nous vivons à l'échelle les mêmes contradictions coloniales que celles du Québec vis-à-vis une France qui ignore sa culture, c'est-à-dire que nous n'avons pas le contrôle sur notre discours. Est-ce que Denys Arcand, Garou, Céline Dion, Gaétan Soucy, Réjean Ducharme, Anne Hébert, Jean-Paul Riopelle, Luc Plamondon ou Felix Leclerc auraient la même réputation ici s'ils n'avaient pas eu un si grand impact en France ? Il est permis d'en douter. D'ailleurs cette attitude me semble être l'indice d'un manque de discernement de notre part et constitue un modèle d'ingérence de l'extérieur puisque, dans notre cas comme dans celui du Québec, nous ne sommes pas en mesure d'imposer une vision souveraine de notre imaginaire et, par conséquent, de notre identité. Nous n'en avons pas les moyens ou notre insécurité fait en sorte que nous fonctionnons encore sous le couvert de la dépendance et d'une complexité dont nous percevons mal les enjeux et les nuances.

Au fil des ans nous avons donc assisté à la fabrication de deux Acadies, l'une de l'extérieur avec l'aide et la contribution d'Acadiens en exil et une autre de l'intérieur qui tente de mettre en place des mécanismes pour assurer sa continuité et son projet de société. L'Acadie de l'extérieur, celle de la diaspora, a établi des alliances fortes et des appuis conséquents au Québec et en France pour propager et maintenir cette notion d'une Acadie mythique, une Acadie de la droite, un peu duplessiste et pétainiste où le mythe de notre pureté et de notre persécution ancestrales ont fait de nous des entités fragiles et menacées, bref des gens à sauver.

Il serait intéressant de se pencher ici sur le mythe qui est mis de l'avant, car chacun sait que la force du mythe c'est sa propension à la réduction et à la schématisation des histoires bourrées de nuances et de complexités. Quel est donc le mythe de l'Acadie ? Si nous nous basons sur les écrits de la plus célèbre auteure de la littérature acadienne, Antonine Maillet, il offre une variation moderne, ce qui supposerait qu'il y a eu évolution, mais en fait il s'agit de modestes aménagements qui nous ramènent en toute fin d'analyse à la même perception. En voici une version approximative, qui serait la mienne, rajoutant ainsi ma voix à une pléiade de visions, dont aucune ne semble correspondre à la réalité. Les Acadiens, peuple paisible et sans défense, courageux et entreprenant, furent saisis par les Anglais mécréants et placés sur des bateaux pour être dispersés aux quatre vents. Dans la logique des contes de fées qui tournent mal, ils auraient dû revenir pour couper la tête du géant qui avait brûlé leurs maisons et mangé leurs enfants mais, revirement soudain de la situation, ils revinrent pour vivre en paix avec lui et regagner leurs droits, avoir de nombreux enfants et vivre heureux dans leurs terres enfin retrouvées. C'est la version qui m'apparaît la plus officielle, la *politically correct*, celle qui plaît à tous les gouvernements, bailleurs de fonds, groupes d'âges et autres sympathisants de cette tragédie transformée en joie de vivre. Il y a, c'est certain, des variations innombrables à cette histoire. Deux des plus célèbres, dépendant de l'endroit d'où l'on regarde la scène se dérouler, sont qu'ils revinrent pour être humiliés et bafoués dans leurs droits, ce qui les condamna à la lutte éternelle, une sorte de damnation éternelle comme en fait état l'*Évangile*; l'autre version c'est qu'ils sont indestructibles, ils sont immortels, par une sorte de négation de la réalité, un peu comme ces gens atteints d'une maladie incurable et qui refusent d'affronter leur condition.

Personne ne fait ici mention de la lutte des Acadiens, de leur sens de l'anarchie, de leur courage aussi, car la Nouvelle-Acadie est en fait le fruit de fuyards qui ont refusé le sort qui leur était fait et qui sont restés sur place pour poursuivre le combat avec leurs alliés, les Micmacs, autres grands oubliés de ce panorama où la pureté occupe une place prédominante. Personne non plus pour mentionner qu'entre la conquête de 1713 et la déportation de 1755, l'Acadie connaîtra enfin une période de stabilité et une prospérité matérielle comme jamais auparavant, qu'elle a alors bénéficié d'un corps électoral et que la population atteignit les 16 000 âmes, soit le double ou presque de ce qu'elle était au début du XVIIIe siècle. Personne non plus pour mentionner que la religion, à travers le haut clergé de Québec, exerce alors une pression énorme pour que les Acadiens ne signent pas le serment d'allégeance, qu'ils signeront malgré tout, mais trop tard et en voulant y inclure une sous-clause qui les exempterait de prendre les armes contre les autres Français du continent. Personne non plus, tout occupés que nous sommes à proclamer le mythe d'une Acadie militante et sans reproches, pour tirer une leçon de tout ceci et voir que, politiquement parlant, l'Histoire se répète. Remplacez la religion par la langue et vous aurez alors un portrait assez actuel et exact de notre position malaisée vis-à-vis le gouvernement fédéral et le gouvernement québécois. Bien sûr nous devrions choisir et nous engager mais, comme au XVIIIe siècle, nous avons décidé de rester neutres. Francophones à Ottawa et Acadiens à Québec. Pourvu que ça dure, comme disait la mère de Napoléon.

Une chose demeure saisissante dans cette mutation des identités, c'est le fait que notre imaginaire a été alimenté par la littérature et non par l'histoire. Le Québec non plus ne fait pas exception. Je pense ici au film très percutant de Jacques Godbout, *Le sort de l'Amérique*, à propos de la bataille des Plaines d'Abraham, film dans lequel lui, le documentariste, l'historien Godbout, cherchant son chemin dans les dédales de l'histoire, se confronte à René-Daniel Dubois, le scénariste, l'écrivain qui veut produire une fiction sur le même sujet. À signaler, en passant, la très belle séquence au ministère de l'Éducation où, à la recherche des responsables des programmes d'histoire, il se fait dire qu'il n'y en a pas. J'ai moi-même eu à faire ce choix dans le film *Les années noires* à propos de la Déportation autour de laquelle il n'y a ni iconographie, ni complaintes, ni légendes ayant traversé la mémoire orale. Comme tous ceux qui ont survécu à un trauma affectif de grande échelle nous avons décidé de résoudre notre dilemme dans la schizophrénie qui départage constamment nos émotions de nos raisons.

Notre histoire nous échappe au profit des histoires, nombreuses et foisonnantes, auxquelles elle a donné naissance à la fois dans la mémoire populaire et dans les ouvrages littéraires. La production cinématographique et médiatique acadienne des dernières années est obsédée par cette révision du passé. Ce qui nous ramène à cet écrasement dont parlait François Paré. Qu'on soit pour ou contre, qu'on aille dans le courant où qu'on veuille le faire dévier par un acte d'autodérision, il revient toujours nous hanter comme un fantôme familier et agaçant. Le fait aussi qu'on nous le ramène sans cesse à l'esprit n'a sûrement pas contribué à l'évacuer de notre imaginaire. Nous sommes la résultante d'une histoire que nous ne connaissons pas et nous sommes la fiction d'une littérature que nous ne pouvons admettre. S'ajoute à ceci le fait qu'il n'y a pas d'histoire d'Acadie, du moins pas de version sur laquelle nous pourrions être plus ou moins d'accord et qui formerait une sorte de base permettant de distancer nos mythes en les comparant aux situations réelles dont nous sommes aujourd'hui le prolongement.

Cette situation a entraîné des retombées désastreuses sur le plan de la culture qui, malgré certains aménagements importants, dus, notamment, à la contribution majeure de l'Université de Moncton, se trouve aujourd'hui coincée entre le mythe et l'amnésie. Le mythe a ceci de confortable qu'il nous permet d'expliquer l'univers en le renvoyant dans une poésie élémentaire et tolérable, mais l'amnésie comporte une dimension pénible, souffrante, celle de ne plus avoir d'histoire ou d'identité, de ne plus avoir de passé. C'est le rêve et le drame de plusieurs. Pour ceux qui en sont atteints, il existe une panacée qui fait des merveilles, c'est le folklore, un monde où le mythe se voit de nos jours banalisé, remplacé par la littérature orale et réduit à sa dimension de divertissement et de conte pour enfants. C'est actuellement le cas alors que les jeunes

Acadiens voient leur histoire comme une extension du folklore et leur réalité comme l'américanité anglophone avec laquelle ils apprennent à composer pour donner un sens à leur mémoire, à leur présence et à leur destin. Je me demande souvent comment nous en sommes arrivés là, comment il se fait que nous n'avons pas su les rejoindre avant cette rupture où leur culture leur est devenue aliénante et leur imaginaire alimenté à l'étranger.

Je me dis que l'une des raisons tient sans doute au fait que nous n'avons pas eu les moyens d'imposer cette culture, qu'ils nous ont été enlevés par un appareil qui voyait dans la perpétuation du mythe une avenue plus confortable et assurément plus rentable à son projet politique. Vous comprendrez que je viens de mentionner le Québec qui n'a jamais su écouter ce que nous avions à dire autrement que dans notre cri transformé en signal d'alarme. Nous étions la preuve vivante de ce qu'il ne fallait pas faire, de ce qu'il fallait cesser de faire et de ce qu'il fallait perpétuer. Mieux valait à ce moment là se rabattre sur le mythe et s'endormir en attendant la fin dans les échos de Longfellow, l'errance d'Évangéline, l'accent si chantant du sud et le désespoir grinçant de la Sagouine. C'est un discours que j'entends depuis des années. La francophonie canadienne va mourir. L'Acadie et l'Ontario vivront un peu plus longtemps, mais éventuellement eux aussi disparaîtront dans la logique des chiffres, la prophétie des chiffres, la science des chiffres. Vaudreuil le dira aux Acadiens qui lui demandaient des armes pour poursuivre la lutte en 1758, mieux valait pour eux se déporter au Québec pour la dernière bataille. Ce qu'une grande partie d'entre eux firent, ce qui n'empêcha pas la dernière bataille de se perdre en 1763. Dans les manuels de stratégie militaire, on dit que l'ennemi est le plus faible lorsqu'il devient repérable. C'est ce qui s'est produit sur les Plaines d'Abraham, une bataille qui n'a duré qu'une quinzaine de minutes et une reddition qui fut signée presque sur-le-champ. C'est un fait que nous de la francophonie canadienne sommes au front. Le jour où le front s'écroulera et où le Québec apparaîtra bien en vue avec ses sept millions de francophones noyés dans une mer anglophone, nous nous retrouverons à New York, comme l'avait dit Denys Arcand dans une entrevue qu'il accordait à la fin des années 1960 à Robert Guy Scully, et nous nous dirons : « *Wasn't that a great time we had in*

Montreal. » Vous m'excuserez de ces propos quelque peu cyniques qui m'éloignent du sujet des imaginaires en mutation sur lequel je m'étais pourtant maintenu sans trop de déraillement jusqu'ici, mais vous comprendrez que ma colère s'exerce autant vis-à-vis ceux qui ont fermé les yeux, c'est-à-dire l'élite acadienne, que ceux ailleurs qui ont rédigé les contrats que cette même élite a signés.

Je m'en voudrais de terminer sans avoir parlé de cette Acadie que l'on entend peu et qui s'exprime à travers la voix de ses artistes, car c'est un fait que toute révolution est d'abord culturelle avant d'être politique ou économique. Entre la Révolution tranquille et le *Refus global* permettez-moi de préférer le second, car il a enclenché dans le Québec carcéral des années 1940 des mutations en profondeur. L'art est un discours généreux, sans doute le plus généreux de tous, qui s'adresse à l'imaginaire, à l'émotion et qui, dans le meilleur des cas, transforme notre vision du monde. En ce sens je crois que les artistes ont pour mission de formuler des questions, de mettre au monde des utopies, de fabriquer des rêves et de sauver le monde, non pas dans son sens religieux d'un enfer à éviter, mais en le transmettant aux générations qui suivent pour qu'elles puissent se faire une idée de nos doutes, de nos rêves et de nos actions. Je crois que l'art établit des lignes de communication qui ont le mérite de rester ouvertes même et surtout quand les autres avenues se referment sur elles-mêmes. La faiblesse de l'art c'est son manque de stratégie et le peu d'intérêt qu'il génère à une époque où la cote d'écoute alliée à celle de la bourse est devenue la loi qui balise notre vécu. « L'inconscient du Québec est à Saint-Jean-de-Dieu », pour reprendre la formule lapidaire de Denis Vanier. Je me suis souvent demandé où était le nôtre. Les jours où il pleut je me dis qu'il est dans la mémoire de notre silence, recroquevillé comme la mémoire du peuple noir, son surplus d'âme qui un jour reprendra sa place lorsque le temps aura fait son œuvre, aura effacé les frontières et redessiné d'autres routes.

En 1970, nous étions quelques-uns à croire qu'il était temps pour l'Acadie de se donner une dimension contemporaine. Nous ne nous disions pas Acadiens à l'époque et il nous aura fallu un certain temps avant de nous rendre à l'évidence. Nous avons fini par nous rallier pour des raisons de commodité et d'identité. « Si vous n'êtes pas Acadiens, vous n'êtes rien » comme nous avait dit Jacques Ferron dans une célèbre conférence à l'Université de Moncton. Nous avons donc endossé notre habit de douleur sur celui que nous avions déjà commencé à nous fabriquer, celui constitué d'une fibre synthétique, moderne et résistante d'un discours qui s'opposait à la martyrologie séculaire qui tenait alors, qui tient toujours, lieu de discours. Nous avons essayé de produire un amalgame entre cette fibre moderne et la laine du pays. Le problème identitaire auquel nous allions être confrontés et auquel nous n'avons toujours pas trouvé de résolution consistait à fusionner modernité et Acadie, un peu à la manière de ces édifices que l'on démolit pour ne garder que la façade et reconstruire tout en neuf à l'intérieur. Un livre comme *Acadie Rock*, du poète monctonien Guy Arsenault, donne la mesure des contradictions nombreuses qui surgirent alors de cette entreprise car, comme quelqu'un m'avait fait remarquer, est-ce qu'il n'y aurait pas là contradiction dans les termes ? Modernité et Acadie, avenir et passé, art et folklore, l'enfer d'une dualité insolvable. Où se situait la ligne de réconciliation ou de démarcation ? C'est le dilemme, l'énigme du Sphinx à laquelle ma génération aura tenté de répondre. Il y a lieu d'évaluer la pertinence de cette stratégie.

La scolarisation, l'arrivée des médias de masse, les réformes sociales du gouvernement Robichaud et surtout l'Université de Moncton ont fait en sorte qu'un certain nombre d'institutions se sont mises en place, entreprises de nature culturelle qui, par le simple fait de leur existence, ont forcé une nouvelle perception, un ajustement où l'Acadie s'est retrouvée au milieu d'une effervescence culturelle sans précédent. De nouveaux produits tels que des livres, des pièces de théâtre, des peintures, des films, des émissions de radio et de télévision sont apparus sur le marché et ont mis en commun une volonté de se donner un nouveau visage, de créer une nouvelle communauté et surtout de mettre des idées en circulation. De l'extérieur on s'intéressa alors à la dimension phénoménale de cette production. Comment les Acadiens avaient-ils pu transgresser leurs images de perdants et s'échapper de leur passé pour rejoindre le siècle ? Cette fascination s'estompera rapidement dans le sillage d'un discours qui survalorisera l'Acadie, qui la renverra dans le registre de l'adjectif, comme dirait Barthes. Il nous fallait du théâtre acadien, de la peinture acadienne, de la littérature acadienne, ce qui a donné lieu à des représentations qui souvent ne prenaient en considération que le propos et non la forme comme telle. Dans ce domaine il y a bien eu quelques tentatives pour fusionner ces deux dimensions, mais ces efforts sont souvent restés d'ordre expérimental. Pour ce qui est du renouvellement du discours, on s'est tourné vers l'extérieur en reprenant des idées susceptibles de se greffer ou d'expliquer la réalité acadienne.

Ce qui fait défaut, jusqu'à un certain point, c'est sans doute le fait que cette activité culturelle en appelle à un public qui s'est senti aliéné de cette proposition trop moderne, trop contemporaine et qui s'est alors tourné vers une réactualisation de son héritage culturel, c'est-à-dire le folklore où l'adjectif retrouvait son sens et son propos. Cette dernière proposition a trouvé refuge dans plusieurs projets de la diaspora qui de l'extérieur, du Québec surtout, a créé un vedettariat qui lui permet de nier le territoire et son discours. Être artiste en Acadie nécessite présentement un choix entre renforcer cette perception folklorique rentable ou assumer une dimension plus contemporaine de témoin ou d'éveilleur de conscience.

Il est sans doute impossible à l'heure actuelle de déterminer les écarts qui se sont creusés au cours des années pour augmenter la brèche existante entre modernité et tradition. Cette situation a fait en sorte que les jeunes ont une difficulté énorme à se retrouver dans une culture qui leur propose le passé comme modèle et qui compte sur eux pour qu'il se perpétue à jamais. Il existe par ailleurs chez les jeunes une volonté de poursuivre une affirmation identitaire même si les prémisses et l'aboutissement de ce travail sont de plus en plus flous. Le fait de résister trop longtemps semble avoir mis de l'avant l'idée que la résistance pouvait devenir une fin en soi. Quand on est resté trop longtemps enfermé, il est très difficile de concevoir le vaste monde ou de laisser rentrer des étrangers, car leurs propos risquent de mettre en péril le fragile équilibre qui régit et confine les idées et l'imaginaire de chacun.

Par ailleurs, le fanatisme de certains semble fonctionner sur le fait qu'être acadien suffit et que la culture acadienne va survivre parce que l'Acadie est indestructible, comme l'affirme l'une des intervenantes dans le récent film de Marie-Claire Dugas. Dans le même ordre d'idées, il y a une fatigue et une exaspération à toujours ressasser les mêmes remords et les mêmes craintes. Le conflit nord-sud, entre la Péninsule acadienne, francophone et appauvrie, et la région de Moncton/Saint-Jean, où sont concentrées les infrastructures, est en voie de se résoudre par une sorte de traité informel de tolérance. Moncton est ainsi devenue la ville francophone la plus dynamique de l'Acadie, dirigée par un establishment anglophone qui veille à ce qu'elle garde son identité anglophone. Ce sont là des indices d'ordre sociologique et politique qui ont un impact certain sur l'imaginaire au sens où ils contribuent à créer une nouvelle ou du moins une autre image de l'Acadie. Cette image, elle, s'affirme comme celle d'une culture qui a hérité d'un riche passé, qui a appris à vivre avec les contraintes de la vie moderne, mais qui a su garder une grande discrétion sur ses origines, sa langue ou sa culture. Pour cette société le folklore apparaît encore une fois comme l'image tout indiquée. Il n'y a qu'à regarder les publicités du ministère du Tourisme du Nouveau-Brunswick quand il vend l'Acadie aux visiteurs potentiels. Cette obsédante joie de vivre.

Dans les années 1990, nous avions lancé une offensive pour intervenir dans cette image qui nous réduisait encore plus qu'auparavant au rôle de figurants dans un film muet. Nous avions d'abord ciblé les médias, grands responsables de cet état de fait qui consiste à éliminer le discours pour lui substituer des images inoffensives en surface, mais extrêmement pernicieuses en profondeur. La réplique ne prit pas longtemps à venir pour nous faire savoir que nous jouions à armes inégales, ce qui fait que maintenant il n'y a plus de débats possibles puisqu'il n'y a plus de place publique pour le tenir.

Cette situation a fait en sorte que l'Acadie s'est retrouvée dans un grand désarroi. À l'heure actuelle, dans les médias acadiens, il est assez rare qu'on entende des voix discordantes ou qu'on lise des articles qui comportent une réflexion ou une analyse quelconque sur l'Acadie contemporaine. Par contre, on s'intéresse énormément, par antidote, à des sujets dont la banalité ne risque pas de déranger qui que ce soit. Dans ce nouveau paysage médiatique il y a, c'est certain, le discours politique qui monopolise une bonne moitié sinon les trois quarts de l'espace médiatique et le reste se voit occupé par la lamentation de ceux qui composent avec leur douleur (je sais tout sur presque toutes les maladies possibles) ou de ceux qui nous parlent du bon vieux temps ou des vieux mots acadiens. J'imagine la même situation au Québec et j'anticipe un désastre, mais en Acadie c'est la stratégie que l'on a trouvée pour parler ou écrire sans générer de discours autre que celui d'une attente dont on s'applique à évacuer l'origine et le contexte.

La génération des années 1970 a innové en apportant nombre de controverses et en créant de nouvelles institutions, aujourd'hui fragiles et menacées, et dont certaines ont disparu comme ce fut le cas pour les Éditions d'Acadie en 1999. Le triomphe actuel du traditionalisme qui banalise et marginalise l'Acadie constitue, selon moi, une forme encore plus virulente du phénomène puisqu'elle désamorce toute position politique pour transformer l'espace culturel en lieu d'une pauvreté désolante. Cela ne veut pas dire qu'il ne se fait pas de production artistique pertinente, mais son impact se voit fortement réduit par l'apathie du public, apathie qu'on a en grande partie fabriquée et qu'on entretient jusqu'à un certain point pour ne plus voir dans la culture, et son expression artistique, un témoignage ou une remise en question, mais plutôt un simple divertissement, un bruit de fond qu'on apprend à tolérer.

Notre culture m'apparaît souvent, à bien des égards, comme souterraine et méconnaissable, mais là encore je me dis qu'elle l'a toujours été. Ce qu'on oublie à l'heure actuelle c'est que le folklore a lui aussi jadis fait partie de cette culture et qu'il en a constitué la ligne évolutive et la contribution temporelle ; ce qu'on oublie également et de manière plus tragique c'est que nous en sommes présentement la continuité vivante et le lien avec ceux qui nous suivront. Il est important à l'heure actuelle d'effectuer ce lien en nous bricolant une image d'un point de vue postmoderne, c'est-à-dire où se verraient rassemblés la tradition, par l'emprunt de ses formes connues et éprouvées, et la modernité, par le recours à des contenus plus stimulants et des propos plus élargis. Cette attitude serait plutôt à l'opposé de la stratégie de la modernité qui, jusqu'à présent, a consisté à prendre des formes, des matériaux ou des stratégies actuelles, donc souvent en rupture avec le passé, pour y injecter des contenus traditionnels, ce qui donnait lieu à une vision plutôt aliénante de la réalité ou à y injecter des contenus modernes, ce qui en augmentait l'étrangeté entraînant du même coup une certaine confusion chez le public.

Le sujet proposé, soit celui des imaginaires en mutation, en est un qui permet de nombreuses perceptions et donne ainsi prise à une multitude de pistes qui sont autant d'égarements. C'est, sans doute, dans cette vastitude que se situe l'image en profonde mutation d'une Acadie à la fois mythique et moderne et c'est, sans doute, dans cette image que se profile le désir de faire en sorte que ce portrait-robot devienne un élément important d'une identité qui arrive difficilement à se dégager des contraintes passéistes dans lesquelles elle s'est enfermée il y a longtemps. Cette métaphore de l'enfermement apparaît d'ailleurs dans de nombreuses œuvres littéraires et visuelles acadiennes, enfermement qui est peut-être à l'espace ce que nous essayons d'inscrire par rapport à notre identité, à cette consistance et à ce discours que nous essayons avec acharnement de nous donner.

De la nation à l'identité : la dénationalisation de la représentation politique au Canada français et au Québec

Jacques Beauchemin
Département de sociologie
Université du Québec à Montréal

LA NATION CANADIENNE-FRANÇAISE DANS LE SENTIMENT DE SON UNITÉ

Dans une conférence de 1846 au titre révélateur, « L'Industrie considérée comme moyen de conserver notre nationalité », Étienne Parent s'inquiète de l'avenir de la nation canadienne-française face à la menace que fait peser sur elle « la force dénationalisatrice » que représente une économie contrôlée par la « nationalité rivale » (Falardeau, 1975 : 117). L'économie est aux mains de « l'autre nationalité », alors que le rapport Durham, à l'origine de l'Union, formule explicitement le projet de l'assimilation des Canadiens français. Parent considère alors que la nationalité est menacée et appelle de ses vœux le relèvement intellectuel, social et économique de ses compatriotes.

Le danger de la dénationalisation provient alors de l'extérieur de la communauté canadienne-française. Le Canada de 1840 mettait face à face deux communautés dont la rencontre portait, pour plusieurs, le danger de l'assimilation de la collectivité canadienne-française. C'est ce qu'ont en commun, au-delà de tout ce qui les sépare par ailleurs, les positions respectives de Parent en 1846 et de Maurice Séguin, un siècle plus tard, lorsqu'il soutient sa célèbre thèse selon laquelle deux nations ne peuvent vivre dans un même État sans que fatalement l'une ne domine l'autre (Séguin, 1977 : 9). On connaît la solution que préconisait alors Séguin. Le Québec, croyait-il, ne pourra s'arracher à la domination structurelle dans laquelle il est inscrit depuis la Conquête qu'en réalisant son indépendance politique. De Durham à Séguin en passant par Parent, l'idée s'est imposée selon laquelle la dynamique conflictuelle des communautés nationales du Canada prenait l'allure d'un face-à-face mettant en scène deux communautés distinctes que Parent appelle « nationalités », Durham, « races » et Séguin , « nations ».

La disparition appréhendée de la communauté canadienne-française a été jusqu'à tout récemment interprétée dans le cadre d'une imagerie du corps étranger. L'intégrité de la communauté étant postulée, le danger de sa disparition ne pouvait provenir que des effets dissolvants qu'exerceraient sur elle des volontés affirmationnistes adverses. Une des conséquences d'une telle conception – on y a beaucoup insisté ces dernières années alors que l'histoire et la sociologie ont relu de manière très critique le grand récit collectif canadien-français – consiste évidemment dans une représentation communautariste assez serrée en vertu de laquelle l'appartenance à la communauté canadienne-française a pu se définir comme ethnicisme (Bouchard, 1999 ; Bariteau, 1998).

Cette représentation cède maintenant le pas à une toute autre définition du « nous » collectif québécois en vertu d'une dynamique politique radicalement différente de celle dans laquelle Étienne Parent imaginait le destin national canadien-français. De manière générale, et en anticipant un peu sur notre propos, il est possible de caractériser cette mutation en remarquant que le Canada français est passé d'une définition de lui-même de nation canadienne-française à une autre définition, plus contemporaine, de francophonie. Plus exactement, les communautés francophones, tant au Québec qu'ailleurs au Canada, tendent, suivant des modalités très différentes, à se représenter comme « identité francophone » plutôt que « communauté nationale ». Je voudrais montrer que cette mutation a d'abord touché les collectivités que nous désignons maintenant sous le nom de « francophones hors Québec ». J'essaierai ensuite de montrer que cette mutation affecte désormais les Franco-

Québécois. Cependant, il nous faut tout de suite remarquer que, dans ce dernier cas, cette mutation identitaire s'est effectuée de l'intérieur même de la communauté francophone et, qu'en ce sens, la relative dilution du nationalisme québécois ne résulte pas de menées ourdies contre lui depuis l'extérieur, mais relève d'une dynamique qui lui est pour ainsi dire interne.

Esquissons d'abord l'essentiel de la dynamique politique en vertu de laquelle cette mutation a pu s'effectuer.

DE NATION À IDENTITÉ

La définition de la nation regroupe trois dimensions qui la constituent en tant que singularité institutionnelle et symbolique : une communauté d'histoire, un territoire et un État.

La communauté d'histoire constitue le fondement mémoriel et culturel à partir duquel la communauté se reconnaît une certaine communauté de destin. Le territoire, dont les limites résultent tout autant d'une occupation prolongée que d'aléas politiques à la faveur desquels il a subi de multiples reconfigurations, constitue non seulement le substrat physique de l'existence de la communauté d'histoire, mais aussi, et surtout, il circonscrit l'espace à l'intérieur duquel l'agir en commun peut être sanctionné juridiquement. L'État représente bien sûr le lieu à la fois politique, juridique et symbolique de la souveraineté populaire, laquelle correspond hypothétiquement à la poursuite d'un projet éthicopolitique qui traduit, sur un territoire donné, le vécu collectif national.

Le fait de ne pouvoir réunir, tant institutionnellement que symboliquement, ces trois composantes interdit la réalisation politique de la nation. Le nationalisme (qu'il ne faut pas confondre avec la réalité politique que constitue la nation), en tant qu'idéologie, peut mettre en discours l'une ou l'autre de ces composantes sans qu'il soit nécessaire que toutes les trois soient réunies. Il peut par exemple se construire à partir de la mémoire commune d'un regroupement d'acteurs historiques sans que ces derniers ne se trouvent sur le même territoire ou ne disposent d'un État national comme lieu politique de rassemblement. Il peut aussi n'avoir que la mémoire d'un parcours historique commun et ne pas pouvoir se prolonger dans la nation s'il n'a pas en même temps un territoire d'appartenance ou les moyens politiques de sa reproduction dans l'État et dans les appareils que ce dernier met en place en vue de cette reproduction. À l'inverse, un nationalisme qui occupe un territoire et entrevoit la possibilité de se donner un État capable de fonder politiquement la nation est tout aussi impuissant s'il ne peut se référer à une communauté d'histoire qui fonde moralement le projet d'ériger la nation en communauté politique. Ce dernier cas de figure paraît peu probable par rapport aux multiples exemples qu'offre le premier. Comment en effet le projet de faire nation pourrait-il court-circuiter l'appartenance ou le sentiment d'une singularité historique et viser directement l'institutionnalisation? C'est pourtant, à maints égards, ce que donne à voir le nationalisme québécois contemporain : un projet politique de souveraineté dont les conceptions de l'État et du territoire national sont claires, mais qui est réticent à nommer la communauté d'histoire qui lui donne sens.

Cette réticence à avancer le projet de la nation au nom de la communauté d'histoire – et qui veut inscrire en lui le prolongement de son parcours historique – s'explique dans une large mesure par la profonde mutation de la dynamique politique dont les sociétés contemporaines ont été le théâtre. Il s'agit du passage à la « société des identités » (Castells, 1999). Je ne pourrais rendre compte ici, de manière satisfaisante, des multiples déterminations du règne advenu de « l'identitaire » dans nos sociétés ; toutefois, il m'est possible d'en circonscrire l'essentiel.

Les sociétés contemporaines sont devenues les porte-étendard du pluralisme culturel. Nous savons qu'aujourd'hui la définition du pluralisme déborde la question des relations inter-ethniques et qu'elle s'étend maintenant aux identités et aux sous-cultures. Le fait nouveau ne consiste pas tant dans l'affirmation du pluralisme que dans le fait de sa pleine reconnaissance. En effet, aujourd'hui la société accueille le pluralisme et la diversité de ses expressions comme la trame du tissu social, alors que ce pluralisme avait été tenu à distance dans les formes antérieures de régulation politique (libéral et providentialiste) parce qu'il menaçait un ordre fondé sur un sujet politique unitaire auquel pouvait se référer l'agir politique. La nation a longtemps constitué ce référent.

La montée du pluralisme culturel débouche naturellement sur ce que Charles Taylor a appelé la politique de la différence (Taylor, 1994 ; Gutman, 1994). Potentiellement, cette dernière implique la reconnaissance de tous les particularismes identitaires. L'horizon éthique des sociétés modernes contemporaines est celui de la rencontre de la pluralité sociale, ce qui suppose le relatif effacement de la représentation d'une communauté politique dominée par l'éminente figure d'un sujet politique identifiable à une communauté d'histoire précise. L'évanescence du sujet politique dans les sociétés pluralistes débouche ainsi sur un projet d'inclusion et d'intégration qui serait, *a priori*, insensible aux appartenances et aux ancrages mémoriels. La dynamique politique des sociétés contemporaines, que je qualifie de politicoidentitaires, repose sur une conception égalitariste en vertu de laquelle toutes les revendications fondées sur un droit à la différence sont légitimes et recevables. Cela signifie aussi qu'aucune « prééminence morale » ne sera reconnue aux communautés d'histoire dans une rencontre identitaire conflictuelle.

Passer à une dynamique politique dans laquelle les acteurs sociaux tendent de plus en plus à se regrouper selon un principe identitaire ou, si l'on veut, sur la base d'affinités, a pour effet d'amener les nationalismes à se redéfinir dans des termes propres à l'identité. Il importe de mesurer les effets profonds de cette redéfinition de la communauté politique parce qu'elle implique une ouverture sans condition à ceux qui, pour un motif ou un autre, choisissent de s'affilier. Si la nation évoque l'appartenance, on peut dire de l'identité qu'elle suppose plutôt l'adhésion. Si la nation implique une certaine permanence du rapport à soi, l'identité, au contraire, suppose un libre choix basé sur des affinités réciproques. L'acteur social peut alors se définir comme Québécois, mais accorder une importance plus grande à son appartenance à « l'identité » jeune ou femme ou encore montréalaise par exemple. La dynamique politique nouvelle, qui fait en sorte que la communauté politique contemporaine rassemble des regroupements très disparates d'acteurs, suppose, à son tour, l'égalité de principe de toutes allégeances identitaires. Dans la mesure où elles se situent les unes par rapport aux autres sur le plan horizontal, on ne saurait hiérarchiser les préférences d'affinité que dessine une régulation sociale orientée par le seul impératif du respect des droits fondamentaux qui accordent, à chaque individu, la liberté d'adhérer à telle où telle conviction, de défendre telle ou telle cause associée à une problématique identitaire et qui le protègent de toute discrimination qui résulterait de son appartenance à un groupe en particulier.

L'égalitarisme, qui caractérise la société des identités, invite à la tolérance et au respect du pluralisme de la société. Or, c'est précisément dans ce contexte que, d'une part, les revendications communautaristes, qui se réclament d'une mémoire ou d'une singularité historique, sont discréditées et que, d'autre part, le nationalisme tend à élaborer un nouveau discours en tenant compte des multiples identités. Ce n'est pas du tout un hasard que le vœu, partout réitéré, d'un rajeunissement du discours nationaliste s'accompagne d'une ouverture à la diversité et à une certaine mise à distance de la référence à un Canada français. Le nouveau discours présente la nation comme un rassemblement de diverses identités au sein d'une seule communauté politique québécoise. Une telle convivialité identitaire tolère mal l'idée de la prééminence d'une identité sur une autre. Sur quelle base, en effet, pourrait-on faire valoir le privilège dont se réclamerait une revendication identitaire particulière dans la mesure où la dynamique dans laquelle elle surgit est elle-même fondée sur un principe d'égalité de tous les protagonistes? Paradoxalement, l'égalitarisme a comme effet d'interdire l'évaluation éthique des revendications issues de la rencontre des identités, car le respect des droits fondamentaux constitue l'horizon éthique indépassable de cette dynamique politique. L'assujettissement du politique au droit radicalise le projet d'égalité citoyenne qui est lui-même le fondement de l'idéal politique de la modernité. En ce sens, on peut voir dans le passage à l'identité, et dans celle de son corollaire d'égalité citoyenne, la réalisation achevée de cet idéal. Il n'est pas utile pour mon propos de souligner les aspects évidemment positifs du respect des droits fondamentaux mais, du point de vue de la représentation nationaliste, il importe de mettre en lumière une autre conséquence de cette transformation du politique. Il s'agit du renoncement à la revendication communautariste qu'implique la redéfinition de la communauté politique dans laquelle s'érigent des identités qui aspirent à la reconnaissance dans la perspective de l'égalité citoyenne que promeuvent et protègent les chartes de droits. Ce renoncement s'explique par le discrédit qui pèse sur toute revendication à portée communautariste au nom du particularisme qu'alimenterait cette position communautariste.

Dans le Québec contemporain, la dénationalisation dont parlait Parent au sujet du monde canadien-français du XIXe siècle n'est pas le fait d'une puissance dont l'*imperium* se manifesterait de l'extérieur, mais plutôt le résultat d'une marginalisation volontaire du « nous » collectif canadien-français auquel il est de plus en plus difficile d'associer des revendications dont la légitimité ne se réclamerait que d'une histoire qui est forcément singulière et, donc, qui exclue. Invoquer la mémoire ou l'histoire serait tourner le dos à l'idéal égalitariste sous lequel se rencontrent des identités dont les prétentions à la reconnaissance ne s'appuient sur rien d'autre que le principe éthique de « l'égale dignité » (Taylor, 1994) et sur la règle de l'égalité citoyenne.

Si l'analyse qui précède est juste, cela implique qu'au fur et à mesure que les francophones hors Québec et que les Franco-Québécois se voient retirer – ou encore renoncent à – certains attributs d'une définition nationaliste d'eux-mêmes, ils n'ont pour ainsi dire d'autre choix que de se redécouvrir en tant qu'identités. Dans les deux cas, c'est une érosion de la représentation nationaliste de la communauté. Pour ce qui est de la question nationale québécoise, l'effacement d'un sujet politique trop clairement associé à une communauté d'histoire et d'appartenance soulève un problème qui préoccupe actuellement presque toute la pensée politique portant sur la question du Québec (Venne, 2000 ; Maclure, 2000). Il s'agit pour l'essentiel de réconcilier le projet communautariste porté principalement par les Franco-Québécois et les demandes de reconnaissance identitaire de ceux qui non seulement ne s'associent pas à ce projet communautariste, mais aussi qui n'en reconnaissent pas la légitimité. Actuellement, tous les efforts visent la réconciliation de ce qui semble s'opposer : une volonté communautariste de reconnaissance politique et le respect intégral des droits fondamentaux dans la perspective du pluralisme. Au-delà de leur diversité, ces tentatives ont en commun un projet d'édulcoration de la mémoire canadienne-française chez les Franco-Québécois d'aujourd'hui pour lui superposer une nouvelle représentation de la nation où se rencontrent diverses composantes de la société dans une égalité citoyenne propre à la société des identités.

On comprend mieux cette vaste tentative de redéfinition de la nation québécoise en examinant de quelle manière les Canadiens français vivant hors du Québec sont passés d'une définition nationaliste à une autre que ces collectivités désignent comme une identité francophone. Il s'agit de montrer de manière très schématique de quelle façon les francophones hors Québec ont vu se dénationaliser leur représentation d'eux-mêmes à la faveur d'un « putsch » identitaire dont ils ont été victimes quand le Québec des années 1960 politisait son nationalisme et limitait la nation au territoire du Québec.

LES FRANCOPHONES HORS QUÉBEC :
HISTOIRE D'UNE DÉNATIONALISATION IMPOSÉE

Ce sont peut-être les *États généraux du Canada français* de 1967-1969 – fortement traversés par le projet d'indépendance du Québec – qui constituent le moment symbolique du partage des eaux entre Franco-Québécois et francophones hors Québec (États généraux, 1969). Aux assises de 1967, une proposition apparemment anodine de « l'Atelier culturel » concernant les relations entre les Canadiens français du Québec et ceux du reste du Canada souleva un débat qui résume à lui seul le problème. La résolution prévoyait que les Canadiens français du Québec devaient intensifier les relations qu'entretenaient les divers groupes de cette société afin de resserrer le sentiment national. Mais, la proposition formule aussi le projet d'une aide du Québec aux « Canadiens français de l'extérieur du Québec ». Or, la province ne disposait pas des moyens constitutionnels nécessaires pour le faire et il ne pouvait se les donner qu'en réalisant son indépendance. La contradiction que soulève le fait de vouloir réaliser l'indépendance du Québec sans pour autant larguer les Canadiens français vivant à l'extérieur de ses frontières posait alors problème.

René Routhier, délégué de la Saskatchewan, déclare : « Nous avons la conviction que ces états généraux sont davantage ceux du

Québec que ceux du Canada français » (États généraux, 1969 : 168). Il exprime aussi des réserves quant au « caractère absolu de la plupart des résolutions mises à l'approbation des délégués et qui [...] apparaissent comme l'expression d'une option fondamentale déjà prise » (États généraux, 1969 : 168). Albert Régimbald, délégué de l'Ontario, dépité par l'affirmation québécoise, déclare quant à lui que « les Anglos-canadiens [*sic*] les plus fermés à la réalité française au Canada, n'ont jamais, à aucun moment, de notre vie collective d'outre-frontières, posés de geste aussi cruel que celui que se prépare à poser le séparatisme québécois à l'endroit des minorités françaises [...] Le séparatisme québécois est en train d'étouffer nos derniers espoirs » (États généraux, 1969 : 170). Les délégués provenant de l'extérieur du Québec assistent impuissants à la consolidation du nationalisme québécois dont ils voient très clairement qu'il condamne les collectivités canadiennes-françaises hors Québec à la dénationalisation et recentre le foyer de la nation sur le seul territoire québécois.

Les Canadiens français vivant à l'extérieur du Québec deviendront bientôt des francophones hors Québec. À partir de là, nous parlerons de ces Canadiens français comme des identités francophones dont les intérêts s'articulent maintenant à leur condition de minoritaire au Canada et dont les problèmes sont en lien avec des réalités régionales ou provinciales. Les États généraux révèlent le schisme qui divise dès lors la grande famille canadienne-française : celle des Québécois et celle des francophones hors Québec. Ces derniers se trouvaient alors sans territoire national mais, surtout, ils étaient coupés de la possibilité de se donner un État capable de transformer un sentiment national en réalité politique. Or, l'existence d'un tel territoire national, comme celle d'un État, est nécessaire à la fondation politique de la communauté en tant que nation. Dans cette mutation, ils se voyaient obligés d'élaborer un nouveau discours qui leur donnerait une nouvelle identité. Il ne restait plus à cette composante de la nation canadienne-française que la mémoire propre à une communauté d'histoire. Un seul nationalisme, comme représentation collective, survivra au divorce de ses deux composantes, mais les francophones hors Québec, privés des moyens de l'institutionnalisation politique de la nation, devront y renoncer à jamais.

LE CAS DU QUÉBEC : HISTOIRE D'UNE DÉNATIONALISATION VOLONTAIRE

Nous assistons à la transformation du discours identitaire à la faveur de laquelle la représentation du Québécois en tant que « nation culturelle », pour le dire comme Fernand Dumont (1995b), tend à être celle de l'idéal d'une francophonie nord-américaine (Bouchard, 1999) ou encore une forme de patriotisme constitutionnel (Bariteau, 1998). Or, il me semble que le nouveau discours identitaire dans lequel les Québécois se définissent en termes de francophonie nord-américaine adopte le même processus de dénationalisation que celui des « Canadiens français vivant à l'extérieur du Québec » lorsqu'ils sont devenus des « francophones hors Québec ». D'importants travaux se consacrent actuellement à ce réaménagement de la conscience historique à la faveur duquel l'idée d'appartenance à la nation n'émane plus d'une « philosophie de l'enracinement », mais milite en faveur de l'aplatissement des appartenances culturelles de manière à faciliter la participation politique de tous les citoyens sans exception. Si la notion « d'identité » n'est pas nécessairement au centre de ces travaux, les analyses retiennent toutefois, de l'idéal égalitaire, l'idée d'une horizontalité des rapports sociaux et donc de la disqualification de toute revendication fondée sur la mémoire d'un parcours particulier.

L'analyse qu'a proposée Claude Bariteau exprime ce nouvel *ethos* et peut utilement servir d'exemple. Il préconise une recomposition de l'appartenance nationale en fonction d'une « identité citoyenne » où pourraient se rencontrer les membres de la société sans porter le poids de leur histoire communautaire respective. Depuis la Révolution tranquille et dans le cadre de sa confrontation avec le Canada, le néonationalisme aurait eu tendance à se référer à une définition ethnique du Québec (Bariteau, 1998 : 127). La Révolution tranquille aurait donc accouché d'un projet bicéphale. D'un côté, un néonationalisme qui se porte à la défense d'une ethnie que le Québec des années 1960 découvre exploitée et colonisée ; de l'autre, un néonationalisme qui milite en faveur de l'édification d'une nation démocratique et moderne.

Claude Bariteau déplore le fait que, en dépit d'une ouverture de plus en plus marquée de la société québécoise, on ne cesse, encore aujourd'hui, de la ramener au patrimoine et à l'histoire francophone (Bariteau, 1998 : 128). Le projet souverainiste s'ouvre à la diversité, mais il le fait dans une perspective encore inspirée par le jacobinisme qui prétend que les cultures minoritaires seraient appelées à s'intégrer au grand tout francophone. Assez proche des conceptions de Dumont, ce nationalisme postulerait que la nation québécoise correspond d'abord au collectif francophone auquel devraient progressivement s'intégrer les communautés culturelles. En effet, dans l'optique du nationalisme québécois, « la culture québécoise sera française alors que des droits collectifs seront reconnus aux autochtones et à la minorité anglophone » (Bariteau, 1998 : 136). Si tel était le cas, la nation québécoise demeurerait captive d'une vision communautariste au sein de laquelle ne peuvent se structurer que des rapports inégalitaires.

Un des problèmes que soulève cette conception consiste à éloigner les communautés culturelles du projet francophone auquel elles ne trouvent aucune raison de vouloir s'associer (Bariteau, 1998 : 138). Ainsi, ce n'est pas un hasard si les communautés culturelles s'identifient plus spontanément au Canada où elles se sentent mieux reconnues. En d'autres termes, centrer le nationalisme québécois sur la composante francophone aurait pour effet d'entraver la réussite du projet souverainiste lui-même dans la mesure où cela susciterait chez les non-francophones une certaine suspicion. En somme, Bariteau déplore le fait que la conception promue par la majorité soit celle qui fait du Québec la nation des francophones. Pour sortir de ce cul-de-sac, il faudrait, selon lui, un projet qui réunirait tous les Québécois autour d'une conception civique de la nation. Les souverainistes devraient donc défendre un nationalisme fondé sur une conception de la citoyenneté qui soit étrangère aux appartenances communautaires. Dans un contexte multiculturel et multiethnique, il serait en effet nécessaire de faire taire toutes prétentions relevant d'une culture particulière (Bariteau, 1998 : 156). L'édification d'une nation civique implique la formulation d'une culture politique commune.

Cette thèse emprunte largement aux idées qu'a défendues Habermas sur le « patriotisme constitutionnel » qui pose en son centre la nécessité d'une refondation du politique au sein des sociétés pluralistes dans lesquelles se trouvent dépassés les principes d'appartenances prépolitiques. Elle cherche donc à changer les conditions du débat politique dans les sociétés dont le pluralisme culturel et identitaire est devenu la caractéristique la plus importante. Dans ce type de société, il importerait, selon Habermas, que le débat politique soit délesté des intérêts identitaires dont l'affirmation ne repose que sur des motifs relevant des parcours historiques ou culturels particuliers et, de ce fait, qui ne peuvent être universalisés. En effet, la défense d'intérêts que Habermas qualifie de prépolitiques parce qu'ils sont fermés aux débats qui pourraient invalider leurs prétentions ferait obstacle à la production des orientations normatives de la société accordées à une conception du juste. Dans cette perspective, le seul patriotisme qui soit acceptable est celui que les citoyens devraient vouer à la constitution qui définit leurs droits fondamentaux en plus des règles régissant les débats qui les opposent (Habermas, 1998 : 66-67 ; Dufour, 2001).

La position de Claude Bariteau est exemplaire de la propension à dénationaliser la représentation de la communauté politique québécoise dans la perspective d'une plus grande participation des non-francophones à la refondation identitaire du Québec. Mais ce genre de position me semble déboucher sur une aporie qui consiste dans le fait de vouloir la souveraineté d'une nation dont on aurait préalablement réaménagé la mémoire de manière à minimiser le poids symbolique de la communauté historique qui est précisément à l'origine du projet de la souveraineté. Ainsi, Bariteau prend position en faveur du patriotisme constitutionnel en acceptant le fait que des « effets perturbateurs » en découleront pour « l'identité des Québécois d'origine française » (Bariteau, 1998 : 156). Dans une société qui ne reconnaît aux citoyens qu'un ensemble de droits fondamentaux, ces effets perturbateurs consistent dans le fait que la libre circulation des identités interdit que soient poursuivis des objectifs qui dérogeraient à la neutralité que suppose l'égalité citoyenne.

> Il importe que tous les Québécois s'identifient à la nation politique qu'ils créeront. Plus ils le feront, moins ils penseront à leur « nation » de référence.

Et si tel est le cas, les Québécois d'origine française se sentiront moins en deuil de leur « nation » et plus fiers d'être membres de l'État souverain du Québec (Bariteau, 1998 : 156-157).

Une telle démarche signifie que le désenclavement d'une représentation ethnique passe par la négation des appartenances et soulève au moins des raisons pour lesquelles les Québécois voudraient, dans ce cas, réaliser la souveraineté politique du Québec. Pour se libérer de cette représentation ethnicisante d'eux-mêmes ? Pour sortir de leur condition d'éternels minoritaires ? Pour qu'ils puissent enfin faire leur chemin libérés du poids de leur propre histoire ? Si tel est le projet que poursuit Bariteau, il faudrait convenir du fait qu'est déjà largement réalisée l'inflexion du discours politique à la faveur de laquelle les Québécois ne se représentent plus sous le jour défavorable de « l'ethnie colonisée », de la même manière qu'est aussi largement consommée la rupture avec le nationalisme canadien-français qu'a pu incarner Lionel Groulx. Dans la perspective du patriotisme constitutionnel, un Québec souverain signifierait peut-être la fin des luttes politiques qui traversent le Canada depuis sa fondation mais, en même temps, cette adhésion à une nation expurgée d'une mémoire, que l'on considère ici encombrante, aurait pour effet paradoxal de vider de son contenu la question du nationalisme franco-québécois.

Les visions inspirées du patriotisme constitutionnel et des théories postnationalistes méconnaissent les assises premières des revendications qui sont en causes. Ces dernières consistent dans le prolongement d'une conscience historique québécoise de laquelle n'est évidemment pas absente l'ouverture au nouveau, mais qui est aussi tendue vers le projet d'une certaine reconduction de la tradition, entendue au sens d'une narration au sein de laquelle se trouvent les représentations collectives nécessaires à l'orientation de l'action. Le problème ne consiste pas à s'arracher à sa condition de minoritaire et à la représentation ethnicisante à laquelle elle confinerait les Québécois francophones. Il s'agit plutôt de réinsuffler à la conscience historique le sentiment de son appartenance à l'histoire en même temps que de lui fournir les moyens de la prolonger dans un destin historique que toutes les collectivités du monde se refusent à abandonner à la simple contingence. Si cette volonté de maîtrise du destin collectif est, il est vrai, largement illusoire, cela ne dispense pas aujourd'hui ces mêmes collectivités d'accomplir ce qui leur apparaît constituer leur tâche historique, celle que le « tragique de l'action », comme le dit Ricœur (1990), commande avec les moyens que rend disponibles une certaine situation dans l'histoire.

LES DEUX FORMES DU COMMUNAUTARISME CANADIEN-FRANÇAIS

Les francophones hors Québec ont été expulsés de l'espace politique national québécois et se redéfinissent comme communauté d'histoire et de mémoire. Privés du territoire auquel aurait pu se raccrocher leur sentiment d'appartenance nationale et du soutien d'un État que les Québécois des années 1960 et 1970 allaient transformer en presque État national, il ne leur restait que la mémoire d'une aventure commune. À l'inverse, les Franco-Québécois renoncent pour ainsi dire volontairement à la mémoire et s'érigent comme identité dans le cadre d'un État et d'un territoire. Les Franco-Québécois sont, dans ce nouveau discours identitaire, invités à mettre un peu sous le boisseau la dimension mémorielle associée au parcours canadien-français, mais ils gardent à portée de la main les autres outils essentiels à la représentation nationaliste de la communauté : la référence au territoire et le rapport à l'État qui font toujours partie intégrante du discours nationaliste québécois.

Dans le premier cas, la désignation identitaire des francophones hors Québec se transforme parce qu'il faut fabriquer un sujet politique québécois cohérent correspondant au territoire national à venir. C'est dire que les francophones hors Québec sont victimes d'un putsch identitaire qui tire son origine de l'intérieur même du collectif canadien-français. Dans le deuxième cas, les Québécois voient leur nouvelle désignation identitaire se former en raison de la nécessité d'ouvrir au pluralisme un récit encore trop imprégné de la mémoire canadienne-française, dit-on. Mais, à la différence des minorités francophones hors Québec, c'est par un acte volontaire que les Franco-Québécois refaçonnent leur conscience historique sous la figure de l'identité. Ils paraissent ainsi avoir renoncé à défendre un projet politique se réclamant de la mémoire et de l'histoire qui serait inscrit dans la trame du parcours historique canadien-français.

Un des problèmes que soulève une telle posture réside dans le fait que s'estompent en même temps les arguments moraux favorables au projet d'affirmation nationale. Il s'agit de déterminer si le passage de la nation à l'identité n'a pas pour effet de priver les collectivités en question de certains arguments moraux militant en faveur de leurs revendications. Je ne m'attarderai pas sur cette question. Je voudrais plutôt me pencher sur ce qui me semble plus fondamental encore et qui touche la légitimité même des revendications à portée communautariste. Faut-il préserver quelque chose de la mémoire canadienne-française dans la redéfinition du nationalisme québécois? Si la réponse est affirmative, est-il alors possible de préserver cette mémoire pour que cela soit acceptable dans le cadre de la dynamique politicoidentitaire dans laquelle les volontarismes identitaires s'inscrivent dans une relation d'égalité de principe? Voilà qui soulève la question de savoir de quelle manière pourrait être réhabilitée une visée communautariste qui soit légitime dans la société des identités.

LE POLITIQUE COMME PROLONGEMENT DE LA MÉMOIRE

On ne pourra épuiser la complexité de cette difficile question. Tout au plus pourra-t-on suggérer une direction au parcours que pourrait emprunter une réflexion portant sur la question de la légitimité des revendications communautaristes. Du point de vue de l'épistémologie des sciences humaines, ce problème est le fondement de l'herméneutique moderne parce que celle-ci se donne pour tâche de réconcilier le préjugé et les exigences de validité soulevées par toute entreprise qui a pour but d'objectiver la connaissance. Le décalque de ce problème sur le plan éthicopolitique est celui qui confronte face-à-face une conception libérale de la citoyenneté, en vertu de laquelle la société organise la rencontre d'acteurs individuels « dé-historisés » porteurs de droits et de devoirs, et cette autre, plus subjective, où les intérêts, même lorsqu'ils s'avancent sous les auspices de la revendication citoyenne et du droit, renvoient à une histoire particulière assumée comme telle.

La traduction de cette vaste question sur le plan du débat politique portant sur l'aménagement des différences et du conflit social débouche sur de nouvelles questions, cette fois très concrètes. Ainsi, par exemple, dans le cadre du politique, une proposition doit-elle, pour être valide, transcender tous les intérêts particuliers en présence de telle sorte qu'elle n'en représente aucun ? La revendication politique doit-elle, pour être légitime, renoncer à s'avancer en tant que réalité communautariste et historique ainsi que le postulent les plus récentes approches de la question nationale québécoise ? Est-il possible de soutenir des revendications politiques fondées sur l'appartenance sans devoir les ramener à des caractéristiques identitaires expurgées de leur contenu mémoriel ?

D'une certaine manière, ces questions renvoient à la critique romantique des Lumières qui, comme le montre Gadamer (1996), conteste les prétentions de la raison dans l'histoire et de ce qu'elle conçoit comme son utopique projet de maîtrise du destin historique. Contre cette philosophie de l'histoire, le romantisme soutient l'irréductibilité de l'enracinement culturel. Les sociétés appartiendraient d'abord à leur tradition et ne sauraient prétendre y échapper dans le projet d'une refondation rationnelle qu'en vertu d'une profonde illusion quant à la possible maîtrise du monde. Plus encore, la reprise de la tradition (entendons ici l'interprétation d'un certain parcours historique) est non seulement possible dans le cadre d'une appréhension critique, mais nécessaire à la détermination de l'agir en commun. Dumont aussi invoque la nécessité de la mémoire dans l'orientation du présent et de l'avenir des sociétés (1995a, 1995b). Dans une perspective proche de celle de l'herméneutique des traditions chez Gadamer, Dumont a maintes fois insisté sur le fait que cette mémoire ne constitue pas le legs accumulé d'une histoire, mais une disposition sociale à l'intégration du nouveau et de l'inédit. Dans cette acception, la mémoire constitue un moyen d'appréhension de « l'événement » davantage que le butin sur lequel veillerait à jamais une conscience historique dont le projet ne se limiterait qu'à en assurer la conservation. Comme Gadamer, Dumont montre que le travail de la mémoire est, pour ainsi dire, devenu transparent à lui-même dans la mesure où elle est le fait d'une activité consciente d'élaboration du sens et de projets. Elle est devenue la « conscience historique » et c'est pour cette raison que Dumont plaide en faveur d'une réinvention des traditions dans le politique plutôt qu'en faveur d'une reconduction de la tradition[1].

La thèse de fond de *Vérité et méthode*, que Dumont reprend à sa façon, est que la « conscience de l'influence historique » (Gadamer, 1996 : 401) engendre en même temps la capacité à objectiver l'histoire. La modernité fonde en effet une société vouée à son autoproduction dans le cadre d'une conscience historique réflexive. Nous détenons alors un pouvoir sur l'histoire qui est précisément celui de l'interpréter. La « conscience de l'influence historique » dégage la possibilité d'écrire l'histoire en sachant que nous effectuons à chaque fois une opération sur le sens. Cette conscience fait en sorte que le rapport à l'histoire puisse être investi de choix de nature éthique et politique effectués réflexivement. C'est le propre de la conscience historique que d'articuler, en vue d'une certaine définition de la situation, une lecture du passé susceptible de servir les impératifs du présent et les projets futurs. En d'autres termes, l'acteur social, conscient de son irrécusable appartenance à son histoire, assume aussi la subjectivité de son rapport à cette histoire. Il sait également que peut surgir une discorde portant sur les orientations de la conscience historique dans la mesure où les acteurs avec lesquels il négocie ces orientations sont eux-mêmes partie prenante de cette même dynamique subjective qui les fait se situer dans l'histoire en fonction « d'intérêts ».

Il est donc possible de relier des revendications avec l'histoire, la culture et l'appartenance dans la mesure où chacun connaît la subjectivité de chacun. Un tel processus implique le respect de deux conditions. Premièrement, qu'aucun contenu subjectif en tant que matériau discursif ne soit d'emblée interdit d'accès à la conscience historique sauf si les prétentions qu'il porte ont pour effet d'invalider

---

1. Cette position est présente dans *Raisons communes* et dans *L'avenir de la mémoire*. Je laisse de côté la discussion à la faveur de laquelle il serait légitime de nous demander si « l'hypothèque romantique » n'est pas reconduite dans l'herméneutique dumontienne. Ainsi, la « mémoire d'intention », qu'il conviendrait de débusquer, paraît correspondre d'assez près au parcours historique d'une communauté, celle des Canadiens français.

les conditions nécessaires au débat démocratique, comme dans le cas des totalitarismes. Tous les points de vue peuvent *a priori* se réclamer de la même légitimité dans la mesure où tous se reconnaissent dans leur subjectivité réciproque. Cela est d'autant plus vrai dans les sociétés contemporaines dynamisées par le pouvoir des identités. Les demandes de reconnaissance identitaire qui trouvent habituellement leur légitimité dans les chartes de droits et dans la concurrence qu'elles se livrent dans l'opinion publique peuvent dorénavant viser aussi la reconnaissance mémorielle. C'est ainsi que se multiplient les demandes de réparations de torts historiques et de dédommagements financiers. Il n'est pas rare de voir des gouvernements présenter des excuses à des regroupements d'acteurs ayant été victimes d'injustices dans le passé. Ce rapport nouveau à l'histoire, qui étend rétroactivement les effets politiques de la demande de reconnaissance identitaire, témoigne de la reproduction élargie de la subjectivité historique.

Deuxièmement, cette égalité de principe à l'inclusion d'intérêts subjectifs au sein de la conscience historique soulève l'épineux problème de leur nécessaire arbitrage. Des rapports de forces joueront, toutes les positions ne pourront être tenues en même temps, toutes les lectures ne pourront s'entrecroiser sans que soit menacée l'intégrité du grand récit collectif. Forger une conscience historique et écrire l'histoire sont donc toujours un acte de pouvoir. Les contenus mémoriels qui cherchent à faire leur place dans le récit historique doivent aussi démontrer leur valeur sur plusieurs plans dont la vraisemblance, l'importance et la valeur morale par exemple. Les événements ont-ils vraiment eu lieu? Quel rôle a pu jouer cet événement, ce personnage, cette conjoncture dans l'évolution ultérieure de la situation? La valeur morale de ce qui se propose comme élément de l'histoire collective constitue également un critère de sélection important comme le révèle la « querelle des historiens » en Allemagne autour de l'interprétation du nazisme (Dufour, 2001 : 36-40). Un fait honteux doit-il être esquivé, intégré ou maquillé? Est-ce qu'on doit ériger en symbole que ce qui est digne d'admiration?

De quelle manière est-il possible d'arbitrer ces prétentions à la reconnaissance mémorielle tout en assumant l'égalité de principe des contenus subjectifs portés par les différentes composantes de la société qui veulent investir la conscience historique ? Paul Ricœur propose que, dans une société pluraliste où s'affrontent des positions pourvues chacune d'arguments moraux dignes d'être considérés, ces dernières soient soumises à un jugement moral visant à établir leur légitimité. Il importe alors de définir les règles éthiques en vertu desquelles peuvent être fondées des demandes de reconnaissance à fondement mémoriel dans des sociétés qui cherchent, par ailleurs, à expurger l'idée de toute prééminence morale. Ricœur estime que le « tragique de l'action » fait en sorte que les positions rationnelles du type de celles que propose l'éthique de la discussion habermassienne ou la théorie de la justice rawlsienne ne peuvent pas faire la preuve de leur validité plus que ne le font celles qui se réclament de la tradition. L'éthique de la discussion ignorerait trop facilement le fondement subjectif de l'idée même d'un accord sur les arguments valides de la discussion, alors que les revendications communautaristes ne sauraient se soustraire totalement aux exigences du pluralisme en vertu desquelles elles devraient faire la preuve de leur acceptabilité.

On peut alors avancer, de manière très schématique, qu'une revendication doit être soumise au débat à partir d'arguments qui peuvent être compris et partagés par tous. Nous savons que dans l'esprit de Habermas, une telle position implique que seule la discussion portant sur les conditions en vertu desquelles un argument puisse être validé peut avoir une valeur universelle. Le seul accord sur lequel peut déboucher une société dont le pluralisme constitue la caractéristique la plus lourde porte sur les conditions de la discussion. L'entente à laquelle il serait possible de parvenir, quant à la validité des arguments, ne serait alors possible que si les arguments n'incorporent pas d'intérêts particuliers. Dans cette perspective, le caractère universaliste de la revendication ne repose pas sur telle ou telle conception du « bien » mais sur l'élucidation des arguments grâce à laquelle on pourra parvenir à une entente. Dans le champ politique, on pourra alors prétendre que l'ouverture au pluralisme et l'égalitarisme intégral que suppose cette ouverture constituent en eux-mêmes la forme contemporaine de l'universalisme. Le pluralisme, en tant que principe général gouvernant la régulation des rapports sociaux, implique que toute demande politique soit accueillie sans préjugés. L'universalisme d'un tel principe résiderait dans le fait que la solidarité sociale tient à la volonté de reconnaître à chacun son droit à l'égalité sans égard au contenu identitaire particulier du demandeur. Dans un tel cas, on estime que le politique ne sert pas à forger la communauté, mais le lien (Lamoureux, 2000 : 41).

On peut cependant soutenir une autre conception moins restrictive de l'universalisme en revenant aux considérations de Gadamer et de Dumont portant sur le nécessaire retour à la tradition qui réside dans la reconnaissance d'intérêts fondés sur des conceptions du « bien » en les sachant de toutes manières inévitables dans le cadre du débat politique. Une telle réhabilitation de la mémoire ne signifie pas sa réification et, encore moins, sa sacralisation. Si des revendications communautaristes peuvent légitimement vouloir prolonger une mémoire collective, c'est dans le sens très précis où ce qu'il s'agit de transmettre c'est un espace de dialogue. Dans ses frontières se trouvent rassemblés de manière cohérente l'ensemble des événements et des interprétations qu'elles ont suscitées, une sociabilité particulière, une éthique politique, des préférences culturelles, etc. Mais surtout, cette mémoire recèle et répercute la conscience historique en tant que conversation collective. Évoquer l'idée de communautarisme, c'est renvoyer à cette conversation à laquelle des générations d'acteurs sociaux, dans leur diversité et leurs conflits, ont pris part de manière à circonscrire, bien au-delà d'un corpus de traditions et de mœurs, une certaine façon d'accueillir l'inédit. C'est dans le creux de ce dialogue que se dessine le rapport à soi que se donne une collectivité. Les revendications nationalistes qui s'attachent à la reproduction de la mémoire militent en faveur de la préservation de ce qu'Arendt appellerait un « monde commun ». Ce que cherche à protéger de telles revendications politiques, c'est le creuset dans lequel peuvent venir se fondre la nouveauté et l'inouï. Mais ce creuset est également le lieu d'une rencontre où les « autres » trouvent leur place pour autant qu'ils entrent dans ce dialogue qui les précède toujours. Certes, le danger d'une fermeture du dialogue aux seuls initiés est toujours présent. Si ces derniers disposent du poids politique capable de leur garantir le monopole de la conscience historique, il est normal que les groupes minoritaires soient réfractaires à ces revendications. C'est pour cette raison que Ricœur considère que les communautarismes ne peuvent se limiter à la simple affirmation de la légitimité morale de leurs attentes de reconnaissance et qu'ils doivent, d'une manière ou d'une autre, soumettre leurs demandes de reconnaissance à l'acceptation générale. Mais comment définir, parmi ces revendications, ce qui est raisonnable et respectueux du pluralisme culturel.

Il est important de défendre une philosophie politique du « raisonnable » parce que c'est grâce à de telles notions que peuvent se rencontrer les protagonistes du pluralisme identitaire, sachant très bien que les contenus mémoriels sont irrécusables dans des sociétés faites de culture et d'appartenance, et que, comme le rappelle Dumont, ils constituent le seul fondement d'une société humaine. C'est dans le discours sur soi que peuvent se réconcilier le passé et l'avenir, que peuvent poindre des projets appuyés à un certain héritage éthique, celui qu'a formé au cours du temps le long dialogue dans lequel se sont affrontés les protagonistes d'une histoire particulière.

C'est en vertu d'une telle conception du raisonnable que peuvent s'avancer des revendications communautaristes fondées sur la culture ou l'histoire. Dans une société dominée par la dynamique politicoidentitaire, de telles revendications doivent puiser leur légitimité dans leur capacité de montrer qu'elles constituent l'articulation raisonnable d'une certaine lecture de l'histoire et du prolongement qu'on souhaite lui donner. Ces volontés rencontrent fatalement des interprétations divergentes de cette même histoire. Il n'est donc pas possible de parvenir à une « explication » totalement fondée en raison de ce qui se donne plutôt comme une narration tissée de la subjectivité des acteurs. Or, la conscience historique ne restitue pas la mémoire collective sous la forme d'énoncés falsifiables. Elle construit une histoire en mettant ensemble des morceaux de contingence. Cela suppose que la rencontre conflictuelle dans le récit collectif ne peut s'arbitrer que dans un espace de compromis, de respect de l'autre et d'ouverture. La demande de reconnaissance mémorielle doit d'abord produire le récit des avatars qui la font aujourd'hui demandeur au sein de la conscience historique et qui exige parfois d'éventuels réaménagements politiques, comme c'est le cas au Québec. Elle doit ensuite négocier ce réaménagement de la conscience et les conséquences politiques qui peuvent en découler en montrant que ses attentes ne contreviennent pas aux préceptes éthiques les plus fondamentaux du « monde commun » et qu'elles peuvent résider dans un idéal d'égalité. En d'autres termes, une revendication fondée sur une subjectivité n'est pas pour autant exemptée de devoir argumenter sa position. S'il n'est pas possible de fonder rationnellement une position communautariste, il est par contre possible d'offrir à la « compréhension » d'acteurs, eux-aussi engagés dans l'histoire, la légitimité d'une telle position. Il s'agit alors de démontrer la validité des arguments qui militent en faveur d'une défense d'intérêts communautaristes. Quel est le poids de la mémoire dans ces arguments qu'on pourra produire à la défense d'une position communautariste comme celle des Franco-Québécois? Trop de mémoire bloque l'accès de la conscience historique à ceux qui n'ont pas participé à ce que Dumont appelle la genèse de la société québécoise. Par contre, pas assez de mémoire vide l'existence collective de sa signification la plus profonde : l'appartenance à la culture. C'est bien pour cette raison que Paul Ricœur plaide en faveur d'une « politique de la juste mémoire » (Ricœur, 2000) : c'est-à-dire non seulement la volonté sans complexe d'affirmation de l'appartenance, mais aussi cette disposition au respect de la mémoire des autres.

Dans le cas du Québec, une telle position implique que soit négocié un compromis où les Franco-Québécois puissent avancer leurs attentes sous les auspices de la mémoire sans les déguiser sous les oripeaux de l'identité. Ils devront alors satisfaire les attentes légitimes de ceux qui veulent s'assurer de la protection de droits acquis et de la démocratie, voyant dans cette revendication un détournement de leur appartenance au Canada, ou encore une entorse aux prescriptions de la *Charte des droits et libertés*. Il faut montrer le caractère raisonnable et modéré du volontarisme franco-québécois et de ses attentes politiques en regard de telles appréhensions. Les Franco-Québécois souhaitent assurer la pérennité du monde commun qu'ils ont construit avec tous les autres Québécois au fil du temps. Ils veulent voir se prolonger le dialogue dans lequel ils sont engagés et qui les habilite à interpréter leur présent et à envisager l'avenir d'une façon qui est la leur et qui leur provient justement de l'expérience du monde que porte et met en forme ce dialogue. Mais l'ouverture aux autres, qu'ils devront continuer de manifester dans une volonté d'aménagement des conflits de reconnaissance mémorielle, suppose également une ouverture de la part de ceux qui voudraient s'insérer autrement dans le récit que forge la conscience historique québécoise.

Références

Bariteau, Claude (1998), *Québec, 18 septembre 2001*, Montréal, Québec Amérique.

Bouchard, Gérard (1999), *La nation québécoise au futur et au passé*, Montréal, VLB.

Castells, Manuel (1999), *Le pouvoir de l'identité. L'ère de l'information*, Paris, Fayard.

Dufour, Frédérick-Guillaume (2001), *Patriotisme constitutionnel et nationalisme. Sur Jurgen Habermas*, Montréal, Liber.

Dumont, Fernand (1995a), *L'avenir de la mémoire*, Québec, Nuit blanche.

Dumont, Fernand (1995b), *Raisons communes*, Montréal, Boréal.

États généraux du Canada français (1969), *Les États généraux du Canada français : assises nationales*, no. spécial de l'Action nationale, v. 58 (9-10 mai et juin), Montréal, Action nationale.

Falardeau, Jean-Charles (1975), *Étienne Parent 1802-1874*, Montréal, La Presse.

Gadamer, Hans-Georg (1996), *Vérité et méthode*, Paris, Seuil.

Gutman, Amy (1994), « Introduction », dans Charles Taylor et Amy Gutman (dir.), *Multiculturalisme, différence et démocratie*, Paris, Aubier, p. 14-39.

Habermas, Jurgen (1998), *Après l'État-nation*, Paris, Fayard.

Lamoureux, Diane (2000), « La démocratie avec les femmes », *Globe. Revue internationale d'études québécoises*, 3, 2, p. 23-42.

Maclure, Jocelyn (2000), *Récits identitaires. Le Québec à l'épreuve du pluralisme*, Montréal, Québec Amérique.

Séguin, Maurice (1977), *L'idée d'indépendance au Québec : genèse et historique*, Montréal, Boréal Express (coll. 17/60).

Ricœur, Paul (1990), *Soi-même comme un autre*, Paris, Seuil.

Ricœur, Paul (2000), *La mémoire, l'histoire, l'oubli*, Paris Seuil.

Taylor, Charles (1994), « La politique de reconnaissance », dans Charles Taylor et Amy Gutman (dir.), *Multiculturalisme, différence et démocratie*, Paris, Aubier, p. 44-99.

Venne, Michel (dir.) (2000), *Penser la nation québécoise*, Montréal, Québec Amérique.

La bourgade et la frontière

Daniel Poliquin
Écrivain
Ottawa

Pour m'inviter à parler de l'imaginaire canadien-français, on ne pouvait pas trouver meilleur lieu que Québec, la capitale de ma mère-patrie. C'est ici en effet que débarquait en 1684 le premier de ma lignée : un certain Jean Poliquin, originaire de la bretonne Quimper, qui avait vogué vers la Nouvelle-France à bord d'un navire au nom poétique, *Le Noir de Hollande*. Maçon de son état, il aurait bâti chez vous, en pleine vieille ville, un moulin qui tient toujours debout, mais que je serais bien en peine de situer. Il se maria vite, mais n'eut aucun enfant, chose rare en cette époque où la fécondité familiale était la règle ; sur le tard, devenu veuf, il épousa une fille du roi avec qui il eut la main plus heureuse. Le couple n'eut cependant que trois enfants, ce qui expliquerait pourquoi mon nom de famille est si peu répandu que sa sonorité même paraît insolite. En breton Poliquin veut dire « petite rivière blanche » et j'imagine que Jean le maçon avait dû vite désapprendre le parler celtique que ses aïeux pour adopter la *lingua franca* de nos premiers colons, ce français demeuré bien portant dans la famille. Recherches faites, j'ai appris aussi que le nom que je porte, avec la graphie qu'il a, n'existe plus en Bretagne où l'on préfère écrire Pouliguen, comme la célèbre péninsule. Cet ancêtre, donc, avait rompu les amarres pour de bon et l'on peut penser que les deux mois qu'il avait passés dans la cale du vaisseau avaient été pour lui une nouvelle gestation au terme de laquelle l'attendait un pays aussi neuf que son destin.

Ce nom ne figure nulle part dans les annales du Canada français. On est du genre discret dans la famille. Exploits, titres de noblesse, connais pas ; ce qui me convient parfaitement, moi qui ai grandi dans une socioculture devenue largement égalitaire, que j'apprécie beaucoup malgré ses défauts. Mon aïeul à moi s'est retrouvé boucher à Sainte-Angèle-de-Laval, sur le fleuve, non loin d'ici, et l'on est resté dans la viande de père en fils pendant trois générations. Mon grand-père Elphège faisait boucherie pour gagner son pain ; ses frères Aman, Socrate et Antoine aussi.

Mon père avait été destiné à la prêtrise. Mauvais calcul car, à quelques mois de son ordination, il renonçait à la soutane et au collet romain et, sachant cette nouvelle rupture mal vue, il forçait le trait en allant s'installer à Ottawa où d'autres défroqués comme lui, nourris de culture classique, étaient appelés à faire de bons traducteurs parlementaires. Ma mère se souvient aujourd'hui qu'il portait encore la marque de la tonsure lorsqu'ils sont sortis ensemble pour la première fois. Ce qui n'a pas dû la déranger beaucoup puisqu'ils se sont mariés au bout de quelques mois pour faire une dizaine d'enfants, dont moi.

Mon père ne le savait pas, mais il rejoignait chez nous tout un bataillon d'exilés volontaires qui, comme lui auparavant, avaient fui la rigidité ultramontaine du Québec et trouvé à Ottawa un refuge tranquille. Parmi eux, Antoine Gérin-Lajoie, bibliothécaire au Parlement, qui y écrivit à son aise les romans de *Jean Rivard*. Joseph Marmette, auteur de romans historiques, trop heureux de laisser derrière lui à Québec sa raide épouse, la fille de François-Xavier Garneau. L'y rejoignirent plus tard les anticléricaux Alfred Garneau, petit-fils de l'autre, et l'historien Benjamin Sulte, qui pouvait railler contre les jésuites en toute sûreté à Ottawa.

De tous ces mal-pensants qui cherchèrent asile en Ontario français, le plus singulier fut sans doute Rodolphe Girard, dont les premiers romans sont d'authentiques professions de foi nationalistes à la manière d'Henri Bourassa. Mais sa *Marie-Calumet*, roman injurieux pour le clergé et les mœurs, avait attiré sur sa tête les foudres du diocèse de Montréal et, chassé de son emploi de correcteur d'épreuves à *La Presse*, il avait dû prendre lui aussi le chemin du Parlement et se convertir à la traduction grâce aux bons offices d'un ami sénateur. À Ottawa, il fit la connaissance d'autres rebelles dans son genre, nationalistes défroqués eux aussi, Olivar Asselin et Jules Fournier. En 1914, Girard acheva sa métamorphose en s'engageant comme officier-interprète et il finit la guerre sous l'uniforme d'un lieutenant-colonel de l'armée qu'il avait tant exécrée jeune homme. Il revint à Ottawa et devint traducteur-chef au Sénat, baignant le reste de ses jours dans les parfums troubles de l'adultère idéologique. Je l'imagine retraité, arpentant à son aise les rues arborées de la Côte de Sable et fouettant l'air de sa badine d'état-major ; dans l'oubli, il semblait avoir trouvé le bonheur ; personne n'avait connaissance du scandale littéraire de sa jeunesse, ni de son abjuration du nationalisme, même pas le curé qui l'aimait bien ; entre eux, les jeunes traducteurs parlementaires l'appelaient « le colonel », taquinerie qui flattait sa vanité, il paraît.

On écrivait peu dans ce milieu, en anglais comme en français. On aimait les lettres, oui, mais on lisait surtout les autres, et quand on se hasardait à écrire, c'était généralement sous un pseudonyme, comme ce jeune Jean-Marc Poliquin qui signait des nouvelles et des contes pour *Le Droit*. On avait trouvé à Ottawa le confort et l'indifférence, mais peu souvent l'inspiration, semble-t-il. Il y avait bien une Société des écrivains, mais elle réunissait surtout des amis de la littérature et de rares écrivains québécois, toujours de passage. Claire Martin par exemple.

C'est d'ailleurs l'impression la plus marquante que j'ai de ma ville natale : celle d'un lieu où la mouvance était de règle. Je l'ai écrit ailleurs, mon enfance a été entourée de parlementaires qui restaient chez nous le temps que durait la confiance de leurs électeurs ; d'étudiants qui repartaient dès qu'ils avaient décroché leur diplôme ou jeté leur gourme ; de diplomates dont le parler nous paraissait toujours un peu mystérieux. Pour tous ces Félix Leclerc, Alfred Desrochers, Pierre Bourgault ou Michel-Marc Bouchard qui sont passés par chez nous, on aurait dit qu'Ottawa n'était qu'une halte dans le calvaire qui mène à une notoriété heureuse.

Même quand ces immigrants québécois s'enracinaient, ils ne restaient pas. Ainsi mes grands-parents maternels n'avaient d'yeux et d'oreilles que pour leurs paroisses riveraines, Gentilly ou Saint-Jean-Deschaillons. Quand on causait avec mon père, on s'apercevait rapidement qu'il n'avait jamais quitté le Québec. Ma mère, elle, était née en Ontario mais sans en tirer de fierté particulière ; à la différence de mon père, elle s'exprimait en anglais avec une aisance toute naturelle et elle était plus attachée que lui au combat pour l'école française. Elle aurait été bien étonnée, cependant, si on lui avait dit qu'elle était franco-ontarienne. Le mot n'existait pas encore : ce fut l'affaire de ma génération.

Oui, René Dionne a raison de dire qu'on a toujours parlé français en Ontario, depuis Étienne Brûlé jusqu'à ce matin encore. Mais on ne prenait pas souvent la parole pour écrire de ces choses que suggère l'imaginaire. Les Français de l'Ontario avaient défriché les terres généreuses de l'Est, entre l'Outaouais et le Saint-Laurent ; ils avaient pris part à l'industrialisation du Sud, après y avoir éventré le sol ; enfin, dans le Nord, ils avaient ouvert les mines, fondé Sudbury et Hearst entre autres, et taillé la forêt pour en faire de la pâte à papier. Mais il fallut attendre les années 1970 pour que des jeunes du Nord, autour de l'Université Laurentienne, se mettent à noircir le papier que la génération précédente avait fabriqué.

Leurs premières poésies s'appelaient *Prise de parole* et étaient signées André Paiement et Patrice Desbiens, des pionniers qui n'avaient pas 20 ans. J'ai un beau souvenir de leur impétuosité, qui se situait dans un refus global. Tournant le dos à l'enseignement des maîtres français qu'on avait également vénérés au Québec, rejetant surtout l'exemple de ce colonisé réussi qu'était Jean-Éthier Blais, leur compatriote honteux de l'être, ils préféraient chanter le français démotique qui était alors la marque de Michel Tremblay et de tant d'autres. Dans la cour d'à côté, même bouillonnement prometteur : Margaret Atwood, Robertson Davies et Margaret Laurence décolonisaient à jamais la littérature canadienne-anglaise. Au Québec, c'était le Grand Cirque ordinaire, la renaissance du folklore, l'audace de Tremblay, Ducharme et Charlebois. La naissance de la littérature franco-ontarienne était donc, dans le fond, l'écho normal de mille autres pulsions toutes aussi foisonnantes.

Cette littérature française autochtone est arrivée à Ottawa un peu plus tard que dans le Nord ; on ne se prive jamais d'ailleurs à Sudbury de dire que nous sommes venus après, mais c'est sans malice... Je suis allé à l'université en même temps que Jean-Marc Dalpé et toute une bande de jeunes gens qui ont fait de belles carrières au théâtre. Notre heure est venue aussi, mais contrairement au mouvement littéraire du Nord où tous les écrivains se connaissaient par leur petit nom, chacun chez nous travaillait dans son coin.

Ainsi j'ai lu la poétesse Andrée Lacelle et admiré Michel Ouellette sur scène avant de leur serrer la main, bien des années après. Contrairement à ce qui se passait dans le Nord, l'effort littéraire avait chez nous un caractère moins collectif qu'individuel. Il s'est ajouté enfin un troisième centre, très actif : Toronto, où l'on écrit étonnamment beaucoup en français. En conclusion, la littérature franco-ontarienne est au début de la trentaine et déjà forte de plusieurs centaines de livres ; les maisons d'édition tiennent bon, on écrit pour la scène, on fait de la poésie sans demander la permission et nos romans voyagent. Nous nous sommes même mis à l'essai, genre qui nous va assez bien puisque notre existence même a toujours été polémique. Le cinéma et la chanson demeurent cependant deux domaines où la réussite se fait attendre. Mais ça viendra.

* * *

On m'a demandé de parler de notre imaginaire, de ce qu'il dit, de ce qu'il fait de bon ces temps-ci. Pour ce faire, puisque j'ai foi dans ces comparaisons qui éclairent nos différences, j'ai porté mon regard sur la littérature qu'on trouve ici même à Québec, ma mère-patrie, je l'ai dit. Alors j'ai relu Anne Hébert, Pierre Morency, Gilles Pellerin et j'ai découvert au passage André Ricard et celle qui est peut-être l'écrivain le plus prometteur en ces lieux, Andrée A. Michaud.

Je n'irai pas jusqu'à dire qu'il existe une nouvelle École littéraire de Québec, mais chose certaine, on écrit différemment ici ; le ton et la tenue des textes sont distincts et, à lire vos auteurs, on mesure bien la distance qu'il y a entre Québec et Montréal, bourgades rivales depuis l'époque où madame de La Peltrie délaissa Marie de l'Incarnation pour suivre Maisonneuve.

On écrit bien à Québec. Rudement bien. Trop même, parfois. Écoutez un instant André Ricard qui médite devant le ciel de Tadoussac :

> Ce matin [...] il n'y avait, contre l'azur, au-dessus du lac, qu'un fion blanc, une manière de plumet à la bascule vers le haut. La matinée avançant, la disposition du ciel, quoique tout ordinaire, était apparue, au détail, d'une grande complexité. Un mélange à la vérité inattendu de formes bouffantes soutachées de gris fumé, et de laizes anguleuses à bordure immatérielle. [...] Au total peu chargé, et ouvrant des plages azurées sur tout l'orient, la voûte céleste offrait, en contraste avec la coupe

brasillante du lac, drapée dans les sapinières et les aromates, comme l'expression d'un tourment ignoré, et qui dure, dans les hauteurs froides, inconsolées. Tout pommelé de gris après la dispersion des blocs erratiques, le théâtre du ciel emploie cette fin d'après-midi à réconcilier l'opposition des houles et des nappes translucides, l'emmêlement sans rime ni raison de duvet, d'échiffe, de fuselages cabossés à reflet de nacre, de ballons soufrés par endroits... avec ces blancs nénuphars, ces corolles candides blasonnant le contrebas du firmament. Une fine batiste... (Ricard, 1983 : 35).

Et ça se poursuit pendant des pages et des pages. C'est beau comme un texte ancien, riche de mots rares, donc cinq au moins qu'il m'a fallu chercher dans le dictionnaire. Et c'est français, plus français que la France même.

En lisant le texte de Ricard, une interrogation me piquait la mémoire : j'ai déjà lu ça quelque part, mais où ?... Les apprentis sociologues auraient pu me répondre que c'est là le style d'un homme qui a fait le cours classique et qui en est fier, qui a trop lu Victor Hugo en cachette. Ou si l'on préfère la méchanceté, on aurait dit que c'est un texte bien français, de facture provinciale cependant, tout à fait digne des palmes de l'Académie de Caen ou des Jeux floraux de Toulouse ; une encre résolument française coulant dans un paysage québécois.

La question m'achalait tellement que j'ai fini par trouver la réponse. La langue de Ricard est celle des *Relations* des jésuites ([1611-1672] 1972). Parfaitement. Les bons pères ont eux aussi voulu dire l'espace canadien avec les références dont ils étaient munis, qui étaient bien sûr françaises, et cela donne parfois de sublimes passages ou alors de superbes malentendus, comme lorsqu'ils confondent vaches et orignaux. Ils versent aisément, eux aussi, dans une élégance que Ricard ne désavouerait pas, par exemple, lorsqu'un relationniste, voyant pagayer un Indien, parle de ce « marinier iroquois voguant à bord de sa gondole d'écorce ». Succulent...

Oui, Ricard écrit en poète épistolier, ce qui en fait l'héritier d'une tradition presque quatre fois séculaire. Il n'est pas seul. Chez Andrée A. Michaud, qui a pourtant 20 ans de moins que lui, on trouve des descriptions du genre : « La maison avait été construite au creux d'une petite baie, une anfractuosité imprévisible du relief, et l'on ne pouvait l'apercevoir que de l'extrémité d'une pointe qui se fendait en une série de caps » (Michaud, 1998 : 22). Je viens de citer son excellent roman, Les derniers jours de Noah Eisenbaum. On n'a pas besoin de marcher bien loin pour dénicher, toujours autour de Québec, des phrases aussi bien tournées : Christiane Frenette, Gilles Pellerin, etc.

André Malraux avait raison : nous sommes les enfants de notre histoire et le style de Québec, dans sa rigueur et son amour du mot recherché, est demeuré celui des Relations et des lettres de Marie de l'Incarnation. On peut affirmer, dans le même sens, que le génie ascétique d'Anne Hébert descend directement de Catherine de Saint-Augustin. Il n'y a qu'à relire Les enfants du sabbat pour s'en convaincre. Même feu mystique, même adoration de la Parole surtout, qui a donné naissance à un genre romanesque appelé à faire école au pays du Québec : le roman de l'enfant sauvage, dont les héros grandissent muettement dans l'ombre d'un père défait et courroucé, dans des cloîtres étouffants, entourés de livres étrangers et de dictionnaires où ils acquièrent un idiolecte désincarné dont le seul avantage est d'être très proche du français hexagonal. Ce petit sauvage québécois est un personnage fréquent chez Anne Hébert, c'est aussi la Bérénice Einberg de Réjean Ducharme et c'était, tout dernièrement, La petite fille qui aimait trop les allumettes de Gaétan Soucy. Ces sauvageons ne parlent évidemment pas comme nous, ils parlent plutôt Ricard. Certains vous diront, en souriant, que la langue de ces personnages répond à un dessein arriviste ou, plus charitablement, à une stratégie de marketing ; on écrirait ainsi afin d'être lu ailleurs, en France de préférence. Je préfère y voir l'expression esthétique d'une société où l'autorité parentale est notoirement faible, et ce, depuis les débuts mêmes de la colonie française ici. Le père se tait, la mère manque de mots et les enfants parlent, marque d'un pays jeune.

Je découvre donc chez vous des stylistes qui ont réussi admirablement à franciser l'espace qui les entoure. Ils ont voulu « reconstituer » un pays qui est la langue française, et ils y sont parvenus. À l'instar de tous les autres écrivains canadiens, cependant ils ne sont pas parvenus entièrement à dominer la nature à leurs portes, qui est restée largement sauvage, Dieu merci. Après avoir exploré les alentours, vos poètes et vos romanciers réintègrent la chaleur de la bourgade pour écrire ce qu'ils ont vu. Et riches de vieilles traditions comme ils le sont, ils traduisent leur vécu ou imaginent des choses dans un français parfois étincelant.

* * *

L'Ontario français écrit autrement. Ses héros tutélaires sont Champlain, qui ne fit que passer et alla rédiger son récit de voyage au chaud, dans son fortin de Québec; Étienne Brûlé, cet interprète de langues sauvages qui eut le malheur de trop bien porter son nom et finit immolé, dit-on, pour des raisons encore obscures; Jean de Brébeuf, ce mystique qui mourut dans des tortures atroces aux mains des Iroquois; enfin, Radisson, le découvreur entrepreneur, aux allégeances volages, dont la descendance ne parlait que l'anglais et qui se fit enterrer dans un cimetière de Londres. Radisson a laissé bien des souvenirs: la Compagnie de la Baie d'Hudson dont il fut l'un des fondateurs, ce territoire québécois appelé la Radissonie, une chaîne d'hôtels qui porte son nom et, encore dernièrement, même une marque de pain tranché... Surtout, il nous a légué un journal, riche de témoignages passionnants et d'exagérations romanesques, dont le texte ne nous est parvenu qu'en langue anglaise, ce qui laissait présager bien des choses.

Si Québec est une bourgade où il fait bon écrire, l'épopée de l'Ontario français est beaucoup plus un roman frontière à la manière de Radisson. Nos écrivains vivent sur les marches du Canada français. Ils en connaissent les angoisses et les joies et leur littérature en témoigne de diverses manières.

Cette frontière a plusieurs formes. Elle est d'abord pays de colonisation. Lointaine pour Windsor et récente pour Hearst, où nous fûmes les premiers arrivés. Mes prédécesseurs ont ouvert le pays, ils en ont été et sont toujours propriétaires, ce qui explique pourquoi les lamentations idéologiques de Fernand Dumont, qui s'inspiraient largement du *Portrait du colonisé* d'Albert Memmi, ont connu si peu d'échos chez nous. Nous ne sommes pas conquis, plutôt conquérants. On lira ici avec profit les romans nordiques de Doric Germain et la poésie naïve du trappeur Guy Lizotte, mort trop tôt.

La frontière la plus visible est évidemment la langue. L'Ontario est aujourd'hui pays de mélanges où la tolérance est la règle, mais longtemps le français s'y est heurté à des politiques assimilationnistes émanant de l'État ou de l'Église. Le français a fini par s'imposer, mais l'assimilation, terme pourtant positif dans d'autres contextes, est une réalité toujours présente. Pour certains écrivains, elle est même obsédante, d'où la naissance d'un courant littéraire qui ne parle que de ça. Lisez Roger Levac, auteur de *L'Anglistrose*, ou Pierre Albert, *Le dernier des Franco-Ontariens*, ce sont les porte-parole les plus éloquents d'une idéologie plaintive. Leur style est noir, leur ton désespéré. Si légitime que soit ce mouvement, je lui trouve le défaut d'être répétitif, et comme il y a plus d'un siècle qu'on annonce l'apocalypse imminente de l'Ontario français, j'avoue avoir peu de goût pour cette morbidité largement démagogique. Je laisse au démographe Charles Castonguay le plaisir qu'il y a à compter les pierres tombales au cimetière et je préfère observer les vivants, ceux qui écrivent surtout.

Je ne suis pas tombé, rassurez-vous, dans ce discours roboratif qui claironne que l'assimilation n'existe pas et que tout va pour le mieux dans le meilleur des mondes. Je pense simplement qu'il y a autre chose à dire lorsqu'on écrit. Par exemple, avec d'autres, dont le dramaturge Michel Ouellette, je me suis passionné longtemps pour le tiraillement qui oppose la beauté de notre créole boréal, notre vrai parler à nous, notre dialecte de prédilection, à la fausseté d'un certain français normatif. *Frenchtown* de Michel Ouellette et mon *Obomsawin* rendent compte de cet affrontement, et si je ne m'intéresse plus à ces déchirements identitaires, c'est parce que j'ai baissé les bras et fini par admettre que le français n'est pas toujours ma langue et que j'écris dans un français largement appris et pas toujours maîtrisé.

Cet aveu fait, cette question réglée, je suis passé à autre chose, comme Dalpé, comme d'autres, dont Andrée Lacelle, Pierre-Raphaël Pelletier. Il y a tellement d'autres thèmes plus passionnants : la dialectique entre l'individuel et le collectif, la conscience coupable, la figure du père, la conjuration de la mort par la métamorphose, thème malradien par excellence, mais traité chez moi avec légèreté, le lien intime qu'il y a entre l'art, le politique et la criminalité. Bref, nous sommes quelques-uns à délaisser les thématiques déprimantes et narcissiques pour nous avancer plus profondément dans l'art d'écrire.

Comprenez-moi bien, je ne dénigre pas l'esthétique du dernier des Mohicans. C'est un thème d'inspiration légitime et certains, comme Patrice Desbiens, en ont tiré de beaux propos. Patrice Desbiens, qui, vous le savez, a réintégré bruyamment la mère-patrie, qui l'a accueilli avec effusion, et où il écrit plus que jamais. Mais ses poèmes, dans leurs thèmes et leur facture, sont restés franco-ontariens. Non, on ne retrouve jamais la chaleur bienheureuse de l'enfance, mais on ne la quitte jamais non plus.

J'avoue aimer Desbiens intégralement, mais j'avoue aussi aimer moins ce courant colonisé de notre littérature qui s'est donné Jean-Éthier Blais pour modèle. Par charité, je ne nommerai personne. Sachez seulement que ce sont des auteurs qui, pour parler d'un manœuvre agricole, qu'on appelait dans notre parler un « engagé » ou tout simplement « un homme », écrivent « valet de ferme » ; comme chez Flaubert ou Maupassant. Ces auteurs sont trop pressés de faire étalage de leurs lettres et ça donne des livres où les cultivateurs parlent comme des notaires. Les mêmes entourent soigneusement de guillemets les emprunts à l'anglais ou au parler vernaculaire, l'expression « à l'année ronde » ou le mot « bazou » par exemple. Pauvres eux autres qui ont oublié ce trait de génie de Jean Genet qui disait que, lorsqu'on met les mots entre guillemets, on les empêche d'entrer dans la langue. Vous aurez compris que je n'ai aucune affinité avec cette école littéraire, avec ses prétentions messianiques et civilisatrices. Elle se croit le dernier porte-flambeau d'une culture française mourante, qu'elle veut illuminer d'un feu racé, mais ce n'est qu'une littérature à qui il faut des lecteurs indulgents. Je comprends que Ricard écrive comme il écrit, ici à Québec, mais en pays frontière, ça fait sourire.

Autre courant important, celui qui nous vient de l'étranger, francophonie africaine ou européenne, qui réussit fort bien à parler de cette autre frontière qu'est la ville. À ce propos, je dirai que les écrivains franco-ontariens sont arrivés en ville depuis longtemps et n'hésitent pas à parler d'elle en termes affectueux, rejoignant en cela la génération québécoise de Beau Dommage et de Claude Beausoleil qui chantent la ville avec amour au lieu de la dénigrer comme Lévy-Beaulieu et son ancêtre spirituel, Claude-Henri Grignon.

On perd volontiers son âme dans la ville ontarienne, rarement sa plume.

La frontière linguistique de l'Ontario français se traverse aisément, mais dans les deux sens. Il y a ainsi, et c'est un cas intéressant, des auteurs chez nous dont la langue maternelle ou habituelle n'était pas le français. C'est le cas de Dalpé et celui de Claude Guillemain qui ont profité des passerelles environnantes pour apprendre ou réapprendre le français, dont ils ont plus tard fait des œuvres. Enfin, phénomène unique dans le monde, si j'en crois François Paré de l'Université de Guelph, il faut parler de ces auteurs d'expression anglaise qui ont choisi d'écrire dans la langue de la minorité : Robert Dickson, natalie stephens [sic] et la très douée poétesse Margaret Michelle Cook. On comprendra que ces auteurs ne donnent pas dans le morbide obligé du minoritaire. Ils parlent plutôt des poésies de la vie.

Voilà qui vous donne un aperçu de l'imaginaire franco-ontarien. Si ses auteurs n'ont pas réussi, comme les vôtres, à franciser leur espace environnant, ils se sont cependant taillé une place aux frontières de l'écrit. Pas plus que les vôtres, nos écrivains ne sont arrivés à secouer le joug d'une nature écrasante, mais il y a des jours où je me dis que notre pays n'était peut-être pas fait pour ça non plus. Verglas et inondations nous rappellent de temps à autre que nous sommes bien peu de choses dans le fond, que l'on soit de la bourgade ou de la frontière. Rassurez-vous, le fait d'être rappelé à l'humilité ou à la précarité de ma condition humaine ne suscite chez moi aucune angoisse. Au contraire, j'y trouve une raison de plus à mon entêtement d'artiste. Alors j'écris.

Références

Albert, Pierre (1992), *Le dernier des Franco-Ontariens : poésie*, Sudbury, Prise de parole.

Gérin-Lajoie, Antoine ([1861] 1874), *Jean Rivard, le défricheur : récit de la vie réelle*, Montréal, J.B. Rolland et fils.

Girard, Rodolphe (1946), *Marie-Calumet : roman*, Montréal, S. Brousseau.

Hébert, Anne (1975), *Les enfants du sabbat*, Paris, Seuil.

Jésuites (1972), *Relations des jésuites, 1611-1672 : contenant ce qui s'est passé de plus remarquable dans les missions des Pères de la Compagnie de Jésus dans la Nouvelle-France*, Montréal, Éditions du jour, 6 vol.

Levac, Roger (1994), *L'Anglistrose : essai*, Sudbury, Prise de parole.

Memmi, Albert (1985), *Portrait du colonisé*, Paris, Gallimard.

Michaud, Andrée A. (1998), *Les derniers jours de Noah Eisenbaum*, Québec, L'Instant même.

Ouellette, Michel ([1995] 1996), *French town : théâtre*, Ottawa, Éditions du Nordir.

Poliquin, Daniel (1987), *Obomsawin*, Sudbury, Prise de parole.

Ricard, André (1983), *Les baigneurs de Tadoussac*, Montréal, Tryptique.

Soucy, Gaétan (1998), *La petite fille qui aimait trop les allumettes*, Montréal, Boréal.

Vitalité et visibilité des communautés francophones

De la perceptibilité des communautés francophones au Canada

Robert Stebbins
Département de sociologie
Université de Calgary

Plusieurs communautés francophones passent inaperçues au Canada. Bien entendu, ce n'est pas le cas au Québec ou dans certaines régions de l'Ontario et du Nouveau-Brunswick, mais cela existe ailleurs au Canada. Dans cet article, je clarifierai d'abord quelques notions que j'appliquerai ensuite à diverses communautés avant de conclure sur le problème du manque de perceptibilité de ces communautés et des conséquences que cela entraîne.

SOCIÉTÉS ET COMMUNAUTÉS FRANCOPHONES DU CANADA

Le Canada francophone peut se diviser en cinq régions qui ont chacune des caractéristiques sociales, culturelles, historiques et géographiques particulières. Le Québec est, à tous les points de vue, une société distincte au Canada, mais ce n'est pas la seule. L'Acadie – c'est-à-dire le Nouveau-Brunswick, la Nouvelle-Écosse et l'Île-du-Prince-Édouard francophones – est une région culturelle et linguistique moins marquée que le Québec, mais plus que ne le sont Terre-Neuve, l'Ontario et l'Ouest du pays qui sont perçus globalement comme étant plus près de la culture anglo-saxonne.

Chaque région francophone suffisamment développée pour être reconnue comme une société ou, plus exactement comme une sous-société, est une composante de la société canadienne. Si, en ce début du XXIe siècle, le Québec est la seule région qui jouisse d'une complétude institutionnelle, c'est-à-dire d'un niveau d'organisation sociale et culturelle tel qu'il permet à chaque individu qui y habite de vivre totalement en français, il en est autrement dans les quatre autres régions que ce soit en Ontario ou en Acadie et, surtout, à Terre-Neuve et dans l'Ouest où il n'y a aucune société francophone qui ont un tel avantage (Cardinal, Lapointe et Thériault, 1994 ; Stebbins, 1994).

Si certains groupes francophones à l'extérieur du Québec sont majoritaires dans leur région ou au sein de leur localité, ils vivent tous en fait dans un milieu paritaire ou minoritaire. En théorie, les sociétés paritaires sont des sociétés bilingues qui disposent d'un réseau institutionnel adéquat pour desservir chacune de leurs deux composantes linguistiques. On y compte suffisamment de locuteurs de chacune des deux langues pour qu'il y ait reconnaissance mutuelle dans tous les domaines de la vie civile. De fait, le Canada ne compte pas de sociétés paritaires, il existe plutôt des communautés paritaires là où il y a une « minorité significative » – c'est-à-dire un ratio maximum de trois pour un et minimum de un pour trois – dans une région ou au sein d'une communauté donnée. Une société linguistiquement paritaire n'implique pas que chaque individu qui la compose soit bilingue, mais suppose qu'il y a assez de locuteurs bilingues pour occuper les postes de service dans le commerce, la fonction publique et les soins de santé pour permettre à chacun de recevoir les services dans sa langue. Pointe-de-l'Église en Nouvelle-Écosse, Sudbury en Ontario et Saint-Boniface au Manitoba sont trois exemples de communautés linguistiquement paritaires au Canada.

Dans les sociétés minoritaires, les francophones sont en nombre inférieur et, au Canada, ils vivent généralement une situation d'incomplétude institutionnelle. Une bonne partie de leurs activités quotidiennes se déroulent donc en anglais. En milieu minoritaire, la langue française est parfois – et exclusivement – utilisée dans le domaine des loisirs, de l'éducation, de la religion et de la famille. Puisque, au Canada, les francophones sont moins de 25 % de la population totale, il n'est pas surprenant que la question de la survivance de la vie française – et surtout de leur langue – soit depuis fort longtemps la question la plus fondamentale qu'ils se posent.

Les chercheurs qui travaillent sur la francophonie canadienne préfèrent utiliser les concepts de majorité, de parité et de minorité plutôt que celui d'ethnicité parce que ce dernier ne cerne pas de façon satisfaisante la situation des francophones. Au Canada, un groupe ethnique se compose d'autochtones ou d'immigrants qui se distinguent par leur race, leur religion, leur langue ou leur nationalité d'origine, et ses membres ne sont pas reconnus comme des bâtisseurs du pays. Or, les francophones, venant jadis de France, ne peuvent être qualifiés d'ethniques parce que, avec les anglophones issus de la Grande-Bretagne, ils forment les peuples fondateurs de la nation. Aujourd'hui, la *Loi sur les langues officielles* donne aux francophones et aux anglophones des droits particuliers partout au pays et ce sont précisément ces droits qui font que même les francophones vivant en milieu minoritaire ne sont pas sans pouvoir.

Outre les concepts précédents qui réfèrent au ratio anglophone/ francophone, il est aussi important de dire quelques mots sur le concept de « communauté symbolique » tel que défini par Anthony Cohen en 1985 :

> *the reality of [symbolic] community lies in its members' perception of the vitality of its culture. People construct community symbolically, making it a resource and repository of meaning, and a referent of their identity* (Cohen, 1985 : 118).

Il existe des communautés francophones symboliques à Vanier près d'Ottawa, à Saint-Boniface en banlieue de Winnipeg et dans le quartier Bonnie Doon à Edmonton. Dans ces endroits des francophones ont été présents dès la fondation de la ville et ils occupent toujours un territoire bien délimité qui sert de point d'ancrage depuis de nombreuses années. Ces collectivités sont aujourd'hui formées d'un bon nombre de francophones « de souche » auxquels se sont ajouté un certain nombre de nouveaux migrants qui n'arrivent toutefois pas à en changer les caractéristiques d'origine. Ces communautés symboliques ont réussi à maintenir, jusqu'à aujourd'hui, une continuité institutionnelle non seulement dans les domaines de la famille, de la religion et de l'éducation, mais aussi au travail et dans les loisirs. Ces vieilles communautés sont plus visibles que les « communautés migrantes » formées plus récemment et dispersées sur l'ensemble d'un territoire. On trouve de ces communautés migrantes – c'est-à-dire sans regroupement véritable – à Vancouver, Calgary, Toronto, Hamilton et Halifax.

Voyons maintenant comment ces concepts relatifs au nombre, d'une part, et à la vitalité de leur culture, d'autre part, s'appliquent en Acadie, à Terre-Neuve, en Ontario et dans l'Ouest canadien.

L'Acadie

En Acadie, et surtout dans le nord et l'est du Nouveau-Brunswick, on est fier de l'héritage français. Cependant, puisque l'anglais est aussi utilisé dans l'affichage, les avis publics et les annonces commerciales, le visiteur a parfois du mal à le percevoir. Par contre, dans les commerces situés dans les endroits très francophones comme Caraquet, Edmunston et plusieurs communautés francophones dans le nord et l'est du Nouveau-Brunswick, de même que, mais à un degré moindre, Pointe-de-l'Église en Nouvelle-Écosse et Abram Village dans l'Île-du-Prince-Édouard, on parle français. Ainsi, même si l'Acadie se classe comme une société francophone majoritaire, ce descripteur ne s'applique vraiment qu'au nord et à l'est du Nouveau-Brunswick (Stebbins, 2000 : chap. 5).

Ailleurs, la présence francophone est plus ou moins perceptible ; toutefois, la vitalité de la langue française y demeure intéressante. Howard Giles, Richard Bourhis et Donald Taylor soutiennent que la « vitalité ethnolinguistique » résulte d'un ensemble de facteurs structuraux, dont le statut ou le prestige de la langue, la présence de locuteurs et le support institutionnel, qui permettent à un groupe linguistique d'être actif et de se distinguer dans ses relations avec d'autres groupes. Des trois composantes de vitalité identifiées ci-haut, c'est la dernière qui pèse le plus lourd sur la perceptibilité. La représentation formelle et informelle que la langue reçoit dans chacune des institutions d'une communauté est directement proportionnelle au degré de support institutionnel qu'elle reçoit (Giles, Bourhis et Taylor, 1977 : 308). On peut mesurer la vitalité de la langue en notant le nombre de fois que le français écrit est visible dans les espaces publics et la fréquence des conversations tenues en français.

Lors d'un voyage dans plusieurs communautés francophones, j'ai noté, de manière systématique, la présence du français écrit sur :

- les annonces d'accueil ou d'au revoir des localités ;
- le nom des rues ;
- la signalisation routière (stop, stop-arrêt, arrêt) ;
- les panneaux devant les églises catholiques, sur les terrains des écoles, les centres de jour et les résidences pour personnes âgées ;
- les affiches commerciales (par exemple : les panneaux d'affichage, les enseignes de magasins, les annonces dans les vitrines) ;
- les panneaux indiquant la présence d'institutions publiques telles que les parcs, les hôtels de ville, les bibliothèques, les hôpitaux ;
- les avis sur les panneaux d'affichage dans les hôtels de ville ou les supermarchés ;
- les livrets et dépliants produits localement.

J'ai aussi noté s'il y avait une caisse populaire, une section des Chevaliers de Colomb, des clubs et des centres communautaires et culturels francophones. Pour ce qui est du français parlé, j'ai seulement noté les conversations sur la rue ou dans les supermarchés, les restaurants et les pharmacies. Par exemple, lorsque je faisais des achats, j'attendais pour voir quelle langue on allait utiliser pour m'adresser la parole.

À l'exception de la partie nord et est du Nouveau-Brunswick, il existe en Acadie ce qu'on pourrait appeler un « bilinguisme éparpillé » c'est-à-dire que quelques-uns des indicateurs énumérés ci-haut étaient parfois en français et en anglais, très rarement en français seulement et, plus souvent qu'autrement, en anglais seulement. Pointe-de-l'Église en Nouvelle-Écosse et Abram Village à l'Île-du-Prince-Édouard sont des exceptions avec une présence francophone plus marquée que dans les autres localités de leur région respective.

Ailleurs, il a fallu scruter avec soin chaque localité, à la recherche des affiches commerciales – généralement l'élément de mesure le plus accessible – qui s'avérait d'ordinaire en anglais et parfois dans les deux langues. Par contre, là où il y avait un nombre suffisant de fidèles francophones, on pouvait trouver des panneaux bilingues annonçant l'heure des messes du dimanche devant l'église catholique. Un certain nombre de petits villages n'avaient ni club francophone, ni centre communautaire, ni caisse populaire, ni section des Chevaliers de Colomb.

Bref, une bonne partie de l'Acadie se compose de villages et de villes où les francophones vivent en milieu minoritaire et où le français écrit et parlé n'est présent qu'à l'occasion. Avant de parler de la faiblesse de la langue française, il faudrait étudier d'autres critères de vitalité ethnolinguistique dont ceux relatifs à l'identité, l'éducation, l'utilité et le symbolique (O'Keefe, 1998 : 10)[1].

Terre-Neuve

Le fait français à Saint John's, Terre-Neuve, est à peine perceptible. Il serait totalement invisible si ce n'était des panneaux dans les deux langues devant certaines écoles, des panneaux en français devant un petit nombre d'écoles francophones et, là où ils existent, des panneaux en français devant les centres culturels et communautaires francophones. Par contre, la visibilité francophone est un peu plus grande dans la péninsule de Port-au-Port.

Les panneaux de signalisation sur les autoroutes menant à cette péninsule disent – en anglais – que cette région est la Côte française (*French Shore*) de Terre-Neuve, le Pays de nos ancêtres français (*Country of our French Ancestors*). On y trouve des patronymes français, tels que Benoît, Jesso, Simon et Lainey, inscrits sur plusieurs boîtes aux lettres le long des routes mais, comme tout chercheur dans ce domaine le sait, les personnes peuvent être assimilées à la communauté anglophone et, finalement, il n'y a que leur nom pour rappeler leurs origines françaises. En 1997, dans l'ensemble de la péninsule, toutes les annonces commerciales étaient en anglais, les quelques rares panneaux d'arrêt étaient aussi en anglais et personne ne s'est préoccupé d'inscrire le nom des rues, que ce soit en anglais ou en français.

---

1. La question de la vitalité ethnolinguistique en Acadie et dans d'autres sociétés francophones vivant en milieu minoritaire au Canada est traitée en détail dans Stebbins (2000).

À La Grand'Terre, la seule transaction que j'ai initiée en français au magasin général s'est menée dans un mélange d'anglais et de français. Le panneau indicateur de la chapelle catholique de cette localité est partiellement bilingue tandis que celui du bâtiment qui loge l'école et le centre communautaire est entièrement en français. Le panneau d'accueil la petite ville est bilingue, tout comme ceux de Cap-Saint-Georges et de l'Anse-aux-Canards. Ces deux dernières localités ont des centres culturels dont les panneaux indicateurs sont en français et, à Cap-Saint-Georges, il y a aussi quelques espaces publics et institutions qui portent des inscriptions bilingues. Aucune de ces trois localités de la péninsule n'a de caisse populaire, de section des Chevaliers de Colomb, de club francophone ou de centre de jour.

Pour ce qui est du support institutionnel de la vitalité ethnolinguistique, aussi bien dire qu'elle est inexistante même dans les trois communautés les plus francophones de Port-au-Port. Règle générale, on trouve dans les communautés francophones de Terre-Neuve ce bilinguisme éclaté tellement fréquent dans l'ensemble du Canada atlantique.

L'Ontario

L'éventail complet des degrés de perceptibilité se voit en Ontario. Même si les villes telles que Sault-Sainte-Marie, Thunder Bay et Toronto ont des populations francophones non négligeables (en 1996, 4,3 %, 2,5 % et 1,5 % respectivement) (Maxwell, 1977 ; Savas, 1990), la langue française y est à peine perceptible. Au début des années 1990, Sault-Sainte-Marie et Thunder Bay se sont déclarées – et ont largement publicisé leur décision – villes unilingues anglaises ; un geste indicatif du peu d'importance accordé aux francophones qui y vivent.

Par contre, plusieurs communautés francophones dans le nord et l'est de l'Ontario peuvent être décrites comme des lieux où le fait français est modérément perceptible. Dans ces communautés on voit de nombreux panneaux-réclames bilingues. Les noms de rue, les panneaux d'arrêt et ceux devant les églises et les organismes francophones locaux sont aussi écrits en anglais et en français. Puisque l'affichage commercial est l'indicateur le plus sensible pour ce qui est de l'exclusion ou de l'inclusion du groupe minoritaire, je peux dire que les villes de Timmins, de Prescott et de Kapuskasing sont des communautés où la perception de la francophonie est moyenne. Enfin, des villes telles que Hearst, Moonbeam et Mattice-Val Côté – dont la population francophone varie de 86 à 91 % –, sont tout aussi francophones que Caraquet et Edmunston au Nouveau-Brunswick.

L'Ouest

Comme c'est le cas pour les autres régions du Canada, la présence francophone dans l'Ouest est plus perceptible dans les villages et les petites villes, moyennement perceptible dans les villes plus importantes et peu perceptible dans les grandes villes et les cités. Les villes de Saint-Claude, de Notre-Dame-de-Lourdes et de Saint-Pierre-Jolys au Manitoba, de Zenon Park en Saskatchewan et de Falher et le village de Saint-Isidore en Alberta jouissent toutes d'une complétude institutionnelle et tous les indicateurs habituels de francité y sont présents. On utilise le français non seulement pour les activités sociales, religieuses et éducatives, mais aussi dans le domaine financier (surtout les caisses populaires), des services publics et des communications (noms de rue, avis publics). Le secteur commercial par contre présente un mélange de français et d'anglais et la publicité y est parfois en français, parfois en anglais, parfois dans les deux langues. Les conversations se déroulent dans les deux langues et il n'est pas rare que les locuteurs changent de langue quand cela semble plus facile pour eux et pour leurs interlocuteurs.

Par contre, dans d'autres villes d'importance comparable, la perceptibilité du fait français est sensiblement moindre ; je pense notamment à La Broquerie et à Sainte-Agathe au Manitoba, à Willow Bunch en Saskatchewan et à Legal et McLennan en Alberta. À Willow Bunch (34,8 % de francophones) par exemple, le panneau d'accueil, les renseignements devant l'église catholique locale et l'inscription devant le centre culturel francophone étaient écrits en français et en anglais. Toutefois, au restaurant de l'hôtel local, j'ai entendu quatre hommes, assis à la table voisine, tenir une conversation animée en anglais au sujet d'une tempête de vent qui avait atteint la ville pendant la nuit précédente et, ensuite, parce que l'un d'entre eux avait placé un mot français dans la conversation, se mettre à converser dans un français de qualité. À Ponteix, ville pourtant à majorité francophone (65,6 %), seuls les panneaux devant l'église et le centre culturel francophone soulignent cette présence française. Cependant, le pompiste m'a assuré que « *everyone here speaks French* ». À partir d'un tel exemple, nous pouvons dire que, même dans de petites communautés, peu de perceptibilité n'est pas nécessairement signe de peu de vitalité linguistique.

En fait, dans les villes de l'Ouest, surtout les plus importantes, une faible perceptibilité est la norme même si la vitalité linguistique est, en général, très élevée. Le fait français y serait complètement invisible si ce n'était des panneaux apposés sur plusieurs écoles bilingues, d'autres, tout en français, sur des écoles françaises et, là où cela existe, les panneaux du centre culturel et communautaire francophone local. Les paroisses francophones urbaines, lorsqu'elles existent, ont aussi des panneaux en français.

Edmonton est un cas d'exception parmi les villes de l'Ouest où, depuis quelques décennies maintenant, la visibilité francophone a considérablement augmenté, notamment dans le quartier Bonnie Doon où, à l'intérieur d'un kilomètre carré environ, on trouve les institutions francophones suivantes : une école secondaire, une église catholique, une résidence pour aînés, une section des Chevaliers de Colomb, un centre culturel, un édifice à bureaux et la Faculté Saint-Jean avec ses résidences d'étudiants. À quelques rues de là se trouve un autre édifice qui loge plusieurs entreprises et un bistro où le français est à l'honneur. Toutes ces institutions sont incluses dans la région de recensement 020 et, selon le recensement de 1991, la population de langue maternelle française s'y élevait à 11,7 % (ce taux tient compte des réponses simples et multiples). Un peu plus à l'est, dans la région 035, la proportion était de 5,3 %, tandis qu'elle s'élevait à 2,5 % pour l'ensemble de la ville d'Edmonton (Statistic Canada, 1993).

Pour résumer, disons que, au Canada, les communautés francophones vivant en milieu minoritaire se caractérisent le plus souvent par une incomplétude institutionnelle et que le taux de perceptibilité du français y est faible ou moyen. De plus, les francophones de ces communautés ont nettement l'impression d'appartenir à une minorité. La région située au nord et à l'est du Nouveau-Brunswick constitue l'exception à la règle et il est clair que certaines régions de l'Ontario sont tout près d'être considérées aussi comme des régions majoritaires.

* * *

Pour conclure, j'aimerais revenir brièvement à ma problématique initiale et dire quelques mots sur les trois principales conséquences du manque de visibilité des groupes qui vivent en milieu minoritaire.

Premièrement, l'absence de visibilité permet à la majorité anglophone d'agir comme si aucun francophone ne vivait au sein de sa communauté. Elle a tendance à nier les besoins particuliers des francophones – tels que la création d'un centre communautaire ou d'une école française – parce que, selon sa perception, la ville est, à toutes fins pratiques, anglophone.

Deuxièmement, la majorité présume d'emblée qu'il n'est pas nécessaire de mettre sur pied des services essentiels pour francophones puisqu'il n'y a personne pour les utiliser. Ce n'est qu'en 1999, et suite à un lobby important de la part de la communauté francophone, que le Calgary Immigrant Association a finalement embauché une personne pour consacrer un après-midi par semaine à répondre aux nouveaux arrivants parlant français. Auparavant, ces derniers devaient trouver un interprète ou tenter de compléter leur dossier dans une des huit autres langues utilisées depuis plusieurs années à l'Association.

Troisièmement, lorsque la majorité regarde la composition culturelle de sa communauté, elle a tendance à en ignorer la composante francophone. Des groupes plus visibles, les Asiatiques et les Africains par exemple, sont plus facilement pris en compte.

L'imperceptibilité du fait français en milieu minoritaire est beaucoup plus qu'un simple fait ennuyeux, elle conduit à des problèmes qui peuvent miner les chances de survivance et de développement de sociétés francophones tout entières. En réaction, de plus en plus de leaders des diverses communautés francophones du Canada travaillent maintenant à assurer une plus grande visibilité aux leurs.

Références

Cardinal, Linda, Jean Lapointe et J. Yvon Thériault (1994), *État de la recherche sur les communautés francophones hors Québec 1980-1990*, Ottawa, CRCCF.

Cohen, Anthony P. (1985), *The Symbolic Construction of Community*, London, Tavistock.

Giles, Howard, Richard Y. Bourhis et Donald M. Taylor (1977), « Towards a theory of language in ethnic group relations », dans Howard Giles (dir.), *Language, Ethnicity, and Intergroup Relations*, London, Academic Press, p. 307-348.

Maxwell, Thomas (1977), *The Invisible French*, Waterloo, Wilfrid Laurier University Press.

O'Keefe, Michael (1998), *Francophone Minorities : Assimilation and Community Vitality*, Ottawa, Ministère du Patrimoine, Gouvernement du Canada.

Savas, Daniel (1990), *La francophonie en ville : vivre comme francophone en milieu urbain*, Rapport final présenté à la FFHQ.

Statistic Canada (1993), *Profile of Census Tracts in Edmonton – Part A*, Cat. No. 95-385, Ottawa, Ministère de la Science, de l'Industrie et de la Technologie.

Stebbins, Robert A. (1994), *The Franco-Calgarians : French Language, Leisure, and Linguistic Life-style in an Anglophone City*, Calgary, Detselig Enterprises.

Stebbins, Robert A. (2000), *The French Enigma : Survival and Development in Canada's Francophone Societies*, Calgary, Detselig Enterprises.

Démographie comparée des populations francophones du Nouveau-Brunswick et de l'Ontario*

Charles Castonguay
Département des mathématiques
Université d'Ottawa

Chacune à sa façon, les populations francophones[1] de l'Ontario et du Nouveau-Brunswick méritent de figurer au premier rang des neuf minorités provinciales de langue française du Canada. Celle de l'Ontario est deux fois plus nombreuse que celle du Nouveau-Brunswick et regroupe un peu plus de la moitié de l'ensemble de la population francophone à l'extérieur du Québec. En revanche, la minorité francophone du Nouveau-Brunswick compte pour le tiers de la population de sa province, alors que dans les huit autres – y compris l'Ontario – le poids des francophones est inférieur à 5 %. En raison de ce poids supérieur et de leur concentration territoriale dans le nord et l'est de la province, les francophones du Nouveau-Brunswick résistent nettement mieux à l'anglicisation que ceux de l'Ontario, plus nombreux mais plus minoritaires, plus dispersés et plus urbanisés.

Nombre d'observateurs ont souligné ce rapport décisif entre le contexte géolinguistique et la propension d'une minorité à s'angliciser

---

* La présente étude a bénéficié d'une subvention du Conseil de recherches en sciences humaines du Canada.
1. Dans ce texte, les qualificatifs « francophone », « anglophone » et « allophone » renvoient exclusivement aux personnes qui sont respectivement de langue maternelle française, anglaise et autre que française ou anglaise.

(Joy, 1967 ; Lachapelle et Henripin, 1980 ; Bernard, 1990). Le contexte propre aux deux populations qui nous intéressent les conduit en effet à suivre des parcours distincts. Depuis 1971, le poids des francophones est resté à peu près stable au Nouveau-Brunswick, mais il a baissé sensiblement à chaque recensement en Ontario, passant de 6,3 % en 1971 à 4,7 % en 1996 (Marmen et Corbeil, 1999 : tableau A1). La résistance à l'anglicisation a même évolué de façon tout à fait divergente : du recensement de 1971 à celui de 1996, les jeunes adultes francophones du Nouveau-Brunswick sont progressivement moins portés à parler l'anglais à la maison alors que le contraire est vrai en Ontario. Cela conforte la dynamique démographique globalement plus favorable pour la minorité francophone du Nouveau-Brunswick.

Il est tentant d'attribuer l'amélioration de la persistance linguistique des jeunes francophones du Nouveau-Brunswick au statut que le français a récemment acquis dans cette province. À l'instar du gouvernement du Canada, dès 1969 le Nouveau-Brunswick s'est doté d'une loi sur les langues officielles. Une loi proclamant l'égalité des communautés anglophones et francophones du Nouveau-Brunswick a suivi en 1988. Rien de comparable en Ontario. Pareil jugement est cependant un peu trop court. Car c'est en raison de leur poids démographique supérieur que les francophones du Nouveau-Brunswick jouissent d'un plus grand pouvoir politique que ceux de l'Ontario et, par conséquent, de la bienveillance de la majorité anglophone de leur province. C'est l'avantage démographique qui assoit l'avantage politique, lequel engendre à son tour des retombées avantageuses pour la persistance linguistique et, en fin de compte, la démographie. Ainsi, par le truchement du politique, le nombre assure le nombre.

Il importe d'interroger plus à fond les déterminants proprement démographiques et géographiques des dynamiques divergentes évoquées ci-dessus quant à la résistance à l'assimilation et à la stabilité relative du poids des francophones au Nouveau-Brunswick en regard du déclin assez rapide de celui des francophones en Ontario. Les deux questions – assimilation et vitalité démographique – vont obligatoirement de pair, vu l'incidence certaine de l'anglicisation individuelle sur le remplacement des générations (Castonguay, 2002a).

Abordons à tour de rôle les facteurs pertinents : fécondité, migration internationale et interprovinciale, urbanisation et transmission – ou non-transmission – de la langue maternelle d'une génération à la suivante, ce dernier facteur étant le pendant intergénérationnel de la persistance linguistique – ou de l'assimilation – des parents sur le plan individuel.

LA FÉCONDITÉ NE JOUE PLUS

La population plus rurale du Nouveau-Brunswick pratiquait anciennement une fécondité nettement supérieure à celle, plus fortement urbanisée, de l'Ontario. Au plus fort du baby-boom d'après-guerre, on comptait au Nouveau-Brunswick un enfant par femme francophone de plus qu'en Ontario. À l'intérieur des deux provinces, la même chose était vraie – pour des raisons culturelles – de la minorité francophone par rapport à la majorité anglophone (Dallaire et Lachapelle, 1990a : 8 ; 1990b : 7). Cependant, au terme de la transition entre la surfécondité historique et le régime actuel de sous-fécondité, ces différences se sont toutes largement estompées.

Plus précisément, dès la première moitié des années 1980 la fécondité de la population totale, tous groupes linguistiques confondus, n'était que de 1,67 enfant par femme au Nouveau-Brunswick, en regard de 1,63 en Ontario. De plus, l'avantage traditionnel des francophones en la matière s'était effacé : les francophones du Nouveau-Brunswick avaient un indice synthétique de fécondité de 1,61 enfant par femme comparé à 1,68 chez les anglophones, tandis que ceux de l'Ontario avaient comme indice 1,54 au regard de 1,61 pour les anglophones. Toutes ces valeurs se situent bien en deçà du seuil de remplacement des générations de 2,1 enfants par femme.

En somme, la fécondité n'avantage plus guère les groupes linguistiques du Nouveau-Brunswick que ceux de l'Ontario et, dans chacune des deux provinces, la minorité francophone ne se distingue plus sur ce plan face à la majorité anglophone.

LA MIGRATION INTERNATIONALE AGIT DAVANTAGE AU DÉTRIMENT DES FRANCOPHONES DE L'ONTARIO

Au Nouveau-Brunswick comme en Ontario, l'immigration internationale francophone est quasi inexistante comparativement à l'immigration anglophone. De plus, les allophones immigrés, tout comme les allophones nés au Canada issus de l'immigration – sauf pour les autochtones – s'anglicisent massivement. Aussi l'immigration internationale agit-elle au détriment du poids des francophones dans les deux provinces. Cette cause de déséquilibre linguistique entre les deux populations de langue officielle joue nettement plus en Ontario, province d'immigration, qu'au Nouveau-Brunswick, qui ne l'est pratiquement pas. Si les renseignements sur l'émigration nous manquent, toutes ces observations quant à l'immigration peuvent se préciser.

Au recensement de 1996, 11,9 % des anglophones de l'Ontario étaient nés à l'étranger tandis que seulement 4,2 % des francophones l'étaient. Les mêmes statistiques étaient de 3,6 % et 1,1 % respectivement au Nouveau-Brunswick. L'assimilation linguistique des allophones, immigrés ou non, se répartissait de la façon suivante : en Ontario, 919 658 ou 99,5 % pour l'anglais contre 4 392 ou 0,5 % pour le français ; au Nouveau-Brunswick, 6 143 ou 96 % pour l'anglais contre 263 ou 4 % pour le français. En 1996 toujours, un peu plus de 26 % de la population de l'Ontario se déclarait née à l'étranger, comparé à moins de 4 % de celle du Nouveau-Brunswick.

Que ce soit directement, par l'arrivée d'un plus grand nombre d'anglophones que de francophones, ou indirectement, par l'anglicisation de la quasi-totalité des immigrés allophones ou de leurs descendants, l'immigration œuvre donc dans le sens d'une minorisation accrue des francophones relativement à leur majorité anglophone respective et cela se fait sentir beaucoup plus fortement en Ontario qu'au Nouveau-Brunswick. Cet effet négatif considérable de l'immigration sur le poids des francophones en Ontario modifie constamment la donne géolinguistique dans le sens d'une pression assimilatrice accrue de la majorité anglophone sur la minorité de langue française de cette province. Nous y reviendrons.

MIGRATION INTERPROVINCIALE : L'AVANTAGE QU'EN TIRAIT LA FRANCOPHONIE ONTARIENNE S'EST EFFACÉ

Traditionnellement, les échanges migratoires entre les provinces profitent à l'Ontario. Il n'en est pas ainsi pour le Nouveau-Brunswick. En 1996, par exemple, l'Ontario comptait 968 830 résidents nés ailleurs au Canada. Inversement, 726 245 Canadiens nés en Ontario habitaient à l'extérieur de la province. Cela représente un apport démographique de 242 585 personnes pour l'Ontario. De même, le Nouveau-Brunswick comptait 104 345 résidents nés à l'extérieur de la province, alors que 213 440 Canadiens nés au Nouveau-Brunswick habitaient ailleurs au pays, soit une perte nette de 109 095 personnes pour cette province.

Le gain net réalisé par l'Ontario se répartit comme suit entre les groupes linguistiques : 177 765 anglophones, 40 495 francophones et 24 325 allophones. La proportion de francophones dans cet apport (16,7 %) est supérieure au poids des francophones dans la province. La migration interprovinciale favorisait donc le maintien de l'importance à la fois numérique et proportionnelle de la population francophone de l'Ontario. Toutefois, en 1971, un calcul semblable se soldait par un gain migratoire interprovincial net de 365 535 personnes pour l'Ontario, dont 63 900 ou 17,5 % étaient des francophones. Compte tenu de la taille des populations en présence à l'époque, cela représentait un apport autrement plus important tant en nombre qu'en poids pour la francophonie ontarienne.

En fait, l'habituel bilan migratoire interprovincial positif de l'Ontario est devenu moins automatique. L'attrait des emplois ou de la qualité de vie en Alberta et en Colombie-Britannique peut désormais faire en sorte que l'Ontario se retrouve perdante au cours de certains lustres. L'apport migratoire plus que centenaire du Québec à la francophonie ontarienne paraît s'être tari. En 1971 on comptait 44 210 francophones de plus nés au Québec et résidant en Ontario que de francophones nés en Ontario et résidant au Québec, alors qu'en 1996 le même écart n'était que de 32 070. Durant le dernier lustre, c'est-à-dire entre 1991 et 1996, les échanges migratoires entre les deux provinces se sont même soldés par un léger gain net de quelque 3 500 francophones pour le Québec (Castonguay, 2002b).

Cette détérioration du bilan migratoire de la population francophone de l'Ontario avec celle du Québec lui est doublement dommageable. Car les jeunes adultes francophones nés au Québec et vivant en Ontario sont aussi moins portés à s'angliciser que ceux qui sont nés dans la province. L'évolution récente de ce flux migratoire agit ainsi de façon négative tant sur le nombre et le poids de la francophonie ontarienne que sur sa résistance à l'assimilation.

En ce qui regarde le Nouveau-Brunswick, le bilan habituellement négatif de ses échanges migratoires avec les autres provinces nuit un peu plus à sa minorité francophone qu'à sa majorité anglophone. Ses pertes nettes relevées ci-dessus pour 1996 se répartissaient entre 66 739 anglophones, 41 126 francophones et 1 230 allophones. Les francophones s'y trouvent donc légèrement surreprésentés (37,7 %) en regard de leur poids au sein de la population de la province. Toutefois, ce désavantage relatif ne semble pas avoir évolué de façon significative, notamment en ce qui concerne les échanges avec le Québec. En 1971 comme en 1996 on comptait environ 20 000 francophones de plus nés au Nouveau-Brunswick et habitant au Québec que de francophones nés au Québec et habitant au Nouveau-Brunswick. Ainsi, contrairement au bilan de la francophonie ontarienne sur ce plan, celui des francophones du Nouveau-Brunswick ne se serait pas détérioré.

LES FRANCOPHONES DU NOUVEAU-BRUNSWICK DEMEURENT CONCENTRÉS EN MILIEU RURAL

L'examen des données par division de recensement permet d'identifier les régions à forte ou faible concentration francophone à l'intérieur d'une province donnée. On peut aussi déterminer le degré d'urbanisation des populations régionales à l'aide des régions métropolitaines de recensement, qui englobent au moins 100 000 habitants, ainsi que des agglomérations de recensement, qui représentent des conurbations moins imposantes.

La population francophone compte pour au moins 10 % de la population totale dans sept divisions de recensement contiguës du nord et de l'est du Nouveau-Brunswick. Le tableau 1 présente ces divisions en fonction du poids de leur population francophone en 1996. C'est chose courante que de distinguer cet ensemble de divisions, que nous réunirons sous le titre de « région acadienne », des huit autres divisions de la province, que l'on peut appeler la « région anglophone », vu que les francophones y comptent pour moins de cinq pour cent de la population.

TABLEAU 1
Répartition territoriale des francophones au Nouveau-Brunswick

	Poids (en %) des francophones dans la population totale		Part (en %) de la population francophone provinciale	
	1971	1996	1971	1996
Nouveau-Brunswick	33,8	33,2	100,0	100,0
Région acadienne	58,0	58,8	93,5	93,3
Madawaska	95,0	94,2	15,5	14,1
Gloucester	82,9	83,6	28,9	29,9
Kent	81,4	75,7	9,4	9,9
Restigouche	59,8	62,5	11,5	9,8
Victoria	38,8	41,9	3,4	3,7
Westmoreland	40,2	41,0	18,5	20,0
Northumberland	25,7	27,2	6,2	5,8
Région anglophone	4,8	4,7	6,5	6,7

Les deux premières colonnes du tableau 1 indiquent l'évolution entre 1971 et 1996 du poids des francophones dans les régions et divisions pertinentes. Il en ressort une légère tendance générale à la croissance du poids des francophones dans la région acadienne, à l'exception des divisions de Kent et de Madawaska. Leur poids n'a pas varié de façon significative dans la région anglophone. Les deux dernières colonnes du tableau montrent que la répartition territoriale des francophones au Nouveau-Brunswick est demeurée remarquablement stable depuis 1971. La quasi-totalité – plus de 93 % ou, en chiffres réels, 226 200 sur un total provincial de 242 400 en 1996 –

habitent toujours la région acadienne. Mieux encore, près des deux tiers (65 % en 1971, 64 % en 1996) habitent les divisions de Madawaska, Gloucester, Kent et Restigouche, où ils forment la majorité absolue.

Le Nouveau-Brunswick ne compte que trois grandes conurbations dans lesquelles les francophones sont sensiblement minoritaires. Deux d'entre elles, soit la région métropolitaine de Saint John et l'agglomération de Fredericton, sont situées dans la région anglophone. La plupart des quelque 16 000 francophones de cette région habitent ces deux centres urbains. La troisième, l'agglomération de Moncton, se trouve à cheval sur la frontière sud entre la région anglophone et la région acadienne, mais la quasi-totalité de ses résidants francophones habitent sa partie acadienne, dans la division de Westmoreland. D'après le tableau, Westmoreland a augmenté quelque peu sa part de la population francophone totale de la province, passant de 18,5 % en 1971 à 20,0 % en 1996. Toutefois, le poids des francophones y est aussi en légère hausse, de 40,2 à 41,0 %. Dans l'ensemble, donc, sur les 25 ans à l'étude, les recensements indiquent tout au plus un mouvement minime des francophones vers les grandes conurbations à majorité anglophone de la province.

L'URBANISATION ET LA MINORISATION DES FRANCOPHONES S'ACCENTUENT PARTOUT EN ONTARIO

Les francophones comptent pour au moins 10 % de la population dans huit divisions de recensement de l'Ontario qui forment deux régions distinctes avoisinant le Québec. La région « Est » réunit les divisions d'Ottawa-Carleton, Prescott-Russell et Stormont-Dundas-Glengarry. La région « Nord » comprend celles de Cochrane, Nipissing, Sudbury, Sudbury District et Timiskaming. Il sera commode d'appeler région « Sud » l'ensemble formé des autres divisions ontariennes.

La région Est compte une seule région métropolitaine de recensement (RMR), celle d'Ottawa, qui englobe cependant la grande majorité de la population francophone régionale. À l'inverse, la plupart des francophones du Nord habitent à l'extérieur de son unique RMR, laquelle coïncide à toutes fins pratiques avec la division – ou municipalité régionale – de Sudbury. Quant aux francophones du Sud, ils évoluent en situation très minoritaire et surtout en milieu urbain, éparpillés pour l'essentiel parmi huit RMR dont celles de Toronto, St. Catharines-Niagara et Windsor, et 27 agglomérations de recensement dont Kingston, Sarnia et Sault-Sainte-Marie. Déjà en 1971, plus de sept francophones du Sud sur dix habitaient une RMR ou une grande agglomération urbaine de plus de 60 000 habitants. Il s'agit ainsi de la plus urbanisée des trois populations régionales en jeu.

Dans l'ensemble, donc, dès le début de la période d'observation la francophonie ontarienne est beaucoup plus urbanisée que celle du Nouveau-Brunswick. Le tableau 2 fait voir que cette différence essentielle s'est nettement accentuée.

TABLEAU 2
Répartition territoriale des francophones en Ontario

	Poids (en %) des francophones dans la population totale		Part (en %) de la population francophone provinciale	
	1971	1996	1971	1996
Ontario	6,3	4,7	100,0	100,0
Est	26,7	21,2	33,9	38,1
RMR d'Ottawa	21,4	18,4	20,1	27,9
Reste de la région	41,7	36,1	13,8	10,2
Nord	35,7	32,6	31,1	26,4
RMR de Sudbury	31,9	29,1	10,3	9,5
Reste de la région	38,0	34,9	20,8	16,8
Sud	2,5	1,9	35,0	35,5

Roger Bernard (1996 : 31) avait relevé un mouvement migratoire des francophones du Nord vers le Sud et l'Est dû à l'évolution récente des économies régionales : déclin des activités d'extraction minière et forestière dans le Nord, stabilité de l'emploi assurée par la fonction publique fédérale dans l'Est – plus exactement dans la RMR d'Ottawa – et développement et diversification de l'économie dans les grands centres urbains du Sud. Les deux dernières colonnes du tableau confirment son analyse. Depuis 1971, la part du Nord – la moins urbanisée des trois régions – dans l'ensemble de la francophonie ontarienne a reculé de près de cinq points de pourcentage au profit de l'Est et, à un moindre degré, du Sud, tous deux fortement urbanisés. Que le Sud paraisse en avoir moins profité tient à l'anglicisation très rapide des francophones dans cette région, qui rend éphémère l'apport des migrants à sa francophonie. Le tableau indique que l'urbanisation des francophones est à l'œuvre tout aussi bien à l'intérieur des régions Nord et Est. À partir toujours des deux dernières colonnes, on peut en effet calculer que la RMR de Sudbury a augmenté sa part des francophones du Nord, celle-ci étant passée de 33 % en 1971 (10,3 divisé par 31,1) à 36 % en 1996 (9,5 divisé par 26,4). La progression de la RMR d'Ottawa est plus évidente encore : sa part des francophones de l'Est est passée de 59 % à 73 % en 25 ans.

Au total, la proportion des francophones de l'Ontario qui habitaient la région Sud ou les RMR d'Ottawa et de Sudbury est passée, selon le tableau 2, de 65,4 % en 1971 à 72,9 % en 1996. Autrement dit, de près de deux francophones sur trois à près de trois sur quatre en seulement 25 ans. C'est rapide comme mouvement et ce n'est qu'une sous-estimation du phénomène puisque ces chiffres ne font pas entrer en ligne de compte l'urbanisation survenue depuis 1971 à l'intérieur de la région Sud par le développement de ses 35 régions métropolitaines ou agglomérations de recensement.

Les deux premières colonnes du tableau 2 font voir une autre différence fondamentale, pour ce qui est de la dynamique géolinguistique, d'avec de la francophonie du Nouveau-Brunswick. La tendance à la baisse du poids de la minorité francophone depuis 1971, évidente à l'échelle de l'ensemble de l'Ontario, se retrouve à un degré appréciable partout dans la province. Cela s'explique par le déficit de remplacement des générations francophones causé par l'anglicisation des jeunes adultes qui sévit partout et qui se solde partout par un supplément d'enfants anglophones et l'importante immigration internationale dans les RMR et la région Sud, apport démographique très peu francophone et qui ne se francise pratiquement pas.

Logiquement, le poids des francophones a le moins baissé dans les divisions du Nord et de l'Est les plus à l'écart des grands centres urbains. Dans ces divisions, l'attrait des grandes villes agit à peu près autant sur les anglophones que les francophones et l'immigration internationale est marginale. Ainsi, dans le Nord le poids des francophones a baissé de moins de deux points de pourcentage dans les divisions de Cochrane et Timiskaming, voisines du Québec, qui s'étendent du lac Témiscamingue jusqu'à la baie James. Dans l'Est, la situation évolue à un rythme semblable sur le territoire restreint de l'ancienne division de Prescott, à mi-chemin entre Ottawa et Montréal, la seule dans tout l'Ontario à conserver une majorité francophone de près de 80 %. Ce serait encore le cas aussi de sa voisine à l'ouest, l'ancienne division de Russell, si sa population n'avait pas été modifiée et anglicisée par l'étalement urbain, la RMR d'Ottawa ayant maintenant intégré l'ensemble de la division de Russell.

L'ASSIMILATION ET LA TRANSMISSION DE L'ANGLAIS AUX ENFANTS EXACERBENT LE DÉFICIT ENTRE LES GÉNÉRATIONS FRANCOPHONES

Le remplacement des générations francophones est fonction de leur fécondité et de la transmission du français comme langue maternelle aux enfants. Celui des générations anglophones se règle de façon semblable. Vu qu'il n'existe plus guère de différence de fécondité entre francophones et anglophones du Nouveau-Brunswick et de l'Ontario, tout écart significatif entre les populations de langue officielle en matière de remplacement des générations provient nécessairement du pouvoir d'assimilation de l'anglais. En effet, les jeunes parents francophones et allophones qui utilisent l'anglais comme langue d'usage à la maison transmettent habituellement l'anglais comme langue maternelle à leurs enfants, ce qui mine le remplacement de leurs générations et renforce celui des générations anglophones.

Francophones et anglophones sont à peu près également sous-féconds au Nouveau-Brunswick. Les populations en cause seront donc normalement toutes deux déficitaires quant au remplacement de leurs générations. Cependant, à cause de l'anglicisation non négligeable de la population francophone dans la province, le déficit entre les générations y sera nécessairement plus élevé que chez les anglophones. Ce déficit peut se mesurer en comparant, par exemple, le nombre d'enfants francophones de 0 à 4 ans au nombre de jeunes adultes francophones âgés de 27,5 à 32,5 ans, l'espace entre les générations étant, en 1996, d'environ 27,5 ans. Cela donne un déficit de 36 % entre les générations francophones en 1996. Calculé de façon semblable, le déficit n'était que de 15 % chez les anglophones, un écart attribuable pour l'essentiel au pouvoir d'assimilation de l'anglais.

Le taux d'anglicisation des jeunes adultes francophones du Nouveau-Brunswick a cependant baissé de façon régulière, passant de 12 % en 1971 à 9 % en 1996 (Castonguay, 1996, 1999b). Si cette tendance se poursuit, l'écart entre les déficits intergénérationnels des populations francophone et anglophone tendra à se résorber. Entre-temps, l'anglicisation encore substantielle des jeunes adultes francophones aura comme incidence intergénérationnelle de porter le poids des francophones du Nouveau-Brunswick à se réduire et d'augmenter en corrélation avec celui des anglophones.

Le phénomène d'assimilation a beaucoup plus d'ampleur en Ontario, tant chez les francophones que chez les allophones qui y sont autrement plus nombreux qu'au Nouveau-Brunswick. Par conséquent, depuis que francophones et anglophones pratiquent une sous-fécondité à peu près égale, le déficit entre les générations francophones en Ontario est sensiblement plus élevé qu'au Nouveau-Brunswick, alors que c'est le contraire pour celui des générations anglophones. En 1996, le déficit intergénérationnel chez les francophones était en effet de 44 %, comparé à seulement 5 % pour la population anglophone. Déjà énorme, cet écart n'aura pas tendance à s'estomper puisque, au contraire du Nouveau-Brunswick, le taux d'anglicisation des jeunes adultes francophones est en croissance continue en Ontario, passant de 36 % en 1971 à 44 % en 1996 (Castonguay, 1999a : 23 ; 1999b : 45). Cette tendance se retrouve d'ailleurs dans chacune des régions de l'Ontario, tout particulièrement dans les grandes conurbations de l'Est et du Nord comparativement à leurs parties plus rurales.

En 1996 le taux d'anglicisation des jeunes adultes francophones a ainsi atteint 32 % dans l'Est, 34 % dans le Nord et 65 % dans le Sud (Castonguay, 2002b). À l'intérieur des régions Nord et Est, ce taux a connu une progression fulgurante dans les grands centres urbains passant de 25 % en 1971 à 41 % dans la division de Sudbury – qui se confond à toutes fins utiles avec la RMR du même nom – et de 22 % à 40 % dans celle d'Ottawa-Carleton qui correspond sensiblement aujourd'hui à la région métropolitaine d'Ottawa. Dans les mêmes années, dans le reste des régions Nord et Est ce taux d'anglicisation ne passait que de 20 % à 29 % et de 12 % à 19 % respectivement (Castonguay, 2002c).

Si la tendance se maintient, le formidable écart entre les populations francophone et anglophone de l'Ontario en matière de remplacement des générations, stimulé par une anglicisation en progression libre chez la première, continuera de pousser fortement le poids des francophones à la baisse dans cette province, ce qui, par un effet de retour, exercera une pression toujours plus forte vers l'anglais. Ceux qui habitent les grands centres urbains feront tout particulièrement les frais de ce cercle vicieux. L'influence déterminante du poids de la majorité anglophone sur les comportements linguistiques des francophones minoritaires dans des contextes de tout genre, tant privés que publics, a été confirmée entre autres par une enquête exhaustive réalisée pour le Secrétariat d'État au début des années 1980 (Dallaire et Lachapelle, 1990a : 23-31 ; 1990b : 22-30).

LE CONTEXTE GÉOLINGUISTIQUE, UN FACTEUR DÉTERMINANT DANS L'ÉVOLUTION DIVERGENTE DES DEUX MINORITÉS

Aucun des facteurs géographiques et démographiques qui agissent sur la population francophone de l'Ontario n'évolue de façon qui lui soit favorable. Au contraire, plusieurs tendent à exacerber sa minorisation et son anglicisation. Elle ne reçoit plus d'apport migratoire important en provenance du Québec et son urbanisation la place en contact de plus en plus intime avec une majorité anglophone toujours plus massive au fur et à mesure que se poursuivent l'immigration et l'assimilation dont celle, très forte, des francophones eux-mêmes.

La dynamique est tout autre au Nouveau-Brunswick. Sa population francophone est à peine plus portée que sa population anglophone à migrer dans une autre province et cette situation semble être stable. La pression additionnelle d'une immigration internationale qui s'anglicise, si caractéristique de l'Ontario, est quasi inexistante au Nouveau-Brunswick. La concentration des francophones dans la région acadienne demeure intacte et la fraction de francophones qui habitent la division de Westmoreland, dont l'agglomération de Moncton, est légèrement en hausse, de sorte que leur poids dans la division s'est quelque peu accru. En fait, le poids des francophones dans l'ensemble de la province n'a guère bougé depuis 1971.

Au Nouveau-Brunswick, la stabilité du contexte géolinguistique a permis une amélioration marquée du statut sociopolitique de la minorité francophone tandis que, en Ontario, la progression de l'assimilation au sein de la francophonie paraît solidement rattachée à la détérioration de ses positions géographiques et démographiques et compromet le bénéfice que l'amélioration de son statut, somme toute assez superficielle, aurait pu lui apporter.

L'expérience de contact intime entre francophones, anglophones et allophones dans la division d'Ottawa-Carleton, devenue la nouvelle capitale du Canada, semble à cet égard tout à fait probante. Politique fédérale oblige, c'est sur ce territoire que le statut du français s'est le plus amélioré en Ontario. L'embauche de fonctionnaires francophones dans la foulée de l'adoption de la *Loi canadienne sur les langues officielles* a attiré sur ce même territoire de nombreux migrants de langue française si bien qu'Ottawa-Carleton a sensiblement augmenté sa part de la francophonie ontarienne passant de 20 % en 1971 à 23 % en 1996. Malgré ce gain, le poids des francophones dans Ottawa-Carleton a chuté de façon encore plus marquée, passant de 21 % à 16 %. De toute évidence, la pression accrue de la majorité de langue anglaise a fait en sorte que cet exemple d'urbanisation des francophones s'est soldé par la montée en flèche de leur taux d'anglicisation.

* * *

Les facteurs géolinguistiques, dont le degré de concentration dans les grandes agglomérations urbaines à forte majorité anglophone, semblent avoir pesé de manière décisive sur l'évolution future des deux populations en jeu. Engagée dans un puissant tourbillon d'urbanisation, de minorisation et d'assimilation, la francophonie ontarienne paraît vouée à une anglicisation toujours croissante et au déclin de ses effectifs. Celle du Nouveau-Brunswick demeure mieux assurée, à condition de maintenir sa concentration en territoire acadien.

Par ailleurs, contrairement à l'Ontario, la population anglophone du Nouveau-Brunswick, rongée aussi par un déficit intergénérationnel appréciable, connaîtra un déclin de ses effectifs. Ce phénomène fera que le rythme de minorisation des francophones sera plus lent que celui de l'Ontario.

Références

Bernard, Roger (1990), *Un avenir incertain*, Ottawa, FJCF.

Bernard, Roger (1996), « Portrait démolinguistique de l'Ontario français », *Revue du Nouvel-Ontario*, 20, p. 15-40.

Castonguay, Charles (1996), « Évolution de l'anglicisation des francophones au Nouveau-Brunswick, 1971-1991 », dans Lise Dubois et Annette Boudreau (dir.), *Les Acadiens et leur(s) langue(s) : quand le français est minoritaire*, Moncton, Éditions d'Acadie, p. 47-62.

Castonguay, Charles (1999a), « Évolution démographique des Franco-Ontariens entre 1971 et 1991 », dans Normand Labrie et Gilles Forlot (dir.), *L'Enjeu de la langue en Ontario français*, Sudbury, Prise de parole, p. 15-32.

Castonguay, Charles (1999b), « French Is on the Ropes. Why Won't Ottawa Admit It ? », *Policy Options/Options politiques*, 20, 8, p. 39-50.

Castonguay, Charles (2002a), « Assimilation linguistique et remplacement des générations francophones et anglophones au Québec et au Canada », *Recherches sociographiques*, 43, 1, p. 149-182.

Castonguay, Charles (2002b), « Le contexte démographique franco-ontarien, 1971-1996 », *Revue du Nouvel-Ontario*, 27, p. 3-42.

Castonguay, Charles (2002c), « Pensée magique et minorités francophones », *Recherches sociographiques*, 43, 2, p. 369-380.

Dallaire, Louise M., et Réjean Lachapelle (1990a), *Profil démolinguistique : Nouveau-Brunswick*, Ottawa, Secrétariat d'État.

Dallaire, Louise M., et Réjean Lachapelle (1990b), *Profil démolinguistique : Ontario*, Ottawa, Secrétariat d'État.

Joy, Richard J. (1967), *Languages in Conflict : The Canadian Experience*, Ottawa, à compte d'auteur. Réédité en 1972 par McClelland and Stewart, Toronto.

Lachapelle, Réjean, et Jacques Henripin (1980), *La situation démolinguistique au Canada : évolution passée et prospective*, Montréal, Institut de recherches politiques.

Marmen, Louise, et Jean-Pierre Corbeil (1999), *Les langues au Canada : recensement de 1996*, Ottawa, Patrimoine canadien et Statistique Canada.

Fragmentation ou vitalité? Regard sociologique sur l'Acadie actuelle et ses réseaux associatifs

Greg Allain
Département de sociologie
Université de Moncton

Les recherches sur les francophonies canadiennes minoritaires et sur l'Acadie se sont multipliées au cours des années 1990[1]. La mise sur pied, en 1990, du Réseau de la recherche sur les francophonies minoritaires au Canada et la tenue d'un colloque annuel dans le cadre du Congrès de l'Association canadienne-française pour l'avancement du savoir (ACFAS) ont fourni un lieu pour diffuser et discuter des résultats de nos recherches[2]. Des chaires, comme la CEFAN ou la Chaire d'études acadiennes, des instituts et d'autres colloques et séminaires un peu partout au Canada ont aussi contribué à faire connaître ce champ d'étude florissant[3].

Pour ce qui est de l'Acadie, lors d'un bilan des recherches sociologiques sur la société acadienne dressé en 1993 avec Isabelle McKee-Allain et Joseph-Yvon Thériault, nous avions conclu à l'am-

---

1. Pour le Canada, voir Cardinal, Lapointe et Thériault., 1994 ; Thériault, 1999 ; Stebbins, 2000. Pour l'Acadie, on consultera Daigle, 1993 ; Thériault, 1995 ; Allain et Basque, 2001. Pour l'Ontario francophone, voir entre autres : Cotnam, Frenette et Whitfield., 1995 ; Jaenen, 1993 ; Gilbert, 1999.
2. Plusieurs Actes ont été publiés : voir Cardinal, 1993 ; Cazabon, 1996 ; Allaire et Gilbert, 1998 ; Allain, Allaire et McMahon, 2002.
3. La CEFAN notamment publie les travaux de son séminaire annuel aux études avancées et les Actes de ses colloques dans sa collection Culture française d'Amérique aux Presses de l'Université Laval.

biguïté de la période plus récente – toujours la plus difficile à évaluer – qui présentait des tendances, à première vue, contradictoires. Comme toute société postmoderne[4], l'Acadie manifeste des signes d'éclatement, de fragmentation (ou plutôt de segmentation, selon Johnson et McKee-Allain, 1999) et d'individualisation. Les grands thèmes rassembleurs du néonationalisme et des pratiques s'y rattachant, omniprésents dans les décennies 1960 et 1970, perdent de leur emprise et cèdent la place à des appartenances – et à des identités – davantage plurielles, mais aussi plus volontaires et donc plus éphémères. Par ailleurs – et c'est l'autre versant de cette ambivalence – nous constatons une complexification de la structure sociale acadienne et un accroissement de sa capacité organisationnelle[5] à travers, notamment, un foisonnement associatif et la constitution de grands réseaux (Allain, 1996, 2001). La postmodernité en Acadie se manifeste donc simultanément sous le signe d'un affaiblissement des grands référents collectifs qui ont dominé depuis le début des années 1960 et de nombreux indices de vitalité et d'effervescence de la société civile (Allain, McKee-Allain et Thériault, 1993). Dans un texte récent sur la société acadienne contemporaine, les auteurs avaient résumé ainsi la spécificité de cette société minoritaire :

> Entre le tout pour la nation et rien pour l'individu, cette société semble emprunter plusieurs voies intermédiaires, les unes plus tournées vers une identité traditionnelle de type ethnique, les autres vers une identité moderne segmentée et organisée. De ce point de vue, si ses variables lourdes continuent d'inquiéter, sa substance identitaire semble s'accommoder aux grandes tendances qui caractérisent les sociétés postindustrielles (Johnson et McKee-Allain, 1999 : 232).

Qui plus est, notre bilan de 1993 avait permis de constater la prédominance, jusque là, d'études de type macrosociologique portant soit sur la question nationale comme telle, soit sur les réalités démolinguistiques. Ces dernières études, comme d'ailleurs celles

---

[4]. Sur la postmodernité, voir les excellentes synthèses des sociologues Kumar (1995) et Lyon (1999).
[5]. Selon le concept développé par le sociologue Raymond Breton dans ses travaux sur les communautés ethnoculturelles au Canada (Breton, 1964, 1983, 1984, 1994).

portant sur les autres minorités francophones au Canada, dégagent fréquemment des tendances lourdes, au total plutôt démobilisatrices, comme les fameuses statistiques généralement alarmantes sur l'assimilation linguistique[6]. Nous estimons qu'un tel tableau est pour le moins incomplet, sinon carrément trompeur ; il ne rend certes pas compte de la diversité, de la mouvance et de la complexité des situations vécues. Pour faire la lumière sur les dynamismes concrets, plus près du quotidien des milieux minoritaires comme l'Acadie, il importe de mettre aussi l'accent sur une microsociologie des communautés (Thériault, 1995), de leur tissu organisationnel et associatif et des réseaux mis en place pour affirmer et renforcer les nouvelles identités collectives.

Mes propres recherches ont emprunté cette seconde voie, à savoir l'investigation de la complétude institutionnelle[7] et de la capacité organisationnelle en Acadie, pour reprendre les concepts de Raymond Breton (1964, 1983, 1984). Je me suis penché sur l'univers associatif, particulièrement dynamique en Acadie[8]. Cependant, toutes les associations n'ont pas le même poids. Aussi ai-je

---

6. Cette question de l'assimilation suscite un vif débat. D'un côté, les tenants de la suprématie des mesures quantitatives, tels le statisticien Charles Castonguay (1993, 1994, 1997, 1999) et le sociologue Roger Bernard (1990a, 1990b, 1991, 1996, 1998) pour l'Ontario francophone, qui croient que l'ampleur du phénomène de l'assimilation menace la plupart des communautés francophones du pays, à l'exception du Québec. À ce camp pessimiste s'oppose le groupe des optimistes, ou des moins pessimistes, qui remettent en question la validité des mesures utilisées pour estimer l'assimilation (O'Keefe, 2001) qui occultent le travail de mobilisation à la base et la vitalité réelle des communautés francophones et de leurs institutions à travers le Canada. Outre Thériault (1995), cette perspective regroupe bon nombre de chercheurs canadiens, dont plusieurs en Acadie : c'est le modèle qui a inspiré notre étude récente sur la communauté francophone et acadienne de Saint-Jean au Nouveau-Brunswick (Allain et Basque, 2001 ; Allain, 2002). Pour une excellente synthèse récente du débat par un tenant du deuxième camp, voir Couture (2001).
7. Pour des applications récentes de cet autre concept-clé de Breton, on lira notamment Denis (1993) et Goldenberg et Haines (2000).
8. Un net rattrapage s'est effectué sur ce plan. Robert Young (1989) rapporte qu'au début des années 1960, seulement 15 % des associations au Nouveau-Brunswick étaient francophones et qu'au tournant des années 1980, 33 % – soit l'équivalent de la proportion de francophones dans la province – l'étaient.

choisi d'examiner un certain nombre de « réseaux d'articulation » ou « réseaux de réseaux », selon l'expression des sociologues suisses Pierre Rossel, François Hainart et Michel Bassand (1990) pour qui la société postmoderne est précisément une société réticulaire, c'est-à-dire constituée de, et traversée par, des réseaux. À travers le prisme des réseaux, j'ai pu recueillir de nombreux indices de la vitalité de la société civile acadienne du Nouveau-Brunswick dans des domaines très variés.

LE CONSEIL PROVINCIAL DES SOCIÉTÉS CULTURELLES (CPSC)

J'ai d'abord analysé le Conseil provincial des sociétés culturelles, un organisme regroupant l'ensemble des associations locales et régionales œuvrant à l'organisation de spectacles et de manifestations artistiques. Créé en 1972 sous le nom de Conseil de promotion et de diffusion de la culture, il se réinventait en 1988 sous son nom actuel avec une structure fédérative et un mandat de concertation dans le secteur culturel. Au milieu des années 1990, le CPSC regroupait 16 sociétés culturelles à travers la province qui comptaient au total quelque 12 000 membres (Allain, 1996). Le CPSC a créé le Réseau des organisateurs de spectacles qui comprend 25 groupes affiliés et il participe lui-même à des réseaux externes dont le Réseau des organisateurs de spectacles de l'est du Québec (ROSEQ) et le Réseau indépendant des diffuseurs d'événements artistiques unis (RIDEAU).

Pour illustrer la vigueur de ce réseau, je partagerai une observation personnelle. À l'automne 2001, j'ai eu le plaisir de participer au 4e gala annuel des Éloizes où sont remis des prix convoités aux artistes choisis pour leur contribution remarquée en musique, en théâtre, en peinture, en sculpture, etc. Les trois premières éditions avaient eu lieu au théâtre Capitol de Moncton. La décision a été prise l'an dernier de tenir l'événement en région à tous les deux ans et la petite ville de Tracadie-Sheila (4 000 habitants) fut la première hôtesse régionale de l'activité qui s'est tenue à l'aréna local. On aurait pu craindre pour l'acoustique, sans parler du froid et de l'humidité. Ce ne fut pas le cas. L'espace avait été aménagé de façon si ingénieuse qu'on ne se serait pas cru dans un aréna. La remise des prix et le spectacle très moderne[9] se sont faits dans la bonne humeur et avec professionnalisme. Les 400 personnes, faisant salle comble, ont réagi avec enthousiasme. Les caméras de Radio-Canada étaient sur place et le spectacle a été télédiffusé la semaine suivante. La société locale des Tracadilles, qui avait assuré l'organisation avec l'Association des artistes professionnels acadiens et le CPSC, a remporté son pari avec brio et les gens croisés à la sortie ont tous témoigné de leur grande fierté à la suite de cette belle réussite.

LA SOCIÉTÉ DES ACADIENS ET DES ACADIENNES DU NOUVEAU-BRUNSWICK (SAANB)

Le deuxième réseau étudié fut celui de la SAANB, un organisme provincial de défense et de promotion des intérêts de l'Acadie du Nouveau-Brunswick. J'ai particulièrement regardé son volet « Concertation » qui chapeaute une trentaine d'organismes sectoriels. Créée en 1973, dans le sillage de la naissance des identités francophones minoritaires suite à l'éclatement de l'ancien Canada français à la fin des années 1960, la SANB (la féminisation du nom et de l'acronyme viendra plus tard) devait se donner, en 1984, deux nouvelles orientations significatives, avec l'adoption d'un plan quinquennal (« Pour un nouveau contrat social ») qui proposait de susciter la création de structures associatives francophones homogènes et de jouer un rôle de coordination entre ces nouveaux groupes et ceux déjà en place.

Bien sûr, il existait avant le milieu des années 1980 un certain nombre d'associations acadiennes ; outre la SANB elle-même et le CPSC dont il vient d'être question, mentionnons la Fédération des jeunes francophones du Nouveau-Brunswick (1971), la Fédération des Dames d'Acadie (1974), la Fédération des scouts de l'Atlantique (1975) – la Fédération des guides du Nouveau-Brunswick sera mise sur pied en 1982 –, l'Association des écrivains acadiens (1978), le

---

9. On a pu y entendre de la musique populaire, du jazz, de l'opéra, du luth baroque... Le Prix Éloize pour le meilleur groupe musical a été décerné à un jeune ensemble de jazz de Dieppe.

Conseil économique du Nouveau-Brunswick (1979) et la Société des jeux de l'Acadie (1981)[10].

À la suite de la réorientation de 1984, la SANB a présidé, avec l'appui financier du Secrétariat d'État fédéral d'alors, à l'établissement d'une dizaine d'organismes sectoriels dans des domaines variés, dont la Fédération des agriculteurs et agricultrices francophones du Nouveau-Brunswick (1985), l'Association des juristes d'expression française du Nouveau-Brunswick (1987)[11], le Comité de parents du Nouveau-Brunswick (1988), la Fédération d'alphabétisation du Nouveau-Brunswick (1988), l'Association des municipalités du Nouveau-Brunswick (1989)[12], l'Association acadienne des artistes professionnels du Nouveau-Brunswick (1990)[13] et l'Association des radios communautaires acadiennes du Nouveau-Brunswick (ARCANB) (1991)[14].

D'autres groupes verront le jour dans les années 1990[15], mais déjà vers la fin des années 1980 se manifestait le besoin de passer à la seconde phase de la réorientation de 1984, à savoir la mise en

---

10. Certains organismes existaient bien avant les années 1970. L'Institut féminin francophone du Nouveau-Brunswick date de 1925 par exemple, mais pensons surtout à la création en 1945 de la Fédération des Caisses populaires acadiennes, issue d'une scission avec la fédération provinciale anglophone (voir Daigle, 1990), et à l'Association des enseignants et des enseignantes francophones du Nouveau-Brunswick créée en 1958, à la suite du retrait des Acadiens de la fédération provinciale à forte majorité anglophone (Basque, 1994). Rappelons que dès 1939 les enseignants francophones avaient organisé des cercles pédagogiques dans leurs régions et, en 1946, formulé le projet d'une fédération autonome dont l'incorporation ne sera accordée qu'en 1958.
11. Cette association compte actuellement 250 membres.
12. L'ensemble des 43 municipalités de la province qui ont une population majoritairement francophone sont membres.
13. Cette association regroupe environ 120 artistes acadiens.
14. L'ARCANB réunit les huit radios communautaires francophones de la province.
15. Mentionnons l'Association des travailleurs en loisir du Nouveau-Brunswick, la Société des enseignants et enseignantes retraités francophones, le Mouvement acadien des communautés en santé du Nouveau-Brunswick (1999) auquel sont affiliés 12 communautés et 7 organismes, et l'Association acadienne et francophone des aînées et aînés du Nouveau-Brunswick (2000) où le *membership* serait en forte croissance et où on estime que le nombre actuel de membres (2 500) doublera dans les deux ou trois prochaines années.

place d'un système de coordination. C'est ainsi que fut créé en 1987 le Forum de concertation des organismes acadiens du Nouveau-Brunswick, avec la SAANB comme maître d'œuvre. Dans les années 1990, une trentaine d'organismes s'y rencontraient pour discuter de dossiers communs[16] et de priorités servant à l'allocation des fonds par Patrimoine Canada[17]. Depuis 1994, l'exercice a donné lieu à l'élaboration d'un Plan de développement global de l'Acadie du Nouveau-Brunswick. Des analystes reprochent à ce dernier processus de fragmenter les grandes priorités acadiennes en des centaines d'objectifs et de nourrir « une légion de consultants, sous-traitants officiant à la régulation étatique de l'activité communautaire », ajoutant ainsi « à la judiciarisation du fait ethnique » (Thériault, 1995), une expertise privée (Johnson et McKee-Allain, 1999 : 227) !

La concertation n'a pas toujours fonctionné harmonieusement. Mis à part quelques grands dossiers « nationaux » – comme l'enchâssement de la loi 88 – auxquels tous les groupes peuvent se rallier, le consensus serait plus difficile à réaliser autour d'autres enjeux. Il n'est pas facile de mettre d'accord des groupes qui favorisent des stratégies militantes, comme des étudiants universitaires et des artistes, et des catégories professionnelles, des gens d'affaires par exemple, qui préfèrent la non-intervention ou des actions individuelles plus discrètes. D'autres tensions entre les organismes membres et la SAANB entraîneront bientôt la nécessité d'une réflexion en profondeur. Comme l'ont exprimé Johnson et McKee-Allain (1999 : 229) :

> En 1997, la SAANB est conduite à réévaluer sa structure organisationnelle, conjointement avec le Forum de concertation, pour tenir compte du rôle actif joué par ces organismes indépendants dans la représentation de la communauté acadienne. Il est clair que ce dynamisme associatif accrédite une vision plus politique de l'Acadie.

---

16. Un exemple de sujets faisant l'unanimité serait la lutte pour l'enchâssement dans la Constitution canadienne de la loi provinciale 88 sur l'égalité des deux communautés linguistiques. Cette loi a été promulguée en 1981 et enchâssée en 1993.
17. En 1996, Patrimoine Canada a négocié avec le Forum de concertation l'Entente de coopération Canada-communauté acadienne du Nouveau-Brunswick, dotée d'une enveloppe de six millions de dollars répartie sur une période de quatre ans (Johnson et McKee-Allain, 1999 : 229).

LE CONSEIL ÉCONOMIQUE DU NOUVEAU-BRUNSWICK (CENB)

Le troisième réseau analysé a été le Conseil économique du Nouveau-Brunswick qui regroupe, surtout dans des PME, autour de 1 000 gens d'affaires acadiens et francophones à travers la province. Ce Conseil est le plus important réseau de gens d'affaires francophones de l'Atlantique. Créé en 1979[18], l'organisme s'occupe du *lobbying* auprès des gouvernements (par exemple, il présente chaque année un mémoire au Cabinet provincial) et d'animation auprès de ses membres. Dans les années 1980, il a tenu plusieurs colloques sur des thèmes comme le libre-échange, l'innovation et l'entrepreneurship. Ses déjeuners d'affaires mensuels tenus à Moncton et dans le Nord-Est sont très courus et son banquet annuel avec conférencier de marque attire de 600 à 800 personnes. Le CENB participe occasionnellement à des réseaux et à des activités au plan national et international. Signalons sa participation, à Moncton en août 1994, à l'organisation du 7e Forum international des affaires et, en juin 1999, à Bathurst, au 3e Forum des gens d'affaires francophones du Canada qui fut immédiatement suivi du 7e Forum francophone des affaires, une activité reliée au 8e Sommet de la francophonie à Moncton en août 1999. En août 1999, le CENB organisait, en collaboration avec d'autres organismes, une Foire commerciale internationale à Dieppe.

L'entrepreneurship est un phénomène assez récent en Acadie, comme dans la plupart des sociétés minoritaires. Nous l'avions déjà identifié parmi les discours en émergence, à l'instar des discours féministe et juridique entre autres (voir Allain, McKee-Allain et Thériault, 1993 ; Cardinal et McKee-Allain, 1999). Au cours de la dernière décennie, ce discours entrepreneurial a occupé une place croissante dans les médias et au sein de la société acadienne.

---

18. L'appellation d'origine était le Conseil économique acadien mais, en 1982, ses dirigeants acadiens – dont le président-fondateur Gilbert Finn – ont changé le nom de cet organisme, entièrement francophone, pour « éviter des controverses »... (Voir Finn, 2000 : 98-99).

LES JEUX DE L'ACADIE

Le quatrième réseau sur lequel je me suis penché fut celui des Jeux de l'Acadie. Cet important réseau, mis sur pied en 1979 dans le sillage des Jeux du Québec créés dix ans plus tôt[19], réunit des intervenants scolaires, culturels et communautaires des trois provinces maritimes[20]. Les Jeux de l'Acadie sont tenus annuellement et regroupent des jeunes francophones du niveau secondaire qui compétitionnent, dans un premier temps, dans une vingtaine de disciplines sportives dans les neuf grandes régions acadiennes de l'Atlantique. Ensuite, les vainqueurs de ces Jeux régionaux, qui rassemblent en moyenne 3 600 jeunes chaque année, se font face lors de la grande finale qui réunit quelques 2 000 jeunes athlètes acadiens. Outre les compétitions sportives, la finale des Jeux de l'Acadie comprend un important volet socioculturel qui contribue à renforcer l'identité acadienne et le sentiment d'appartenance. Elle se tient chaque année dans une municipalité différente, ce qui permet à diverses communautés d'être mises en valeur. Lorsque la finale des Jeux a lieu dans un contexte minoritaire, comme à Saint-Jean (Nouveau-Brunswick) en 1996, elle mobilise l'ensemble de la communauté acadienne et lui permet de s'afficher fièrement dans son milieu. La finale des Jeux, largement médiatisée, constitue « la manifestation populaire la plus courue en Acadie » (O'Carroll, 1993). Au-delà des retombées économiques indéniables estimées il y a quelques années à deux millions de dollars pour la seule finale (les Jeux eux-mêmes sont presque entièrement autofinancés), ils sont une source de fierté très légitime chez les participants et chez les bénévoles qui assurent le succès de l'événement[21], sans parler des parents, des enseignants et des amis des athlètes, des communautés

---

19. Pour une analyse des relations entre l'Acadie et le Québec autour des Jeux, voir Lamarre (2000).
20. Les Jeux de l'Acadie et la Société nationale de l'Acadie (SNA) sont les deux seules organisations à regrouper l'ensemble des Acadiens des Maritimes.
21. Après les 22e Jeux tenus à l'Île-du-Prince-Édouard en juin 2001, un total de 92 000 jeunes avaient participé aux Jeux depuis 1979 – 72 000 aux régionaux et 20 000 aux finales – et environ 77 000 bénévoles y avaient travaillé. On estime à 600 000 le nombre d'heures annuelles de bénévolat fournies aux activités liées au Jeux.

impliquées et de la société acadienne tout entière. De plus, les Jeux ont représenté une véritable école de leadership pour les jeunes qui y ont participé[22], plusieurs parmi eux devenant, à leur tour, bénévoles lors des Jeux suivants, poursuivant des études réussies et occupant des postes influents au sein de la société acadienne. Signalons que les Jeux ont fait des émules, car, en 1992, sont nés les Jeux franco-albertains et, en 1994, les Jeux franco-ontariens, tous deux reprenant le modèle acadien. Par ailleurs, la Société des Jeux de l'Acadie a été très impliquée dans l'organisation des premiers Jeux francophones du Canada tenus à Memramcook en août 1999 et elle a participé à la mise sur pied des Jeux de la francophonie tenus à Ottawa-Hull en janvier 2001.

LE CONGRÈS MONDIAL ACADIEN (CMA) DE 1994

Ce gigantesque *happening* voulant réunir « l'Acadie mondiale » attira, durant 10 jours, en août 1994, 75 000 personnes dans le Sud-Est du Nouveau-Brunswick. On a compté 350 000 entrées aux quelque 600 activités : spectacles, fêtes populaires, expositions d'art et soupers communautaires, sans oublier les Conférences publiques qui avaient pour thème « L'état actuel des collectivités acadiennes et l'Acadie en 2004 ». Ces conférences, réparties sur cinq jours, ont réuni 150 conférenciers et intervenants et 2 600 participants (voir l'enquête d'Allain et Mujica, 1996). Le point culminant aura sans conteste été les 37 rassemblements de famille qui ont réuni 60 000 personnes d'un peu partout dans le monde (Allard, 1995 ; Langues officielles, 1996 : 24)[23]. L'UNESCO avait inscrit le CMA parmi les événements culturels mondiaux de 1994.

---

22. En 1987, la Société des Jeux de l'Acadie a mis sur pied l'Académie jeunesse, un organisme de formation au leadership qui œuvre aux niveaux régional et provincial.
23. Cette tendance devait s'accentuer au CMA suivant tenu en 1999 en Louisiane. La durée et l'ampleur de la série de conférences y ont été beaucoup réduits au profit des 75 rassemblements de famille qui ont occupé presque toute la place. On peut d'ores et déjà présager que le CMA de 2004 en Nouvelle-Écosse – qui coïncide avec le 400e anniversaire de la fondation de Port-Royal – poursuivra sur cette lancée.

Le CMA a donné lieu à deux grands débats (voir Allain, 1997, 1998). Le premier («Qui parle au nom de l'Acadie?»), venait des conflits organisationnels opposant la Société du CMA (SCMA), perçue comme étant composée d'Acadiens de l'extérieur du Nouveau-Brunswick, et le Comité organisateur du CMA (COCMA), regroupant des élus – des gens imputables donc – des neuf municipalités hôtesses du Sud-Est du Nouveau-Brunswick. Au terme d'une médiation, le conflit s'est largement résolu en faveur du groupe local, le COCMA, qui, dorénavant, assumerait le rôle de maître d'œuvre incontesté du CMA de 1994, la SCMA n'ayant que la responsabilité de l'organisation des Conférences[24].

Le second débat tournait autour du problème de l'identité : quelle serait l'Acadie mise en scène dans les préparatifs et la tenue du CMA? Ici encore, les deux camps s'opposaient. Les initiateurs du projet (la SCMA), perçus comme étant «de l'extérieur», entendaient réunir la diaspora acadienne dispersée à travers le monde depuis la Déportation. Leur objectif était de donner une voix à «l'Acadie mondiale» et de créer un secrétariat permanent, ce qui ne put se réaliser faute de financement.

À première vue, il s'agissait d'un projet d'ouverture sur le monde, de dépassement des régionalismes étroits et des frontières provinciales. Mais il y avait un hic : cette apparente ouverture cachait une exclusion. Pour faire partie de la confrérie acadienne, selon les instigateurs du CMA, il fallait être descendant des familles souche ayant été déportées en 1755. Si tous les rassemblements de famille, comme ceux des Leblanc, des Cormier et des Robichaud, répondaient à ce critère, en revanche, tous les francophones non acadiens, sans parler d'un certain nombre de familles acadiennes dont les ancêtres avaient réussi à échapper au Grand Dérangement ou qui s'étaient installées ici après 1755, en étaient exclus (ce même débat a eu lieu au Québec entre tenants d'une identité historique et tenants d'une identité moderne, pluraliste et inclusive). Pour Thériault (1995 : 296), le CMA représentait un «retour à l'Acadie

---

24. Les Actes ont été publiés en 1996 sous le titre : *Le Congrès mondial acadien. L'Acadie en 2004 : actes des conférences et des tables rondes.*

mythique, à l'Acadie ethnique, à l'Acadie du sang. [...] Étrange ouverture au monde [...], qui passe par la référence à des ancêtres communs ». Il déplore que dans tout le tapage du CMA on ait si peu entendu la voix de l'Acadie communautaire ancrée sur un territoire précis et dotée d'historicité : « L'Acadie du Congrès mondial, conclut-il, en déplaçant le leadership acadien vers l'Acadie imaginaire, diluait l'acadianité, affaiblissant ainsi l'Acadie de l'historicité » (Thériault, 1995 : 297)[25].

Constituant lui-même un « super-réseau », le CMA a aussi donné lieu à la création de deux réseaux, le Forum des municipalités francophones du Sud-Est qui regroupe les neuf municipalités hôtesses du Congrès, et la Fédération des associations de familles acadiennes (FAFA), qui chapeaute une quarantaine d'associations comptant environ 10 000 membres et constituant « un des réseaux associatifs les plus dynamiques actuellement » (Johnson et McKee-Allain, 1999 : 226) ; il publie un bulletin (Les Retrouvailles), organise des colloques (quatre à ce jour) avec publication d'Actes et entretient des contacts avec des groupes homologues au Québec, en France et en Belgique. Il fut le « partenaire officiel de l'Acadie du Nord » pour le CMA de 1999 qui eut lieu en Louisiane et collabore de près à celui de 2004 qui se tiendra en Nouvelle-Écosse.

Quel sens donner à cet extraordinaire engouement pour la généalogie ? Comme le soulignent Johnson et McKee-Allain (1999 : 226),

> Pendant que le débat sur la vraie nature de l'Acadie se poursuit sur le plan intellectuel, la recherche des liens du sang à travers l'histoire anime des hordes toujours plus nombreuses de généalogistes. Cette quête identitaire essentialiste trouve un appui technique dans le Centre d'études acadiennes (CEA) de l'Université de Moncton.

Un généalogiste de ce centre a d'ailleurs publié deux importants volumes d'un *Dictionnaire généalogique des familles acadiennes* qui couvre la période 1636-1714 (White, 1999), et

---

25. Nos propres entrevues avec divers intervenants au CMA donnent un portrait plus nuancé. Selon eux, l'essentiel était de célébrer le passé et le présent, le patrimoine et les réussites collectives récentes, d'accueillir les cousins d'ailleurs et de souligner l'incontournable dynamisme de l'Acadie des Maritimes.

plusieurs autres sont prévus. Il y a ici un phénomène qui nous interpelle. Des auteurs voient dans cette nouvelle passion pour la quête des racines le résultat de l'effritement de la nation en tant que référent macrosocial et politique, effritement relié à la perte de cohésion et à l'incapacité de former une communauté politique. Le redéploiement des désirs d'appartenance dans le champ de l'ethnie, fondé sur les liens du sang, tel qu'il se révèle dans la quête généalogique ou la tenue du Congrès mondial acadien, semble correspondre à cet éloignement du référent national (Johnson et McKee-Allain, 1999 : 226).

UN RÉSEAU ASSOCIATIF DYNAMIQUE AU SEIN D'UNE MINORITÉ URBAINE : LA COMMUNAUTÉ FRANCOPHONE DE SAINT-JEAN, NOUVEAU-BRUNSWICK

Notre plus récente recherche (Allain et Basque, 2001, 2003, Allain, 2002) vise à combler une lacune dans le corpus des écrits sur l'Acadie et les francophonies canadiennes minoritaires, soit la relative absence d'études sur les communautés minoritaires en milieu urbain. À part les travaux de T. R. Maxwell (1971) sur Toronto, de Robert Stebbins (1994) sur Calgary et de quelques analyses de petites communautés urbaines en Ontario (Jackson, 1988, sur Tecumseh ; Cardinal, Lapointe et Thériault, 1988, sur Welland ; Rayside, 1991, sur Alexandria), il n'existe à peu près rien. Or les dynamismes de résistance et d'affirmation identitaire devraient différer de ceux qui prévalent dans un milieu francophone homogène à la campagne ou dans une petite ville.

Pour inaugurer ce chantier de recherche, en commençant par l'Acadie des Maritimes, le choix de Saint-Jean s'est immédiatement imposé. Cette région métropolitaine, avec ses 123 000 habitants, est la métropole néo-brunswickoise et la grande ville industrielle de la province. Caractérisée comme le « cœur manufacturier des Maritimes » (DeBenedetti, 1994), sa structure économique a subi des mutations importantes dans les années 1990 avec le déclin des secteurs manufacturiers traditionnels (le chantier naval, par exemple) et la venue de centres d'appels offrant des services bilingues – des entreprises comme Air Canada et Xerox se sont implantées en 1996 et comptent chacune plusieurs centaines d'employés[26] –, sans parler des nouveaux établissements dans les secteurs de pointe tels que l'informatique, l'ingénierie et les communications. La composition de la main-d'œuvre s'en voit transformée ; le nombre de cols bleus diminue au profit des nouveaux cols blancs et ce changement entraîne une reconfiguration de la communauté acadienne et francophone. Il y a donc une mouvance à l'œuvre et, en dépit de statistiques indiquant un taux élevé d'assimilation (34,3 % en 1991 comparativement à 8,7 % pour la province (Roy, 1993 : 162 et 167)[27]), notre recherche a permis de dégager de nombreux indices de vitalité.

Les 5 000 francophones de Saint-Jean[28] forment une communauté déterminée et dynamique qui a su se doter, au prix de luttes parfois héroïques, d'une enviable complétude institutionnelle. Au début des années 1970, quelques parents ont exigé des services bilingues de la bibliothèque municipale. Après leur victoire, ils ont lancé, avec l'aide de la SANB, un mouvement pour obtenir une école française, ce qui suscite des réactions hostiles de la part de segments de la population anglophone (rappelons que Saint-Jean est connue comme « la ville des Loyalistes », mais les mentalités ont commencé à changer depuis). Une vieille école d'immersion leur fut cédée en 1976 et bientôt son caractère vétuste et exigu relança la lutte, cette fois pour un Centre scolaire-communautaire (CSC) tel qu'il en existait un à Fredericton depuis 1978[29]. Le Centre de Saint-Jean sera finalement ouvert en 1984.

---

26. L'arrivée de ces gros employeurs recherchant des employés bilingues a évidemment servi la cause des francophones de Saint-Jean qui, depuis le milieu des années 1990, avaient commencé à être plus visibles et à prendre leur place dans la ville.
27. Les statistiques sur l'assimilation sont aujourd'hui remises en question (voir O'Keefe, 2001 ; Couture, 2001).
28. Le Recensement de 1996 (le plus récent à distinguer selon la langue) donne 5 220 personnes de langue maternelle française dans la région métropolitaine de Saint-Jean.
29. En termes de structuration de l'espace institutionnel des minorités francophones, le concept des CSC semble avoir été une innovation néo-brunswickoise (appuyée évidemment par les gouvernements provincial et fédéral). Après le CSC Saint-Anne de Fredericton et le CSC Samuel-de-Champlain de Saint-Jeance sera la création du Carrefour Beausoleil de Miramichi en 1986, du CSC Sainte-Anne de la Grand'Terre

Entre-temps, une paroisse française « nationale »[30] avait été obtenue en 1981, la même année que celle de Fredericton. Pour les francophones, le projet de construction d'une église bien à eux – ils ont longtemps dû emprunter des espaces pour le culte à des paroisses anglophones, puis, avec l'ouverture du CSC, utiliser un amphithéâtre du Centre – exigera beaucoup de temps et d'efforts, notamment pour diverses levées de fonds visant à en assurer le financement. Enfin, en octobre 1998, l'église était inaugurée en grande pompe, dernier élément à ce jour de leur réseau institutionnel communautaire[31].

On note une progression comparable du côté associatif. En 1981, 11 organismes se partageaient 1 200 membres. En 1990, il y avait 19 groupes, avec un *membership* combiné de 2 300 individus (Poulin, 1990). En 1999-2000, on compte 50 associations (cinq fois plus qu'en 1981) totalisant 3 330 membres (trois fois plus qu'en 1981). Les organismes sont donc plus nombreux, mais, dans l'ensemble, ils sont de plus petite taille, vu la nature plus spécialisée de ceux qui sont de création plus récente. En plus de la croissance quantitative, nous avons noté des tendances plus qualitatives telles la diversification, l'innovation et le dynamisme du réseau associatif (Allain et Basque, 2001 ; Allain, 2002).

à Saint-Jean (Terre-Neuve) en 1989, du Carrefour du Grand-Havre à Dartmouth (Halifax) en 1991 et du Carrefour de l'Isle Saint-Jean à Charlottetown en mai 1992 (Cardinal *et al.*, 1994 : 23-24). Une quinzaine d'autres centres semblables ont été créés ailleurs au Canada, à Calgary par exemple (Stebbins, 1994).

30. Le terme « national » signifie ici « sans frontière » (de quartiers) : cette paroisse œuvre à l'échelle métropolitaine.
31. Deux ans plus tard, c'était au tour des francophones de Fredericton d'inaugurer leur nouvelle église. Deux constructions d'église en milieu minoritaire alors que la tendance inverse semble être la norme ailleurs (fermetures, fusions, rationalisations de services…), voilà un indicateur de la force continue de l'Église en Acadie. Il existe peu de données sur la pratique religieuse, mais une enquête fait état d'un décalage entre les croyances et la pratique (Allain et Mujica, 1996). Des indices sur le plan des comportements familiaux semblent indiquer une perte d'emprise de la religion catholique, comme en atteste le fait que les comtés francophones du Nouveau-Brunswick ont une proportion supérieure de familles monoparentales et de couples en union libre que les comtés anglophones (voir Johnson et McKee-Allain, 1999 : 219-220).

En l'espace de trois décennies, les francophones de Saint-Jean sont passés d'une longue période de silence et de simple survivance à une position d'affirmation et de visibilité. Si les activités de la communauté se sont d'abord surtout confinées au Centre scolaire-communautaire, elles se sont étendues, dans la deuxième moitié des années 1990, à l'ensemble de la région métropolitaine, y compris le centre-ville. La finale des Jeux d'Acadie en 1996, le Festival de la Baie française depuis 1998 avec ses 3 000 entrées annuelles en moyenne[32] et les nouveaux partenariats avec la communauté anglophone autour de la question du bilinguisme notamment, sont autant de signes que les francophones prennent de plus en plus leur place à Saint-Jean et que la communauté anglophone leur reconnaît dorénavant cette place[33]. Que de chemin parcouru depuis l'époque des menaces de représailles encore au début des années 1970 alors que les francophones devaient se réunir dans la clandestinité !

Cette reconnaissance de la contribution des francophones à la diversité socioculturelle du Saint-Jean métropolitain méritait d'être soulignée, car elle va tout à fait dans le sens des nouveaux courants analytiques en ce qui a trait aux groupes minoritaires : si, dans le passé, les éléments distinctifs des groupes francophones les isolaient, aujourd'hui, la primauté est accordée à l'apport original des minorités à l'édification de la société globale dont elles font partie (Lapointe et Thériault, 1999). Grâce à leur détermination, à la solidité de leur leadership et à la vitalité de leur réseau associatif, l'exemple des francophones de Saint-Jean en est une bonne illustration[34].

---

32. Ces données ne tiennent pas compte des foules qui participent chaque année à la Fête du 15 août et les soirées sociales hebdomadaires tenues dans un bar du centre-ville (en 1999-2000, les 33 rencontres ont enregistré plus de 1 000 entrées).
33. Ce fait rejoint en partie le concept de « valeur ajoutée » du français et des francophones, souligné ailleurs (Patrimoine canadien, 1997 : 253 ; Gilbert et Plourde, 1996 ; Beaudin, 1999).
34. En mars 2000, l'Association régionale de la communauté francophone de Saint-Jean (nouvelle appellation du Conseil communautaire) se voyait décerner le prix national Actifs et fiers par l'Association canadienne d'éducation de langue française. En septembre 2000, le Conseil provincial des sociétés culturelles du Nouveau-Brunswick lui attribuait le Prix Racine de l'Initiative de l'année pour la qualité et l'originalité de sa programmation dans le cadre de la Semaine nationale de la francophonie : les 16 activités considérées avaient enregistré 8 000 entrées.

* * *

Nos recherches accréditent la thèse d'une Acadie du Nouveau-Brunswick vivante et dynamique, partie prenante des grandes tendances caractéristiques des sociétés (post) modernes, et notamment celle de la place croissante occupée par les réseaux dans la reproduction et le développement des dites sociétés. Nous avons voulu, ici, mettre l'accent sur la construction de la complétude institutionnelle et de la capacité organisationnelle (Breton, 1964, 1983, 1984), deux caractéristiques des minorités francophones en relation dialectique l'une avec l'autre : si la première requiert souvent l'autre pour s'accroître, son expansion tend à renforcer la seconde. Au fil des ans, les activités de résistance, d'organisation et de concertation des réseaux francophones ont contribué au développement de l'Acadie du Nouveau-Brunswick. Certes, certains secteurs demeurent relativement inexplorés et d'autres chantiers de recherche devraient mettre à jour les organismes de réseautage tant chez les jeunes, les femmes, les aînés et les travailleurs que chez les personnes qui œuvrent dans les domaines artistique, culturel et scientifique. Mais, outre la pénurie d'études empiriques sur la famille[35] et la religion[36], la grande lacune se situe sur le plan du pouvoir. Les réseaux politiques partisans incarnés largement dans les deux grands partis traditionnels mis à part, où sont les autres lieux d'échange et d'influence au plan social, économique et politique ? On sait que, jusqu'à sa dissolution en 1965, l'Ordre de Jacques-Cartier a constitué un de ces grands réseaux (voir Laliberté, 1983). Depuis, dans certaines conjonctures, d'aucuns ont pu soupçonner qu'une nouvelle « Patente » s'était reconstituée de manière informelle parmi les nouveaux leaders en Acadie. Illusion ou réalité ? Et qu'en est-il des contre-pouvoirs et des réseaux alternatifs où s'élaborent une pensée critique et des stratégies d'intervention sur des dossiers environnementaux, sociaux et économiques[37] ?

---

35. Sur les changements au sein de la famille et les enjeux qui se posent, voir McKee-Allain (1995) et Johnson et McKee-Allain (1999).
36. On trouvera dans McKee-Allain (1996, 1997) une analyse des rapports entre l'Église et l'éducation en Acadie.
37. Un bon exemple serait le Front commun pour la justice sociale du Nouveau-Brunswick, créé dans les années 1990, et qui regroupe une trentaine d'organisations

Bref, si les recherches en cours contribuent à notre connaissance de l'Acadie, il reste beaucoup à faire. Grâce à un corpus empirique, enrichi dans le sens que je viens de suggérer, les chercheurs pourront mieux envisager la prochaine étape, celle des études comparatives et des partenariats au sein des francophonies québécoise, canadiennes et internationales[38]. Est-ce à dire que la société acadienne a surmonté tous les défis qui se présentent à elle ? Ce serait naïf de le croire. Signalons-en trois qui paraissent évidents. Il y a le problème lancinant de l'assimilation, dont l'intensité varie selon les régions[39]. J'ai évoqué le débat sur les mesures de l'assimilation (O'Keefe, 2001) qui tendraient à surestimer le phénomène et, pour cette raison, engendrent des prédictions alarmistes et déterministes (Couture, 2001).

Notons en second lieu la relation ambiguë à la modernité diagnostiquée par plusieurs (Allain, McKee-Allain et Thériault, 1993 ; Thériault, 1995 ; Johnson et McKee-Allain, 1999 ; Allain et McKee-Allain, 2002, 2003) : si on trouve en Acadie des signes incontestables de vitalité (entre autres au niveau des réseaux associatifs), on peut également y observer, comme ailleurs, une montée de l'individualisme et le déclin des grandes causes collectives, telles le néonationalisme, le coopératisme, etc. Les intérêts sectoriels remplacent souvent l'identification et l'appartenance à la nation. Où se situent la relève, les jeunes, dans ces processus ? Très peu de recherches ont été menées sur ce thème. Ce serait pourtant important de s'y consacrer.

Enfin, troisième défi : malgré la vitalité communautaire « interne » observée dans les études de cas présentées ici, il faudrait identifier

---

dont une quinzaine de syndicats et une quinzaine de groupes progressistes impliqués dans de nombreux secteurs.
38. Non pas que ces études soient inexistantes actuellement, mais elles ne sont pas la norme non plus. Le champ des relations Acadie-Québec, par exemple, a fait l'objet de quelques publications (voir les *Actes du colloque Carrefour Acadie-Québec* et Harvey et Beaulieu, 2000).
39. Le Nouveau-Brunswick affiche tout de même un taux d'assimilation moins élevé (8,7 % en 1996), selon Charles Castonguay, à cause du poids démographique des Acadiens au sein de la population provinciale et de leur concentration dans le Nord et le Sud-Est (Ricard, 2002).

des mécanismes pour surmonter l'isolement relatif de l'Acadie et développer des liens, au plan institutionnel comme au plan de la société civile, avec les autres francophonies minoritaires au Canada, avec le Québec, et avec la francophonie internationale. Cela vaut pour tous les plans : socioculturel, politique, économique, réticulaire. Certains éléments sont déjà en place, mais beaucoup reste à faire pour que la société acadienne devienne plus « branchée » et pleinement ouverte, pluraliste et solidaire.

Références

Actes du colloque Carrefour Acadie-Québec (1993), *Égalité*, numéro spécial, 33 (printemps).

Allain, Greg (1996), « Fragmentation ou vitalité ? Les nouveaux réseaux associatifs dans l'Acadie du Nouveau-Brunswick », dans Benoît Cazabon (dir.), *Pour un espace de recherche au Canada français : discours, objets et méthodes*, Ottawa, Presses de l'Université d'Ottawa, p. 93-125.

Allain, Greg (1997), « Le Congrès mondial acadien de 1994 : réseaux, conflits, réalisations », *Revue de l'Université de Moncton*, numéro spécial : *Mutations sociales et sciences humaines*, 30, 2, p. 141-159.

Allain, Greg (1998), « Le Congrès mondial acadien : regards sur la participation aux Conférences, bilan et enjeux des Retrouvailles », dans Gratien Allaire et Anne Gilbert (dir.), *Francophonies plurielles : communications choisies*, Sudbury, Institut franco-ontarien, p.139-162.

Allain, Greg (2001), « La société acadienne en réseaux : trois études de cas dans les domaines du sport, des affaires et de l'Acadie "mondiale" », *La revue de l'Université de Moncton*, hors série, p. 191-204.

Allain, Greg (2002), « La communauté francophone de Saint-Jean, Nouveau-Brunswick : de la survivance à l'affirmation », *Francophonies d'Amérique*, 14, p. 37-53.

Allain, Greg, et Maurice Basque (2001), *De la survivance à l'effervescence : portrait historique et sociologique de la communauté francophone et acadienne de Saint-Jean, Nouveau-Brunswick*, Saint-Jean, Association régionale de la communauté francophone de Saint-Jean.

Allain, Greg, et Maurice Basque (2003), *Une présence qui s'affirme : la communauté acadienne et francophone de Fredericton, Nouveau-Brunswick*, Moncton. Éditions de la francophonie.

Allain, Greg, et Isabelle McKee-Allain (2002), « Acadian Society in 2002 : Modernity, Identity and Pluralism », *Journal of Indo-Canadian Studies*, 2, 2, p. 37-48.

Allain, Greg, et Isabelle McKee-Allain (2003), « La société acadienne en l'an 2000 : identité, pluralité et réseaux », dans *L'Acadie plurielle : Dynamiques identitaires collectives et développement au sein des réalisté acadiennes*, dans André Magord (dir.), Maurice Basque et Amélie Giroux (coll.), Moncton, Centre d'études acadiennes, p. 535-565.

Allain, Greg, et Martin Mujica (1996), « Profil des participants et des participantes aux Conférences du Congrès mondial acadien », dans *Le congrès mondial acadien : l'Acadie en 2004, Actes des conférences et des tables rondes*, Moncton, Éditions d'Acadie, p. 659-681.

Allain, Greg, Gratien Allaire et Frank McMahon (dir.) (2002), *Les francophonies canadiennes minoritaires à l'aube du 21ᵉ siècle*, numéro spécial de *Francophonies d'Amérique*, 14.

Allain, Greg, Isabelle Mckee-Allain et J.-Yvon Thériault (1993), « La société acadienne : lectures et conjonctures », dans Jean Daigle (dir.), *L'Acadie des Maritimes. Études thématiques des débuts à nos jours*, Moncton, Chaire d'études acadiennes, Université de Moncton, p. 341-385.

Allaire, Gratien (1999), *La francophonie canadienne : portraits*, Québec et Sudbury, CIDEF-AFI et Prise de parole.

Allaire, Gratien, et Anne Gilbert (1998), *Francophonies plurielles : communications choisies*, Sudbury, Institut franco-ontarien.

Allard, Étienne (1995), « Le Congrès Mondial Acadien un an après : les Retrouvailles ont rapproché les familles », *L'Acadie nouvelle* (11 août), p. 6.

Basque, Maurice (1994), *De Marc Lescarbot à l'AEFNB : histoire de la profession enseignante acadienne au Nouveau-Brunswick*, Edmundston, Marévie.

Beaudin, Maurice (1999), « Les Acadiens des Maritimes et l'économie », dans J.-Yvon Thériault (dir.), *Francophonies minoritaires au Canada : l'état des lieux*, Moncton, Les Éditions d'Acadie p. 239-264.

Bernard, Roger (1990a), *Le choc des nombres : dossier statistique sur la francophonie canadienne-française, 1951-1986*, Ottawa, FJCF.

Bernard, Roger (1990b), *Le déclin d'une culture*, Ottawa, FJCF.

Bernard, Roger (1991), *Un avenir incertain, comportements linguistiques et conscience culturelle des jeunes Canadiens français*, Ottawa, FJCF.

Bernard, Roger ([1988] 1996), *De Québécois à Ontarois*, Ottawa, Le Nordir.

Bernard, Roger (1998), *Le Canada français : entre mythe et utopie*, Ottawa, Le Nordir.

Breton, Raymond (1964), « Institutional Completeness of Ethnic Communities and the Personal Relations of Immigrants », *American Journal of Sociology*, 70, p. 193-205.

Breton, Raymond (1983), « La communauté ethnique, communauté politique », *Sociologie et sociétés*, XV, 2, p. 23-37.

Breton, Raymond (1984), « Les institutions et les réseaux d'organisation des communautés ethnoculturelles », dans *État de la recherche sur les communautés francophones hors Québec*, Ottawa, FFHQ, p. 4-20.

Breton, Raymond (1994), « Modalités d'appartenance aux francophonies minoritaires. Essai de typologie », *Sociologie et sociétés*, XXVI, 1, p. 59-69.

Cardinal, Linda (dir.) (1993), *Une langue qui pense : la recherche en milieu minoritaire francophone au Canada*, Ottawa, Presses de l'Université d'Ottawa.

Cardinal, Linda, et Isabelle Mckee-Allain (1999), « Enjeux et défis de la recherche féministe en milieu francophone minoritaire au Canada », dans Huguette Dagenais (dir.), *La recherche féministe dans la francophonie : pluralité et convergences,* Montréal, Remue-Ménage, p. 449-465.

Cardinal, Linda, Jean Lapointe et J.-Yvon Thériault (1988), *La communauté francophone de Welland : la minorité francophone de Welland et ses rapports avec les institutions,* Rapport d'étude présenté au Bureau du commissaire aux langues officielles, Université d'Ottawa, Département de sociologie.

Cardinal, Linda, Jean Lapointe et J.-Yvon Thériault (1994), *État de la recherche sur les communautés francophones hors-Québec 1980-1990,* Ottawa, CRCCF.

Cardinal, Linda *et al.* (1994), *L'épanouissement des communautés de langue officielle : la perspective de leurs associations communautaires,* Ottawa, Secrétariat d'État du Canada et Commissariat aux langues officielles.

Castonguay, Charles (1993), « Le déclin des populations francophones de l'Ouest canadien », *Cahiers franco-canadiens de l'Ouest,* 5, 2, p. 147-153.

Castonguay, Charles (1994), « Évolution récente de l'assimilation linguistique au Canada », dans Claude Poirier (dir.), *Langue, espace et société : les variétés du français en Amérique du Nord,* Sainte-Foy, PUL (coll. Culture française d'Amérique), p. 277-311.

Castonguay, Charles (1997), « Évolution de l'anglicisation des francophones au Nouveau-Brunswick, 1971-1991 », dans Lise Dubois et Annette Boudreau (dir.), *Les Acadiens et leurs langues : quand le français est minoritaire,* Moncton, Éditions d'Acadie (coll. Centre de recherche en linguistique appliquée), p. 47-62.

Castonguay, Charles (1999), « French is on the Ropes. Why Won't Ottawa Admit it ? », *Policy Options,* 20, 8, p. 39-50.

Cazabon, Benoît (dir.) (1996), *Pour un espace de recherche au Canada français : discours, objets et méthodes,* Ottawa, Presses de l'Université d'Ottawa.

Cotnam, Jacques, Yves Frenette et Agnès Whitfield (dir.) (1995), *La francophonie ontarienne : bilan et perspectives de recherche,* Ottawa, Le Nordir.

Couture, Claude (2001), « La disparition inévitable des francophones à l'extérieur du Québec : un fait inéluctable ou le reflet d'un discours déterministe ? », *Francophonies d'Amérique,* 11, p. 7-18.

Daigle, Jean (1990), *Une force qui nous appartient : la Fédération des Caisses populaires acadiennes, 1936-1986,* Moncton, Les Éditions d'Acadie.

Daigle, Jean (dir.) (1993), *L'Acadie des Maritimes. Études thématiques des débuts à nos jours,* Moncton, Chaire d'études acadiennes, Université de Moncton.

De Benedetti, Georges (1994), « Saint John : Are Its Strengths Its Weaknesses ? », dans Georges De Benedetti et Rodolphe Lamarche (dir.), *Shock Waves : The Maritime Urban System in the New Economy,* Moncton, Institut canadien de recherche sur le développement régional, p. 207-229.

Denis, Wilfred B. (1993), « La complétude institutionnelle et la vitalité des communautés fransaskoises en 1992 », *Cahiers franco-canadiens de l'Ouest*, 5, 2, p. 253-84.

Finn, Gilbert (2000), « *Fais quelque chose !* ». *Mémoires*, à compte d'auteur.

Gilbert, Anne (1999), *Espaces franco-ontariens*, Ottawa, Le Nordir.

Gilbert, Anne, et André Plourde (dir.) (1996), *L'Ontario français, valeur ajoutée ?*, Ottawa, CRCCF.

Goldenberg, Sheldon, et Valerie A. Haines (2000), « Social Networks and Institutional Completeness : From Territoty to Ties », dans Madeline A. Kalbach. et Warren E. Kalbach (dir.), *Perspectives on Ethnicity in Canada : A Reader*, Toronto, Hartcourt Canada, p. 35-47.

Harvey, Fernand, et Gérard Beaulieu (dir.) (2000), *Les relations entre le Québec et l'Acadie : de la tradition à la modernité*, Les Éditions d'Acadie et IQRC.

Jackson, John D. ([1975] 1988), *Community and Conflict : A Study of French-English Relations in Ontario*, Toronto, Canadian Scholars Press Inc.

Jaenen, Cornelius J. (dir.) (1993), *Les Franco-Ontariens*, Ottawa, Presses de l'Université d'Ottawa.

Johnson, Marc, et Isabelle McKee-Allain (1999), « Société et identité acadiennes contemporaines », dans J.-Yvon Thériault (dir.), *Francophonies minoritaires au Canada : l'état des lieux*, Moncton, Les Éditions d'Acadie, p. 209-235.

Kumar, Krishan (1995), *From Post-Industrial to Post-Modern Society : New Theories of the Contemporary World*, Oxford, Blackwell.

Laliberté, Raymond (1983), *Une société secrète : l'Ordre de Jacques Cartier*, Montréal, Hurtubise HMH.

Lamarre, Jules (2000), « Les Jeux de l'Acadie et le Québec », dans Fernand Harvey et Gérard Beaulieu (dir.), *Les relations entre le Québec et l'Acadie : de la tradition à la modernité*, Moncton et Sainte-Foy, Les Éditions d'Acadie et IQRC, p. 177-195.

Langues officielles (1996), *Rapport annuel 1994-1995*, Ottawa, Commissariat aux langues officielles.

Lapointe, Jean, et J.-Yvon Thériault (1999), « La sociologie et les francophonies minoritaires au Canada », dans J.-Yvon Thériault (dir.), *Francophonies minoritaires au Canada : l'état des lieux*, Moncton, Les Éditions d'Acadie, p. 193-207.

Lyon, David (1999), *Postmodernity*, 2ᵉ éd., Minneapolis, University of Minnesota Press.

Maxwell, T.R. (1971), « La population d'origine française de l'agglomération métropolitaine de Toronto », *Recherches sociographiques*, 12, p. 319-344.

McKee-Allain, Isabelle (1995), « Les familles acadiennes des années 1990 : profil et enjeux », dans Colette Bernier et al. (dir.), *Familles francophones : multiples réalités*, Sudbury, Institut franco-ontarien, p. 93-106.

McKee-Allain, Isabelle (1996), « La production identitaire en Acadie contemporaine : enjeux soulevés par l'enseignement religieux dans les écoles francophones du Nouveau-Brunswick », dans Dyane Adam (dir.), *Femmes francophones et pluralisme en milieu minoritaire*, Ottawa, Presses de l'Université d'Ottawa (coll. Actexpress), p. 41-51.

McKee-Allain, Isabelle (1997), « Une minorité et la construction de ses frontières identitaires : un bilan sociohistorique du système d'éducation en Acadie du Nouveau-Brunswick », *Revue des sciences de l'éducation*, XXIII, 3, p. 527-544.

O'Carroll, Daniel (1993), « Les activités sportives en Acadie », dans Jean Daigle (dir.), *L'Acadie des Maritimes. Études thématiques des débuts à nos jours*, Moncton, Chaire d'études acadiennes, Université de Moncton, p. 587-600.

O'Keefe, Michael (2001), *Minorités francophones : assimilation et vitalité des communautés*, 2e éd., Ottawa, Patrimoine canadien.

Patrimoine canadien (1997), *Langues officielles et économie*, Ottawa, Patrimoine canadien (coll. Appui aux langues officielles).

Poulin, Pierre (1990), *Centre communautaire Samuel-de-Champlain, plan quinquennal. Rapport final* (18 décembre).

Rayside, David M. (1991), *A Small Town in Modern Times : Alexandria, Ontario*, Montréal et Kingston, McGill-Queen's University Press.

Ricard, Philippe (2002), « L'assimilation en perte de vitesse », *L'Acadie Nouvelle* (23 août), p. 3.

Rossel, Pierre, François Hainard et Michel Bassand (1990), *Cultures et réseaux en périphéries*, Lausanne, Éditions Réalités sociales.

Roy, Muriel K. (1993), « Démographie et démolinguistique en Acadie, 1871-1991 », dans Jean Daigle (dir.), *L'Acadie des Maritimes. Études thématiques des débuts à nos jours*, Moncton, Chaire d'études acadiennes, Université de Moncton, p. 141-206.

Stebbins, Robert (1994), *The Franco-Calgarians : French Language, Leisure, and Linguistic Life-style in an Anglophone City*, Toronto, University of Toronto Press.

Stebbins, Robert (2000), *The French Enigma : Survival and Development in Canada's Francophone Societies*, Calgary, Detselig Enterprises.

Thériault, J.-Yvon (1995), *L'identité à l'épreuve de la modernité : écrits politiques sur l'Acadie et les francophonies canadiennes minoritaires*, Moncton, Les Éditions d'Acadie.

Thériault, J.-Yvon (dir.) (1999), *Francophonies minoritaires au Canada : l'état des lieux*, Moncton, Les Éditions d'Acadie.

White, Stephen (1999), *Dictionnaire généalogique des familles acadiennes : première partie, 1636 à 1714*, 2 vol., Moncton, Centre d'études acadiennes, Université de Moncton.

Young, Robert (1989), « Voluntary Associations in New Brunswick : Past and Future », dans Maurice Beaudin et Donald J. Savoie (dir.), *Le Nouveau-Brunswick en l'an 2000*, Moncton, Institut canadien de recherche sur le développement régional, p. 139-150.

De nouvelles voies juridiques à explorer

François Boileau
*Fédération des communautés francophones
et acadienne du Canada*

Une langue est plus qu'un simple moyen de communication ; elle fait partie intégrante de l'identité et de la culture du peuple qui la parle. C'est le moyen par lequel les individus se comprennent eux-mêmes et comprennent le milieu dans lequel ils vivent[1].

Ces paroles du juge en chef Dickson dans l'affaire *Mahé* témoignent assez bien de deux réalités. La première est que le juge en chef de la Cour suprême du Canada avait compris, dès 1990, toute l'importance et toute la subtilité du débat entourant la question de la langue au Canada. La deuxième tient du fait que c'est justement la plus haute instance du pays qui produit les meilleures citations concernant la langue. Autrement dit, au lieu d'être un débat politique, la question linguistique s'est transportée dans l'arène judiciaire.

Au Canada, le français et l'anglais sont les langues officielles et elles ont un statut et des droits et privilèges égaux quant à leur usage dans les institutions du Parlement et du gouvernement du Canada[2]. Qu'en est-il vraiment de cette égalité au Canada ? Si la Constitution canadienne ne prévoit pas explicitement de compétence en ce qui concerne la langue, la jurisprudence a reconnu que tant le fédéral que les provinces peuvent légiférer sur cette question. Par contre, la Constitution canadienne prévoit des obligations strictes en matière de langue dans des domaines très précis. Il n'est pas question ici

---

1. Propos du juge en chef Dickson dans l'affaire *Mahé c. Alberta*, [1990] 1 R.C.S. 342 à la p. 362.
2. Article 16 (1) de la *Charte canadienne des droits et libertés*.

d'en dresser une liste exhaustive, puisque tel n'est pas l'objet du présent texte, mais mentionnons principalement la *Charte canadienne des droits et libertés* (1982), norme constitutionnelle, ainsi que la *Loi sur les langues officielles* (1985), de compétence fédérale.

Les communautés francophones et acadiennes ont réalisé des gains importants à l'issue de nombreuses luttes menées devant les tribunaux canadiens comme le démontrent les derniers arrêts de la Cour suprême du Canada dans les affaires *Beaulac*[3] et *Arsenault-Cameron*[4]. On peut aussi penser au *Renvoi sur la sécession du Québec*[5], rendu par la Cour suprême du Canada en août 1998, qui indique clairement que le respect des minorités constitue l'un des quatre principes constitutionnels directeurs fondamentaux. Ce texte fera mention également d'autres décisions de juridiction d'appel. Malgré toutes ces luttes acharnées et ces victoires judiciaires, le français au Canada n'a pas encore atteint le plein statut d'égalité des droits et privilèges qui lui revient en vertu de la Constitution canadienne.

BILINGUISME INSTITUTIONNEL ET DUALITÉ LINGUISTIQUE

Il importe à cette étape-ci de traiter de la question du bilinguisme institutionnel par rapport à la dualité linguistique. Bien que ce débat puisse sembler pour le moins étrange puisque l'apprentissage de deux langues ne peut que contribuer à l'enrichissement individuel et, dès lors, collectif, d'aucuns[6] critiquent les coûts engendrés par la politique de bilinguisme au Canada. Il faut donc, dès le départ, clarifier les notions de bilinguisme institutionnel et de dualité linguistique, car certaines critiques importantes du bilinguisme cana-

---

3. Arrêt *Beaulac* c. *La Reine*, [1999] 1 R. C. S. 768.
4. Arrêt *Arsenault-Cameron* c. *Île-du-Prince-Édouard*, [2000] 1 R.C.S. 3
5. *Renvoi sur la sécession du Québec*, [1998] 2 R. C. S. 217.
6. L'Alliance canadienne, actuellement l'Opposition officielle à la Chambre des communes, a adouci les anciennes politiques du Parti réformiste qu'elle a remplacé. Ce parti politique a toujours plaidé que le bilinguisme officiel entraîne au Canada des coûts effarants. Cependant, il faut prendre soin de bien lire les mots utilisés par la nouvelle formation politique pour constater que ce ne sont certainement pas toutes les communautés minoritaires qui seraient protégées par un gouvernement

dien portent justement sur la supposée obligation pour les Canadiens d'apprendre l'autre langue officielle.

Nous entendons par bilinguisme institutionnel la capacité des institutions, des groupes publics et communautaires ainsi que des gouvernements de fournir des services égaux dans les deux langues officielles du Canada[7]. La Cour suprême du Canada, sous la plume inspirée du juge Michel Bastarache précise, dans l'arrêt *Beaulac* rendu le 20 mai 1999 :

> dans un cadre de bilinguisme institutionnel, une demande de service dans la langue de la minorité de langue officielle ne doit pas être traitée comme s'il y avait une langue officielle principale et une obligation d'accommodement en ce qui concerne l'emploi de l'autre langue officielle. Le principe directeur est celui de l'égalité des deux langues officielles.

Le bilinguisme institutionnel renferme une notion d'obligation pour l'État de fournir des services en anglais ou en français. Ces services, bien évidemment, aident les communautés de langue officielle vivant en milieu minoritaire, mais ils ne peuvent combler les besoins sur le plan de l'épanouissement et du développement des communautés francophones et acadiennes. Au Canada, le plus haut tribunal a même déjà confondu le droit de parler une langue avec

---

allianciste. L'approche serait plutôt pragmatique, « selon la réalité des communautés servies ». La politique de l'Alliance canadienne concernant la langue se lit comme suit :

> Nous reconnaissons que le Canada est un pays bilingue, dont les deux langues officielles sont l'anglais et le français. Nous sommes conscients que les principales institutions fédérales, comme le Parlement et la Cour suprême, doivent servir les Canadiens dans les deux langues officielles, selon la réalité linguistique des communautés servies. Nous sommes déterminés à assurer que les lois fédérales respectent les compétences premières des provinces dans les domaines de la langue et de la culture, tout en acceptant la responsabilité du gouvernement fédéral de protéger les droits des minorités.

7. Il vaut aussi la peine de préciser qu'en ce qui concerne les communautés minoritaires, il faut offrir le service pour qu'il y ait une demande. Autrement dit, il faut inverser l'application du concept de l'offre et la demande. En effet, règle générale, les membres des communautés minoritaires ne demanderont pas des services dans leur propre langue s'ils ne savent pas que ces services sont disponibles. Ainsi, les ministères et autres agences fédérales doivent promouvoir l'offre de façon active.

le principe de pouvoir également être compris dans cette même langue devant un tribunal[8]. Cela peut sembler pour le moins étrange, mais cet aspect demeure fondamental pour qu'il y ait égalité réelle des deux langues officielles.

La dualité linguistique, quant à elle, peut être définie comme étant la capacité, pour les membres d'une communauté linguistique donnée, d'être éduqués, de travailler, de se divertir et de s'épanouir dans leur langue et leur culture, le tout dans le respect d'un environ-nement multiculturel[9]. La dualité linguistique se définit surtout par le principe de l'égalité, une égalité conférant au citoyen francophone le droit de s'épanouir dans sa langue au même titre que le citoyen anglophone. C'est la poursuite de la dualité linguistique qui importe le plus aux communautés francophones et acadiennes.

Citons ici un passage de la Cour d'appel de l'Ontario dans l'affaire *Montfort* :

> La protection des minorités linguistiques est essentielle à notre pays. Le juge Dickson saisit l'esprit de la place des droits linguistiques dans la Constitution dans l'arrêt *Société des Acadiens*, précité, à la p. 564 : « La question de la dualité linguistique est une préoccupation de vieille date au Canada, un pays dans l'histoire duquel les langues française et anglaise sont solidement enracinées. » Comme l'énonce le juge La Forest dans R. c. Mercure, [1988] 1 R.C.S. 234, à la p. 269, les « droits concernant les langues française et anglaise [...] sont essentiels à la viabilité de la na-tion »[10].

La dualité linguistique se vit à travers des dispositions qui visent l'ensemble de la collectivité. Malheureusement, au Canada, l'obtention de ces droits se fait à la pièce, cas par cas. Un bon

---

8. Voir l'interprétation de l'article 19 de la *Charte* dans l'arrêt *Société des Acadiens du Nouveau-Brunswick* c. *Association of Parents for Fairness in Education*, [1986] 1 R.C.S. 549.
9. C'est en partie ce que vise l'article 41 de la *Loi sur les langues officielles* où il est écrit :
   Le gouvernement fédéral s'engage à favoriser l'épanouissement des mino-rités francophones et anglophones du Canada et à appuyer leur développement, ainsi qu'à promouvoir la pleine reconnaissance et l'usage du français et de l'anglais dans la société canadienne.
10. *Lalonde et al.* vs *Commission de restructuration des services de santé*, Cour d'appel de l'Ontario, 7 décembre 2001, par. 111.

exemple est certainement l'article 23 de la *Charte* qui vise principalement le droit pour des parents d'éduquer leurs enfants partout au pays en français ou en anglais, ainsi que le droit de contrôler, par la gestion scolaire, des établissements d'instruction publique même si cette activité relève d'un domaine de compétence provinciale. Voilà un droit fondamentalement individuel (les ayants droit), mais qui n'a de sens que pris collectivement. Voici ce qu'en disait le juge en chef Dickson de la Cour suprême du Canada dans l'affaire *Mahé*[11]:

> Cette disposition énonce un nouveau genre de garantie juridique, très différent de ceux dont les tribunaux ont traditionnellement traité. Tant son origine que la forme qu'il revêt témoignent du caractère inhabituel de l'article 23. En effet, l'article 23 confère à un groupe un droit qui impose au gouvernement des obligations positives de changer ou de créer d'importantes structures institutionnelles.

Puisque l'éducation a toujours été au cœur du développement et de l'épanouissement des communautés francophones et acadiennes, il est vital que ces communautés aient le plein contrôle des institutions nécessaires à leur développement. La gestion scolaire, prévue dans l'article 23 et confirmée par la Cour suprême du Canada dans l'arrêt *Mahé* ainsi que dans l'affaire *Arsenault-Cameron*, s'avère primordiale puisque, en plus de permettre le contrôle des institutions scolaires, elle servira aussi d'outil important qui assurera le développement et l'épanouissement des communautés[12]. Il faut également préciser que les écoles des communautés peuvent parfois servir de centres communautaires, donc de lieux de rencontre, dans des locaux où les francophones peuvent donner libre cours à leur culture[13].

L'AFFAIRE *ARSENAULT-CAMERON*

Le jeudi 13 janvier 2000, la Cour suprême du Canada a rendu une décision importante quant à l'interprétation des droits

---
11. L'arrêt *Mahé*, supra note 1 à la p. 365.
12. Mémoire de la *Société franco-manitobaine* présenté à la Commission royale sur les peuples autochtones le 23 avril 1992, Ottawa, p. 6.
13. L'arrêt *Mahé*, supra note 1 à la p. 363.

linguistiques prévus par la Constitution canadienne, plus précisément par l'article 23 de la *Charte canadienne des droits et libertés*. Dans une affaire émanant de l'Île-du-Prince-Édouard concernant les droits à l'éducation, la plus haute cour, sous la plume des juges Michel Bastarache et John Major écrivant pour l'ensemble des neufs juges, a de nouveau émis des clarifications majeures concernant l'objet de l'article 23 et son application dans les communautés.

Le plus haut tribunal du pays réaffirma certains principes formulés auparavant dans d'autres arrêts de la Cour suprême du Canada, notamment l'arrêt *Mahé*, précité, et le *Renvoi relatif aux écoles publiques du Manitoba*[14] qui rappelait l'importance des écoles de la minorité linguistique officielle pour le développement de cette communauté.

La Cour suprême du Canada cita également son propre arrêt *Beaulac*, à l'effet que « les droits linguistiques doivent dans tous les cas être interprétés en fonction de leur objet, de façon compatible avec le maintien et l'épanouissement des collectivités de langue officielle au Canada ». Une interprétation fondée sur l'objet des droits prévus à l'article 23 repose sur le véritable objectif de cet article qui est de remédier à des injustices passées et d'assurer à la minorité linguistique officielle un accès égal à un enseignement de grande qualité dans sa propre langue et dans des circonstances qui favoriseront le développement de la communauté.

On indique aussi dans l'arrêt *Beaulac* que l'analyse historique et contextuelle est importante pour les tribunaux qui doivent déterminer si un gouvernement a respecté ou non les obligations imposées par l'article 23. Cette analyse historique est d'autant plus importante qu'avec le caractère réparateur de l'article 23, la Cour suprême du Canada nous indique que, en 1982, lors de l'entrée en vigueur de la *Charte*, les systèmes d'éducation ne répondaient pas aux besoins réels de la minorité de langue officielle et n'y répondent peut-être toujours pas aujourd'hui.

---

14. *Renvoi relatif aux écoles publiques du Manitoba*, [1993] 1 R.C.S. 839.

L'article 23 repose sur la prémisse que l'égalité réelle exige que, suivant leur situation et leurs besoins particuliers, les minorités de langue officielle soient traitées différemment afin de leur assurer un niveau d'éducation équivalent à celui de la majorité de langue officielle. Ainsi, il n'est pas nécessairement question d'égalité de traitement lorsque vient le temps de questions telles la durée des trajets en autobus, la taille des écoles et même la qualité de l'enseignement.

La Cour suprême du Canada, toujours dans *Arsenault-Cameron*, a poussé ses commentaires un peu plus loin. Elle indique en effet qu'il n'est pas possible pour les titulaires d'un droit de minorité d'obtenir de leur gouvernement provincial des renseignements plus précis et plus complets sur les prévisions d'inscriptions. La Cour ajoute qu'il ne serait pas raisonnable non plus de demander davantage à ces titulaires de droits sous l'article 23 de la Charte. La province a l'obligation de promouvoir activement des services éducatifs dans la langue de la minorité et d'aider à déterminer la demande éventuelle ; elle ne peut pas se soustraire à son obligation constitutionnelle en invoquant une preuve numérique insuffisante, surtout si elle n'est pas prête à faire ses propres études ni à recueillir et présenter d'autres éléments de preuve sur la demande connue et éventuelle.

Ainsi, la Cour va un peu plus loin que dans les arrêts précédents en cette matière en affirmant qu'on ne peut pas s'attendre à ce que les représentants de la majorité, dont le ministre, comprennent totalement les ramifications et les conséquences des choix faits par la minorité, comme celui concernant l'évaluation de la durée du transport des élèves vers d'autres écoles.

Il ressort d'une analyse textuelle et fondée sur l'objet du paragraphe 23(3) de la *Charte* que, lorsque le nombre d'enfants visés par l'article 23 dans une région donnée justifie la prestation de l'enseignement dans la langue de la minorité, cet enseignement devrait être dispensé dans un établissement situé dans la communauté où résident ces enfants. Il semble difficile d'écrire l'obligation que comporte l'article 23 en termes plus clairs.

La Cour suprême du Canada nous indique encore une fois que l'article 23 n'est pas neutre, mais doit au contraire favoriser le développement de la communauté minoritaire de langue officielle. Le plus haut tribunal se garde bien d'indiquer que, dans tous les cas, on devra construire une école dans les petites communautés, mais que cette décision d'avoir une école ou non devra tenir compte de facteurs historiques, sociaux et géographiques complexes. Ce sont les parents de la minorité linguistique et leurs représentants qui sont les mieux placés pour identifier les besoins locaux. Un droit étant un droit, il est, par conséquent, non négociable.

Lorsque les francophones ont dû se battre aussi bien légalement que politiquement, il a souvent fallu d'abord convaincre les parents de la minorité du bien-fondé des revendications pourtant légitimes et fondamentales. Une fois l'école construite, dans tous les cas à notre connaissance, le nombre d'inscriptions enregistrées l'année suivante dépassait, et de loin, les prédictions les plus optimistes. Les batailles qui ont cours actuellement en Nouvelle-Écosse illustrent ce que nous venons d'énoncer. On pourrait même ajouter qu'au cours du dernier siècle, les communautés francophones et acadiennes se sont malheureusement habituées à se contenter de peu. Il ne faut donc pas dès lors s'étonner de la résistance rencontrée lorsqu'on tente de les convaincre que, oui, elles jouissent de droits constitutionnels.

Le domaine de l'éducation est de toute première importance dans l'édification d'un espace institutionnel. Cet espace est beaucoup plus vaste que les seules écoles primaires et secondaires; il englobe les garderies, le réseau postsecondaire, les groupes d'alphabétisation et de refrancisation, l'éducation à distance, l'éducation permanente, la formation professionnelle, etc. Il va de soi que l'éducation doit en outre faire la plus large place possible à la culture afin que les francophones s'y retrouvent et y puisent une source de valorisation. Me François Dumaine[15] (1990 : 111) écrivait d'ailleurs :

> Parce que c'est d'abord et avant tout à l'école que les enfants lisent, écrivent, calculent, explorent, découvrent et organisent; parce que c'est à cette phase essentielle du développement que le langage s'illustre comme un véritable pont entre l'isolement et la collectivité, il est difficilement acceptable pour les francophones hors Québec d'envisager de grands compromis sur la qualité de l'éducation de leurs enfants.

---

15. François Dumaine, (1990), *L'article 23 de la Charte et l'éducation des communautés francophones : la décennie 90*, Ottawa, FFHQ.

L'ARRÊT *BEAULAC*

Les tribunaux canadiens, plus particulièrement la Cour suprême du Canada, occupent une place de choix quant à l'évolution des droits linguistiques des minorités de langue officielle au Canada. Dès 1986[16], soit quatre années après l'entrée en vigueur de la *Charte*, la plus haute cour du pays adoptait une approche dite restrictive des droits linguistiques. Elle indiquait dans des jugements célèbres que les droits linguistiques étaient issus d'un compromis politique et que, dès lors, les tribunaux devaient privilégier la retenue judiciaire au moment de l'interprétation de ces droits. Le plus haut tribunal avait même déclaré que le droit d'être entendu [en français] ne signifiait pas pour autant qu'on ait le droit d'être compris [par le tribunal], comme nous l'avons dit précédemment. Bref, on a isolé les droits linguistiques des autres droits de la *Charte canadienne des droits et libertés*, pourtant considérés comme des droits fondamentaux.

Depuis, la Cour suprême du Canada a bien tenté de se sortir de cette fâcheuse position. Elle a d'abord dit qu'il fallait insuffler vie à ce compromis politique. Puis elle a indiqué qu'il s'agissait de droits fondamentaux lorsque mis en relation avec le droit à l'expression[17]. Le *Renvoi sur la sécession du Québec*[18] marque un tournant important puisque, comme nous l'avons déjà mentionné, le respect des minorités y est clairement défini comme l'un des quatre principes constitutionnels directeurs fondamentaux qui doivent guider toute interprétation de la Constitution.

C'est finalement l'arrêt *Beaulac*[19] qui vient mettre un terme à toute la polémique entourant l'interprétation des droits linguistiques au Canada. D'une clarté sans précédent, la Cour suprême du Canada écarte l'approche dite restrictive et affirme que les droits linguistiques visent à protéger les minorités de langue officielle du pays et à assurer l'égalité de statut du français et de l'anglais.

---

16. Voir les arrêts *MacDonald* c. *Ville de Montréal*, [1986] 1 R.C.S. 460 et l'arrêt *Société des Acadiens du Nouveau-Brunswick*, supra note 10 p. 549.
17. Voir *Ford* c. *P.G. (Québec)*, [1988] 2 R.C.S. 712 et *Devine* c. *P.G. (Québec)*, [1988] 2 R.C.S. 790.
18. Voir le *Renvoi sur la sécession du Québec*, supra note 5.
19. Voir l'arrêt *Beaulac*, supra note 3.

Dans l'arrêt *Beaulac*, la plus haute cour indique de façon très claire que les simples inconvénients administratifs et les coûts financiers supplémentaires ne sont pas des facteurs pertinents lorsque vient le temps de mettre en œuvre les droits linguistiques. Ces derniers comportent des exigences afin qu'il y ait une offre de service dans les deux langues officielles de façon égale. Pour la Cour suprême du Canada, les droits linguistiques doivent, dans tous les cas, être interprétés en fonction de leur objet, de façon compatible avec le maintien et l'épanouissement des collectivités de langue officielle au Canada. Elle souligne aussi la nécessité d'interpréter les droits linguistiques comme un outil essentiel au maintien et à la protection des collectivités de langue officielle. Elle ajoute par ailleurs qu'il existe une égalité réelle des droits linguistiques et que celle-ci « signifie notamment que les droits linguistiques de nature institutionnelle exigent des mesures gouvernementales pour leur mise en œuvre et créent, en conséquence, des obligations pour l'État. » Les droits judiciaires entraînent des obligations institutionnelles de la part des gouvernements, tout comme les droits en matière de travail, de communication et de services, de bilinguisme législatif, voire même ceux qui concernent l'application de la Partie VII de la *Loi sur les langues officielles*.

Les arrêts *Beaulac* et *Arsenault-Cameron* permettent aux communautés francophones et acadiennes de garder espoir pour l'avenir. Ils serviront d'armes lorsque viendra le temps de négocier de nouveau avec les gouvernements. En principe, les communautés n'auront plus besoin de rechercher à la pièce des mesures, législatives ou autres, qu'elles ont le droit d'exiger.

L'ARRÊT *MONTFORT* DE LA COUR D'APPEL DE L'ONTARIO

Qu'en est-il maintenant du domaine de la santé ? Les communautés francophones et acadiennes sont-elles prêtes à faire de grands compromis sur une question aussi fondamentale ? Si on fait de la langue le véritable pont entre l'isolement et la collectivité, que se passe-t-il lorsqu'on est vulnérable et en attente de services ?

Les tribunaux ont stipulé qu'en plus de l'éducation, d'autres champs sont très importants pour l'avenir des communautés francophones et acadiennes. Prenons seulement l'exemple de la santé et l'arrêt *Montfort* de la Cour d'appel de l'Ontario. Il ne s'agit pas ici d'un arrêt qui octroie aux communautés francophones et acadiennes des droits précis d'obtenir des services de santé en français partout au pays, mais plutôt d'un arrêt qui nous dit que les gouvernements ne peuvent plus faire abstraction du principe de respect des minorités, principe non écrit de la Constitution canadienne, au moment de prendre des décisions qui affectent l'avenir et le développement des communautés minoritaires.

En 1996, la Commission de restructuration des services de santé en Ontario, maintenant dissoute, avait pris la décision de fermer l'hôpital Montfort, ce qui avait soulevé l'ire de toute la communauté franco-ontarienne. Pour des raisons administratives, le gouvernement de l'Ontario giflait carrément toute une communauté.

Rappelons que l'hôpital Montfort, situé à Ottawa, est le seul hôpital en Ontario dans lequel la langue de travail est le français et où les services en français sont disponibles en tout temps. Il s'agit du seul établissement collégial et universitaire d'Ontario où les stagiaires sont assurés de pouvoir y être formés en français. Le 29 novembre 1999, la Cour divisionnaire avait accepté en preuve que les institutions d'une minorité linguistique sont essentielles à la survie et à la vitalité de cette collectivité, non seulement pour ses fonctions pratiques, mais également pour l'affirmation et l'expression de l'identité culturelle et du sentiment d'appartenance.

Non seulement la Cour d'appel avait-elle accepté cette preuve, mais elle ajoutait:

> La sauvegarde et la promotion de la langue française à l'égard des soins de santé communautaires dispensés par la seule institution francophone qui exerce ce rôle faisait partie de l'intérêt public que la Commission aurait dû prendre en considération. La Commission aurait dû également prendre en considération l'intérêt public soulevé par le fait que le rôle institutionnel de Montfort avait une portée provinciale qui dépassait les préoccupations locales d'Ottawa-Carleton en matière de soins de santé[20].

---

20. *Lalonde et al.* vs. *Commission de restructuration des services de santé*, précité, note 12, par. 74.

La Cour d'appel s'est largement appuyée sur le *Renvoi sur la sécession du Québec*. Il importe ici d'en faire quelques rappels opportuns pour bien saisir l'arrêt *Montfort*. La Cour suprême du Canada a indiqué qu'il existait au moins quatre principes constitutionnels directeurs fondamentaux, à savoir le fédéralisme, la démocratie, le constitutionnalisme et la primauté du droit (*rule of law*), et le respect des minorités. Ces principes déterminants fonctionnent en symbiose. Aucun ne peut être défini en faisant abstraction des autres et aucun ne peut empêcher ou exclure l'application d'un autre.

En procédant à un rappel historique de la fondation du Canada, la Cour indiquait clairement que le respect des minorités était un principe de base. Elle rappelait que les acteurs politiques de l'époque croyaient que le fédéralisme était la structure politique qui permettait de concilier unité et diversité. La *Loi constitutionnelle de 1982* est simplement venue réaffirmer l'engagement du Canada envers la protection des droits des minorités et des droits linguistiques. Le respect des principes démocratiques constitue également un facteur englobant la participation des femmes, des minorités et des peuples autochtones.

En ce qui concerne le principe de constitutionnalisme, la plus haute instance indique que :

> une constitution peut chercher à garantir que des groupes minoritaires vulnérables bénéficient des institutions et des droits nécessaires pour préserver et promouvoir leur identité propre face aux tendances assimilatrices de la majorité[21].

Elle ajoute :

> Même si le passé du Canada en matière de défense des droits des minorités n'est pas irréprochable, cela a toujours été, depuis la Confédération, un but auquel ont aspiré les Canadiens dans un cheminement qui n'a pas été dénué de succès. Le principe de la protection des droits des minorités continue d'influencer l'application et l'interprétation de notre Constitution[22].

---

21. *Renvoi sur la sécession du Québec*, précité, note 5, par. 74.
22. *Renvoi sur la sécession du Québec*, précité, note 5, par. 82.

La Cour d'appel de l'Ontario prend acte de ce renvoi de la Cour suprême du Canada et plus particulièrement du passage suivant[23] :

> Les principes non écrits de la Constitution ont bel et bien une force normative. Dans le Renvoi relatif à la rémunération des juges de la Cour provinciale (Î.-P.-É.) ; Renvoi relatif à l'indépendance et à l'impartialité des juges de la Cour provinciale (Î.-P.-É.), [1997] 3 R.C.S. 3 (le Renvoi relatif aux juges provinciaux), à la p. 75, le juge en chef Lamer fait clairement savoir qu'à son avis, le préambule de la Constitution « invite les tribunaux à transformer ces principes en prémisses d'une thèse constitutionnelle qui amène à combler les vides des dispositions expresses du texte constitutionnel ». Cette affirmation a été reprise dans le Renvoi relatif à la sécession, à la p. 249 :

> Des principes constitutionnels sous-jacents peuvent, dans certaines circonstances, donner lieu à des obligations juridiques substantielles (ils ont « plein effet juridique » selon les termes du Renvoi relatif au rapatriement, précité, à la p. 845) qui posent des limites substantielles à l'action gouvernementale. Ces principes peuvent donner naissance à des obligations très abstraites et générales, ou à des obligations plus spécifiques et précises. Les principes ne sont pas simplement descriptifs ; ils sont aussi investis d'une force normative puissante et lient à la fois les tribunaux et les gouvernements.

La Cour d'appel de l'Ontario rejette les prétentions du Procureur général de l'Ontario pour deux motifs. L'un vise l'application de la *Loi sur les services en français*[24] de l'Ontario sur lequel nous n'insisterons pas sauf pour mentionner que la Cour d'appel applique rigoureusement les principes d'interprétation édictés par la Cour suprême du Canada lorsqu'il y est question de droits linguistiques, à savoir que ces derniers doivent recevoir une interprétation large, libérale et téléologique, tenant compte du contexte historique et social, des injustices passées et de l'importance pour la minorité linguistique touchée de ses droits et de ses institutions.

L'autre motif vise plus particulièrement les principes non écrits, ce que la Cour d'appel nomme les valeurs fondamentales :

---

23. *Lalonde et al.* vs *Commission de restructuration des services de santé*, précité, note 12, par. 116.
24. *Loi sur les services en français*, L.R.O. 1990, C. F-32.

La Commission n'a pas présenté de justification à l'appui de sa décision de réduire le rôle important de Montfort sur les plans linguistique, culturel et éducatif pour la minorité franco-ontarienne. Elle a affirmé que cette question dépassait le cadre de son mandat. La Commission n'a pas porté attention aux valeurs constitutionnelles pertinentes, ni n'a tenté de justifier le non-respect de ces valeurs au motif que c'était nécessaire pour atteindre un autre objectif important. Malgré le respect dû à la Commission, les directives, qu'elle doit donner dans l'intérêt public, ne sont pas à l'abri d'une révision judiciaire lorsqu'elles empiètent sur les valeurs constitutionnelles fondamentales sans offrir aucune justification.

[…]

Nous en concluons que les directives de la Commission doivent être annulées au motif supplémentaire que, dans l'exercice de sa discrétion, et contrairement au principe constitutionnel du respect et de la protection des minorités, la Commission n'a pas accordé suffisamment de poids et d'importance au rôle de Montfort sur les plans linguistique et culturel pour la survie de la minorité franco-ontarienne[25].

Voilà, essentiellement, ce que dit la Cour d'appel de l'Ontario dans l'affaire *Montfort*. Il était question ici de sauvegarder un hôpital francophone, d'assurer à son personnel qu'il puisse continuer de travailler et d'être formé en français. Il s'agissait d'une situation où les francophones auraient perdu l'accès, en tout temps, à des soins et à des services en français comme c'est le cas présentement. Bref, il était question dans cette affaire d'un recul important et inacceptable pour la communauté. Pourrait-on utiliser cet argument pour sauver un centre culturel ? C'est possible, mais il faudrait présenter une preuve analogue à celle de l'affaire *Montfort*, ce qui est loin d'être évident. Il n'est donc pas question ici d'étendre des garanties juridiques qui pourraient tuer l'initiative politique, comme certains le laissent entendre, mais plutôt de protéger les droits acquis des communautés afin d'en empêcher tout recul. C'est une conception beaucoup plus défensive qu'offensive.

* * *

Le personnel médical de l'hôpital n'a pas demandé à se battre devant les tribunaux, ce qui a entraîné des coûts effarants pour toute

---

25. *Lalonde et al.* vs *Commission de restructuration des services de santé*, précité, note 12, par. 184 et 187.

la société ontarienne. La communauté franco-ontarienne n'a pas voulu cette bataille, mais elle s'est tenue debout et elle a gagné son pari. On peut dire la même chose de Monsieur Mahé, de l'Alberta, ou de Madame Noëlla Arsenault-Cameron, de l'Île-du-Prince-Édouard. Derrière chacune de ces batailles judiciaires, menées avec courage et opiniâtreté, il y a des gens, des individus qui font d'énormes sacrifices pour enfin obtenir le respect de leurs droits.

Il ne faut pas tellement s'étonner de l'émergence bien réelle du recours judiciaire comme forme de revendication, surtout depuis l'entrée en vigueur de la *Charte* en 1982 et de la possibilité d'utiliser des fonds fédéraux pour contester une législation, un règlement, une politique ou une pratique gouvernementale allant à l'encontre des droits linguistiques prévus par ladite *Charte*[26]. D'aucuns verront là de l'activisme judiciaire. Pourtant, les communautés francophones et acadiennes n'ont pas gagné toutes ces batailles juridiques, tant s'en faut. Est-ce de l'activisme judiciaire que de voir un tribunal indiquer clairement que, dorénavant, un gouvernement, avant de prendre une décision, devra s'assurer de respecter la minorité ? Est-ce que déclarer que le fédéralisme ou la démocratie constituent des piliers, des principes directeurs de la Constitution canadienne constitue de l'activisme judiciaire ? Les récents jugements des cours d'appel laissent entrevoir des jours meilleurs, où le respect des droits fondamentaux des communautés francophones et acadiennes sera accepté d'office par les gouvernements qui, alors, investiront, sans s'y faire trop pousser, dans le développement et l'épanouissement des communautés francophones et acadiennes.

Malheureusement, l'histoire démontre que, bien souvent, nos gouvernements ne respectent leurs propres engagements constitutionnels que lorsqu'ils y sont contraints. Les communautés francophones et acadiennes ont donc encore fort à faire et ce, même en éducation, car tout n'est pas encore parfait en matière de gestion

---

26. En effet, le Programme de contestation judiciaire du Canada, un organisme indépendant du gouvernement fédéral – mais qui reçoit tous ses fonds de ce dernier à raison de 2,75 millions de dollars par année –, permet le financement de causes types en droits linguistiques et aussi en droits à l'égalité (75 % du budget accordé aux litiges vont au volet des droits à l'égalité, l'autre 25 % au volet des droits linguistiques).

scolaire. Il faudra convaincre les gouvernements et la population majoritaire qu'un État réellement démocratique se doit d'abord de respecter sa communauté minoritaire. Il ne faut pas perdre de vue que la majorité n'a pas de droits, elle n'a que des pouvoirs et il est bien tentant pour un gouvernement de se laisser séduire par le chant des sirènes d'une partie plus bruyante de cette majorité, au détriment de la communauté minoritaire de langue officielle. Mais, tôt ou tard, ces mêmes gouvernements s'échoueront sur les récifs des tribunaux d'appels peu impressionnés par l'appel des ces sirènes.

Une toponymie voilée : effets de l'unilinguisme des génériques sur la toponymie fransaskoise

Carol Léonard, étudiant au doctorat
Département de géographie
Université Laval

LA TOPONYMIE EST LE PORTRAIT D'UN DEGRÉ D'HUMANITÉ.

Au cours des récentes décennies l'ethnonyme ou gentilé Fransaskois a fait son apparition. Il sert à désigner les habitants de souches franco-canadienne et franco-européenne en Saskatchewan. Tout comme pour le gentilé Ontarois, son usage demeure encore assez limité, mais tend à s'étendre car il a trouvé faveur auprès des médias électroniques. Les ethnonymes Franco-Saskatchewannais et Franco-Canadiens de la Saskatchewan lui sont synonymes et, inversement, tendent à disparaître. Le Fransaskois porte un désignatif hybride qui n'est pas sans rappeler l'hybridation générique/spécifique dont il sera question dans le présent texte. À ce gentilé est venu se greffer l'appellatif culturel Fransaskoisie dont on ne sait encore s'il a valeur de toponyme. Le lexicologue Paul Wijnands en a déjà fait, pour sa part, un nom de « territoire-fiction » (1999). Sans doute faut-il voir dans la création de ce néologisme l'écho de la condition d'une minorité qui est celle de participer au partage du territoire. Partage inégal, certes, mais conforme au poids démographique, lequel demeure une donnée objective inéluctable. Le trop grand éparpillement des francophones dans la province ne fait qu'ajouter à la difficulté éprouvée par le Fransaskois à délimiter ses zones identitaires. Il ne faut donc pas s'étonner de le retrouver en porte-à-faux lorsqu'il cherche à cerner ce qui porte sa marque et de le voir chercher à se renommer dans un territoire en quête de définition. Comment peut-il en être autrement puisqu'il y a dilution des référents ? Le problème de la toponymie fransaskoise est celui d'une minorité qui se parle à elle-même et cherche à se reconnaître dans le temps et l'espace. Faut-il condamner l'intention ? Échappe-t-elle à tout traitement scientifique ? Aux difficultés inhérentes aux données de la géodémographie s'ajoutent les conséquences des politiques et des pratiques sociales qui en découlent. Ce sont elles qui définissent, cimentent ou refondent les institutions, mais qui donnent également à l'espace, au territoire, le visage souhaité. La toponymie en est alors le reflet. Certains comportements dénominatifs peuvent avoir pour effet d'obscurcir les origines des toponymes eux-mêmes, rendant ainsi plus difficile pour un groupe l'identification de son trésor toponymique identitaire. L'emploi presque exclusif de génériques dans la langue de la majorité constitue un obstacle de cette nature. Cette pratique n'est pas inoffensive, car à travers « ses noms » c'est le groupe concerné lui-même qu'on atteint.

LE POIDS DES NOMS

« Nommer c'est s'approprier ». Cette affirmation a été maintes fois dite et redite (Guillorel, 1999 ; Attali, 1991 ; Courville, 1989 ; Morissonneau, 1972). Il ne s'agit pas d'une surenchère. Aujourd'hui, l'affirmation a même acquis valeur de truisme. Nommer n'a rien d'anodin. Faut-il voir dans une croyance au caractère apparemment inoffensif du nom l'explication au peu de cas trop longtemps accordé à l'onomastique ? Certes, le nom est presque invariablement tiré du réservoir lexical de la langue, mais il sert à plus qu'au seul découpage de l'espace. La dénomination scelle la domination. Pour peu qu'on y regarde de près, nommer c'est s'adjuger la propriété de l'objet en se reconnaissant sur lui un droit réel. C'est sans l'ombre d'un doute la perception de ce droit qui est à l'origine de la force d'identification à l'objet possédé. Ce lien qui, comme tout autre, peut s'établir sous le signe de la dépendance trouve son expression affective la plus intense au moment d'une perte, d'une expropriation. Les réactions sont variables selon les personnes. Elles prennent la forme d'une affliction, d'un désarroi, d'un ressentiment qui deviennent les signes tangibles donnant la mesure de ce lien jusqu'alors resté souvent imperceptible entre l'objet et celui qui se l'attribue. Corollaire à cette constatation, le refus de nommer est souvent la marque d'un scrupule d'empiéter sur un droit reconnu à autrui. Quant à la traduction elle a tout de l'emprunt. Qui dit emprunt, dit reconnaissance de dette. Or, traduire un toponyme signifie souvent s'en emparer en égarant l'acte de propriété. Jamais ailleurs l'aphorisme « traduire, c'est trahir » n'a pu contenir plus de vérité. L'étude des mœurs dénominatives se révèle donc de nature à jeter un éclairage réel et significatif sur les rapports entre les groupes partageant ou se disputant un même territoire (Jenson, 1993).

TOPONYMIE ET TERRITORIALITÉ

Aire de transposition des aspirations, des conflits et du mal de vivre, la toponymie constitue l'une des armatures sur lesquelles prend appui l'identité individuelle et groupale. Les cartes lèvent une partie du voile recouvrant non seulement le champ perceptuel du cartographe, mais aussi celui du groupe auquel il appartient. La carte devient discours informel (Boudreau, 1988), marquée de l'intentionnalité du cartographe. Elle affiche un discours social, politique et économique et, parfois aussi, psychologique, car les conditions dans lesquelles les premiers cartographes, officiels ou non, avaient à œuvrer ont dû influencer l'esprit dans lequel ils s'astreignaient à la réalisation de tâches qu'on leur avait confiées ou qu'ils s'étaient eux-mêmes données.

Une fois consigné sur la carte, peint sur l'affiche, ciselé dans la pierre, le nom devient objet de culture, élément du patrimoine commun. Il participe à l'échange. Tout en baptisant le lieu, celui qui dénomme se fait le relais de ses semblables, comme l'exprime le toponymiste Jean-Yves Dugas, puisque

> l'attribution d'un nom à un lieu marque son appartenance à un milieu humain particulier ; il fait désormais partie, il appartient au sens littéral du mot, à un univers culturel, à un groupe de personnes dont il reflète la

spécificité et cela, même si la dénomination fut attribuée par un nommant, celui-ci véhiculant le bagage culturel de la communauté à laquelle il se rattache (Dugas, 1984 : 441).

Au fil des ans, au contact des humains qui lui forgent un passé, le toponyme se charge d'histoire et de connotations. Il dit davantage et beaucoup plus (Bouvier, 1980). Sans commune mesure avec l'importance qu'on semble accorder à son étude, le nom est l'un des éléments les plus influents de la langue ; c'est une clé de voûte de son présent et de son devenir.

LA DÉNOMINATION SCELLE LA DOMINATION

Lorsque Cartier prend possession de ses découvertes au nom de son roi, il le fait en toute bonne conscience. Symbole de cette revendication, la croix sur laquelle sont apposées les armes royales confère un caractère sacré à son geste. La caution divine est une sanction incontestable devant laquelle tous doivent s'incliner. La prise de possession est donc justifiée, de bon droit. Il convient de la faire connaître à tous pour qu'ainsi prévalent les prétentions de son roi sur celles des autres puissants. Une toponymie originale et française est mise à contribution pour y parvenir. Elle ne procède pas véritablement de l'action civilisatrice ; au contraire, elle tient presque de l'animal, d'un rapport de force primaire. D'une part, elle marque le sol, donne la mesure de la possession. D'autre part, elle sert, faut-il le souligner, à l'identification d'un dividende. Les expéditions des découvreurs entraînent des coûts considérables et comportent des risques tant politiques que financiers. Il est souhaitable qu'elles rapportent. Ce qui ne peut être hissé à bord des navires et ramené à ceux qui les ont armés doit impérativement porter la marque de la possession. C'est ainsi qu'à force de noms, le pays prend le visage du nouveau maître. Sa toponymie devient un reflet identitaire, une glorification du Moi et en porte la signature. « Ce pays ne peut qu'être Nôtre, puisqu'il est Nous », aurait pu dire le souverain de France.

Le verbe français étalé sur les cartes représentant le territoire nouvellement conquis, tel un sceau, atteste la prise de possession. L'adéquation langue-pouvoir se voit puissamment incarnée. Le monarque doit posséder une langue en propre et en tirer parti. Ce principe, Elio Antonio de Nebrija[1] a su le fondre dans une formule éclatante. Le samedi 25 février 1492, il se présente devant sa souveraine avec, à la main, un livre qu'il vient de terminer. Intitulée *Arte de la Lengua castellana*, l'œuvre est importante. C'est la première grammaire castillane. La dédicace qu'elle contient renferme un audacieux message : « La langue a toujours accompagné la puissance, et c'est vrai que toutes les deux naissent, se développent et s'épanouissent ensemble, de même que leur décadence est simultanée » (cité dans Attali, 1991 : 186-87).

Dans la foulée du souverain est apparu l'État souverain usant de marqueurs toponymiques analogues dans son œuvre colonisatrice. La toponymie au service de l'État a toujours été un instrument de transformation des mentalités. Celui-ci en a fait un usage plus ou moins conscient ou plus ou moins accentué selon les époques et les données de la géopolitique. Cette fonction est confirmée dans les diverses règles de jeu que chacune des autorités toponymiques s'est données, qu'il s'agisse, à titre d'exemples, du choix de la langue des génériques, d'une politique qui vise à redonner à une région un visage linguistique qu'elle avait perdu ou de normes d'écriture des toponymes dans la langue d'une minorité. Ces règles servent à modeler et à remodeler le visage toponymique des territoires et vont bien au-delà de la simple volonté de mettre un peu d'ordre dans une « macédoine » onomastique. Car, en nommant le lieu et en filtrant les dénominations après pondération des usages et recherche d'univocité, on s'adresse non seulement à l'entité, mais plus encore à l'ensemble des utilisateurs, citoyens ou étrangers, à qui l'on « suggère » l'emploi de tel ou tel signifiant pour saisir la réalité de ce lieu. L'appellation ne fait donc pas que cerner un espace, elle encadre la communauté des usagers. C'est dire qu'en plus d'individualiser les lieux selon un ordre spatial, catégoriel ou sémiotique (Dugas, 1988 : 118), les toponymes sont marqués par des intentions latentes ou effectives qui produisent des impacts sur le champ

---

1. Réputé être le plus grand humaniste espagnol, Elio Antonio Martinez de Cala de Nebrija (également Nebrissa ou Nebrixa) vécut de 1441 à 1522. Sa *Gramatica sobre la lengua castellana*, publiée à Salamanque en 1492, est considérée la première véritable grammaire scientifique se rapportant à une langue moderne.

perceptuel des humains qui les fréquentent. Le toponyme n'est pas anodin. Il en va de la toponymie comme de la territorialité elle-même. Elle n'est pas qu'un simple lien avec le lieu. Elle établit un rapport, présent ou différé, avec les autres acteurs, qu'ils soient utilisateurs, habitants ou même gérants œuvrant à une autre époque. La relation aux toponymes médiatise les rapports entre humains et elle est inévitablement marquée par le pouvoir (Raffestin 1980 : 143). Visant l'intelligibilité de l'espace, la toponymie délimite le territoire qui est essentiellement une occupation de l'espace. Nommer, c'est poser un acte démiurgique. C'est littéralement « créer du territoire », ainsi que l'exprime le politologue Hervé Guillorel : « la dénomination en tant qu'elle contribue à la création d'un ordre symbolique c'est-à-dire la mise place d'une cohérence forte à propos d'un support spatial donné, constitue un acte « territorialisant » constitutif » (1999 : 64).

LA RAISON DU PLUS FORT...

En toute chose, il semble qu'il faille un ordre. L'appareil étatique s'assurera qu'il réponde à une logique s'accordant à la doctrine politique en place. En démocratie, la voie semble toute dictée. La majorité doit y trouver son compte. Cela signifie que, sur le terrain, elle a le droit de s'y retrouver. La toponymie doit lui être intelligible. Seule politique désormais possible, l'élection du nom de lieu doit reposer sur l'usage. Or, la majorité constitue le fond du creuset dans lequel se forme l'usage. Dans les sociétés démocratiques, ce dernier fonde la légitimité du toponyme et consacre la ou les seule(s) formes à adopter. « La fidélité au réel, en matière de noms de lieux, transcende les autres principes car il est manifeste que c'est la population qui crée, dans la majorité des cas, les noms de lieux et qui les utilise. » (Pâquet, 1984 : 11)[2].

---

2. On pourra déplorer l'absence d'ouvrages faisant une analyse sérieuse du « principe de l'usage ». Il s'agit pourtant d'une règle normative à « la prépondérance universellement reconnue » (Karamitsanis, 1988) et sur lequel on a pris appui un nombre incalculable de fois pour trancher les cas litigieux. Une telle politique ne s'attire cependant pas tous les suffrages.

Dans une société composée de groupes humains distincts de culture et de langue, une pratique reposant sur l'usage, donc sur le dénombrement des têtes, favorise immanquablement des cultures aux dépens d'autres, sinon des groupes linguistiques aux dépens d'autres. Le décompte se résumera par une approximation d'autant plus vite faite que la majorité est écrasante. Il semble alors inutile, voire nuisible, d'avoir recours à un dépouillement officiel, objectif, rigoureux et onéreux. La reconnaissance de l'Autre vaut son pesant d'or. La balance penchera d'autant plus du côté de la majorité que, dans le choix des usages, on ratissera large. Il est en effet possible de distinguer les usages selon qu'ils sont locaux, régionaux, provinciaux ou nationaux. Ainsi, par exemple, l'emploi local d'un générique dans la langue minoritaire pourra ne pas être reconnu officiellement si l'autorité toponymique préfère asseoir son choix sur la base d'une pratique « générale » à une échelle régionale, voire provinciale. C'est ainsi qu'en Saskatchewan, par exemple, des toponymes d'usage français chez les Métis [dont certains remontent à l'âge d'or de la traite des fourrures] se virent écartés au profit de traductions d'un usage plus répandu. C'est notamment le cas de dénominations telles Lac des Prairies, Montagne de Cyprès, Montagne de Bois et Talle de harts rouges devenues depuis : Meadow Lake (54 07' 108 20'), Cypress Hills (49 40' 109 30'), Wood Mountain (49 14' 106 30') et Willow Bunch (49 23' 105 38').

Le choix reposant sur l'usage semble donc tenir davantage d'une règle du pis-aller démocratique que de l'esprit des révolutions qui a donné naissance aux démocraties, lequel tient pour principe essentiel le droit de chacun à la poursuite du bonheur ce qui impliquait, au temps où il fut établi, l'abolition des privilèges perçus comme des entraves majeures et non pas leur transfert d'un groupe à un autre, fût-il composé de la majorité des individus.

Le mode d'élection du nom de lieu sur la base d'une notion aussi « flottante » que celle de l'usage cimente des inégalités entre les membres d'une communauté et se fait accommodant à la majorité. Or, de l'usage répandu et dominant à l'uniformité claire et ordonnée dans la présentation il y a un pas que l'on a résolument franchi. Ce pas porte un nom. C'est la « normalisation ». Pour les groupes d'experts en la matière, elle apparaît utile, nécessaire, impérieuse. La mondialisation des communications et l'automatisation des traitements de données la font réclamer (Dorion, 1993). Elle peut être plus ou moins restrictive et comporte d'indéniables atouts. Chacun étant tenu d'employer un même nom pour un même lieu, elle assure une stabilité à la relation qui unit le nom à l'entité désignée. L'ordonnancement qu'elle implique repose sur deux puissantes assises : l'unicité et l'usage courant. « Si le principe de l'unicité de nom officiel pour un lieu est la pierre angulaire de la normalisation des noms géographiques, celui de l'usage courant en constitue la clé de voûte » (Richard, 1989). La normalisation s'attaque donc à ce qui est source de malaise et plus particulièrement de confusion de toutes natures. Un seul nom ne doit désigner qu'un seul lieu. L'unicité permet d'éviter les erreurs, les méprises, c'est compris. Mieux encore, elle prévient la floraison du « babélisme ». Quant à l'usage, il éclaire le choix de l'autorité toponymique devant une multiplicité d'appellations possibles pour un même lieu et permet de faire échec aux prises à partie entre défenseurs de toponymes concurrents. Par un intéressant et sérieux retour de manivelle, la normalisation crée l'usage. À tout le moins, elle le maintient et le répand.

L'AUTORITÉ TOPONYMIQUE

Dans sa réflexion sur la patrimonialité du toponyme, l'éminent géographe et toponymiste Henri Dorion fait découvrir la multiplicité des ayants droit tout en soulignant le caractère transcendant du toponyme lui-même en tant qu'attribut d'une mémoire collective (Dorion, 1993). Chacun des prétendants peut revendiquer à sa manière un lien privilégié avec le nom de lieu : le créateur sans qui le nom n'existerait pas, l'habitant qui se sent concerné au premier chef par ladite appellation, l'utilisateur sans qui le nom ne se maintiendrait pas et finalement le gérant (l'autorité toponymique) à qui l'on confie le départage des toponymes et la normalisation des conduites en matière de dénomination de lieux. Il est vrai qu'autant d'agents toponymiques rendent malaisé l'établissement d'un lien de priorité. Quoi qu'il en soit, l'officialisation d'un nom et sa diffusion autorisée passant obligatoirement par l'appareil étatique, il convient de toucher un mot sur cet acteur privilégié à plus d'un titre.

Contexte de mondialisation et de normalisation aidant, confrontée à la multiplicité des dénominations et aux altérations multiples maintenues par l'usage, l'autorité toponymique apparaît de plus en plus affublée du rôle « d'un juge qui doit faire le départage des poids relatifs qu'ont ou ont eus les intervenants, soit le créateur, l'habitant et l'utilisateur dans la consolidation d'une forme toponymique par rapport à l'autre » (Dorion, 1993 : 8). La normalisation et la recherche de l'univocité semblent en effet répondre à des nécessités sans cesse plus impératives et leur application rencontre certes moins d'opposition sur les principes que dans leur application.

Titulaire de la prérogative de l'affichage officiel sur le territoire, l'État joue *de facto* un rôle d'intermédiaire entre l'occupant et le visiteur. Le minoritaire, pour qui cet arbitre tranchant nettement et efficacement les nœuds gordiens revêt trop souvent à la fois les toges de juge et de partie, préférerait lui voir jouer un tout autre rôle se situant quelque part entre le gestionnaire soucieux d'aménagements dénominatifs ordonnés, le curateur obligeant agissant en « bon père de famille » préoccupé du bien-être de ses dépendants et celui d'exécuteur testamentaire de volontés dont, par devoir, il se dissocie tout en assurant méticuleusement leur accomplissement.

Ainsi, le toponyme nouvellement créé ou officiellement adopté se pare presque toujours des « atours » conformes aux règles d'écriture seules admises par l'autorité en vertu de principes relevant de la logique apparente – mais aussi (sous certains régimes non démocratiques) d'un arbitraire non moins apparent –, reflet d'un recours à des privilèges que la majorité s'est attribués et que, sauf en de rares exceptions, elle ne viendra pas contester.

Au Canada, dans certaines régions et à certaines époques, des voix se sont élevées contre cette normalisation et ont réclamé une traduction légitimée des génériques en langues minoritaires (Smart, 1978 : 231), voire des spécifiques eux-mêmes (Dorion, 1967 : 168). Il s'en est suivi une mise au rancart d'un nombre inestimable de génériques en langue minoritaire dont quelques traces subsistent dans les fichiers et les classeurs à clapet contenant ce que l'on a bien voulu conserver dans les fonds d'archives. Parfois, on aura battu en retraite précisément là où l'usage par la majorité opposait une résistance tenace à la nouvelle forme suggérée et s'obstinait à faire usage de la forme rejetée. À notre connaissance, nul n'a jamais assisté à la conversion, en Saskatchewan, d'un générique de l'anglais au français due à la pression populaire, comme cela à pu se produire dans le cas d'un spécifique. Il y a une exception pourtant, plutôt insolite. Il s'agit du retour, pour raison d'impertinence sociale, à la forme Portage La Loche après officialisation de Methye Portage[3].

En contraste, la toponymie nominative contemporaine au Canada se caractérise par l'application au cas par cas de principes généraux et de normes d'une relative souplesse. L'effet d'une telle politique s'observe sur le plan des spécifiques (plus que sur celui des génériques) qui, au fil des ans, a « engendré un corpus choronymique où l'effet des contacts linguistiques est aussi important que varié » (Dorion, 1972 : 14).

Cela dit, et revenant aux génériques, leur adoption ou officialisation dans une langue unique leur a permis d'acquérir, en pareil cas, une fonction supplémentaire. Désormais, non seulement indiquent-ils le type d'entité géographique désignée, mais encore, ils informent sur la langue de la majorité occupant le territoire et surtout sur celle que la majorité désire voir utiliser. Ainsi, dans un tel contexte, le choix d'une langue des génériques en toponymie renseigne les autres acteurs sur le cadre général qui forme le fond des relations de pouvoir en présence ; celle d'une mainmise d'un groupe en particulier sur un patrimoine collectif. Le générique, c'est le message ! Le Québec a adopté cette conduite (Richard, 1989 : 249). Les spécifiques de toutes provenances y sont, dans une vaste majorité des cas, en coexistence ou en juxtaposition à des génériques de langue française. Les francophones de cette province tirent un avantage marqué d'une telle pratique. Le paysage choronymique québécois ne leur est que plus familier. D'autres provinces se sont dissociées du procédé. L'Ontario notamment s'est défendu, au cours

---

3. En janvier 1957, les habitants de la région de La Loche, toutes origines linguistiques confondues, obtinrent de conserver le nom français Portage La Loche alors que les autorités lui avaient substitué l'amérindianyme d'origine Methye Portage. Effet cocasse puisque, au cours de cet échange, le générique « Portage » était traduit du seul fait de sa position à l'intérieur du syntagme alors qu'il s'agit du même mot, dans une langue comme dans l'autre.

des années 1970 (Smart, 1972 : 185 et suiv.), d'une pareille généralisation, estimant le générique sur un pied d'égalité avec le spécifique et indissociable de ce dernier. Elle a vivement condamné la pratique québécoise de la traduction des génériques anglais sur son territoire, annonçant dans un même souffle, et suivant un scénario apocalyptique (Smart, 1978), la disparition prochaine, et jusqu'au dernier, des toponymes anglais sur le sol québécois. Dans les faits, le générique français à l'ouest de la rivière Outaouais demeure anecdotique. L'Alsama[4] et la Colombie-Britannique n'en maintiennent qu'une poignée. Leur rareté ne perturbe pas l'unité de forme qui se révèle à la vue du voyageur penché sur les cartes topographiques et marines du gouvernement fédéral pour y faire la lecture des routes qui lui permettront de descendre une rivière ou de se rendre à un camp de pêche, où qu'il soit entre Ottawa et Vancouver. À titre d'exemple, le répertoire toponymique du Canada contient pour l'ensemble du territoire saskatchewannais 12 575 toponymes officialisés. De ce nombre, 5 346 sont des hydronymes désignant des lacs. De tous ces noms de lacs, seuls 21 sont formés d'un générique de langue française, ce qui représente moins de 0,4 % de l'ensemble du trésor toponymique provincial[5].

Il est significatif, pour ne pas dire éloquent, que sur la maigre liste des 81 entités « d'intérêt pancanadien » aux toponymes officialisés dans les deux langues officielles, la majorité diffèrent dans leur écriture anglaise et française par une traduction du générique[6]. Ceci s'explique aisément du fait que le toponyme étant généralement constitué d'un spécifique et d'un générique, c'est ce dernier qui assure la stabilité du nom. Tout comme les paletots, blousons et anoraks se succèdent sur une vieille patère suivant les conditions atmosphériques et les fantaisies de la mode, les spécifiques peuvent varier au gré des nécessités comme des caprices de la géopolitique. Seule la bonne vieille patère, comme l'entité et le générique qui

---

4. Alsama est un acronyme qui réfère aux trois provinces de l'Ouest canadien : l'Alberta, la Saskatchewan et le Manitoba.
5. Données de la Commission toponymique du Canada fournies à l'auteur le 10 décembre 2001.
6. Gouvernement du Canada, Circulaire 1983-58 du Conseil du Trésor.

tentent de la définir, peut prétendre à une certaine immuabilité. Les décideurs politiques l'auront compris. La montagne demeure, le spécifique passe. Ce fut ainsi depuis toujours. Certes, certains noms prétendent à une stabilité plus marquée. À ce propos, l'étude de la choronymie amérindienne tend à démontrer une continuité de l'usage plus grande qu'on l'avait soupçonné (Dorion, 1995). Toutefois, il serait sans doute fautif de voir dans tout nom de lieu amérindien un témoin séculaire dont l'origine remonte à la nuit des temps. L'examen de certains noms de lieu fournit de sérieux indices conduisant à conclure à un renouvellement constant des amérindianymes de manière à leur assurer une valeur sémantique réelle, signifiante et maximale[7].

Le générique possède sa bonne part de valeur stratégique, ce que les Québécois ont compris. Dans la Belle Province, « la traduction du générique, même dans le corps d'un texte, ne peut constituer une forme d'adaptation acceptable de la nomenclature géographique québécoise, parce que la traduction du générique d'un toponyme fait du résultat un autre nom de lieu, selon la Commission de toponymie » (Poirier, 1988 : 387). Cette dernière est d'avis que sa position « est tout à fait compatible avec le bilinguisme de juxtaposition dominant qu'on retrouve, de fait, dans la nomenclature géographique de la Fédération canadienne, à savoir des génériques exclusivement unilingues, tantôt français, tantôt anglais, selon la province ou la région que l'on considère. Le Québec compte d'ailleurs lui-même plusieurs toponymes à génériques unilingues anglais. La réciproque est également vraie pour plusieurs provinces et territoires en regard de toponymes à génériques français » (Poirier, 1988 : 388).

Le Canada en général et le Québec offrent sous le rapport de la « présentation » des noms de lieu une indiscutable homogénéité. Il suffit d'un seul coup d'œil pour constater le désir des majorités

---

7. À titre d'exemple, un important lac du sud de la Saskatchewan porte un toponyme dit « légendaire » dont la forme officielle est Old Wives Lake (50 06' 106 00'), tr aduction de l'amérindianyme Nootokao Sagiekun (Hamilton et Hamilton, 1954) rappelant le massacre de grand-mères cries par un parti de Pieds Noirs. Cet événement remonterait tout au plus à la première moitié du XIXe siècle (Metcalf, 1980 : 342).

linguistiques (française au Québec et anglaise ailleurs au pays) d'occuper le maximum d'espace toponymique sur leur territoire. Le prix à payer pour les minorités demeure la perte à divers degrés de ce qui a, pour elles, valeur historique et identificatoire.

Voyons ici quelques exemples. L'usage des anthroponymes est répandu en toponymie. Ils servent à honorer, à commémorer ou, encore, ils sont la marque d'appartenance d'un lieu à une personne donnée. Or, les noms de famille, tout comme les prénoms, franchissent aisément les barrières linguistiques. Ainsi, au cours du XIXe siècle, les prénoms dits « français » ont connu une certaine vogue en Angleterre. Aujourd'hui, beaucoup de prénoms dits « américains » connaissent une faveur en France. On constatera que l'identification de l'origine linguistique des personnes honorées n'est pas chose aisée lorsque tous les spécifiques sont accompagnés de générique dans une seule langue.

L'exemple qui suit a saveur de jeu-questionnaire. Le tableau contient des noms de lieu de la Saskatchewan. Ils sont regroupés ici, car ils ont en commun d'être des anthroponymes. La chose n'est pas incongrue, car il arrive souvent, dans les cas de désignations systémiques, qu'on retrouve plusieurs lacs nommés de même manière. Ici, l'exercice consiste à identifier les noms de lieu qui honorent des personnes qui ont reçu des patronymes d'origine française. Il s'agit de tenter d'y parvenir à la manière d'un Fransaskois qui, fréquentant une région de sa province qui lui est moins connue, interroge les noms pour savoir s'ils ont quelque chose à lui révéler sur la présence française dans ce coin de pays.

TABLEAU[8]

1. _____ Albert Lake (56 25' 104 45')	3. _____ Charles Lake (57 23' 103 36')	
13. _____ Emma Lake (53 36' 105 54')	11. _____ Prince Lake (59 37' 108 13')	
8. _____ Marion Lake (52 35' 106 20')	7. _____ Jean Lake (56 11' 106 28')	
4. _____ George Lake (56 14' 106 20')		
10. _____ Joseph Lake (59 50' 107 06')	5. _____ Richard Lake (55 06' 102 06')	
14. _____ Albert Lake (52 28' 109 33')		
2. _____ Marion Lake (59 25' 107 35')	9. _____ Jean Lake (59 31' 108 39')	
6. _____ Bernard Lake (58 11' 107 25')	12. _____ Ranger Lake (60 00' 109 30')	

La note de référence permet de les identifier. La seconde partie de ce petit exercice consiste à biffer les génériques anglais chez les noms identifiés comme étant d'origine francophone et d'ajouter sur la ligne qui précède le spécifique, le mot « Lac ». En regardant le tableau, une fois cette opération complétée, on constate combien il devient alors aisé de situer les toponymes en fonction de leur origine linguistique ou culturelle, si l'on préfère.

Bon nombre d'anthroponymes se soustraient à toute considération patrimoniale. Leur diffusion les a rendus apatrides. Les frontières linguistiques et géographiques n'ont pas d'effet sur eux. Bien malin qui pourra assurer l'origine linguistique des gens honorés par les

---

8. Réponse : il y en a sept. Ce sont ceux précédés des numéros 1, 2, 4, 7, 11, 12 et 13.

toponymes énumérés dans le tableau ci-dessous sans recourir, au préalable, à une enquête révélant les circonstances réelles entourant leur attribution.

Les toponymes suivants sont tirés du répertoire des noms de lieux de la Saskatchewan.

Adam Lake (56 26' 105 19')	Charles Lake (54 22' 107 49')	Richard Lake (55 06' 102 06')
Albert Lake (52 28' 109 33')	Charles Lake (57 ' 103 36')	Roy Brook (53 42' 107 50')
Albert Lake (56 25' 104 45')	Charlot Island (59 35' 109 15')	Roy Lake (52 21' 102 49')
Alfred Lake (55 45' 107 45')	Charlot Lake (59 44' 108 25')	Roy Lake (53 42' 107 54')
Alice Beach (50 56' 105 10')	Charlot River (59 37' 109 08')	Thomas Bay (55 16' 104 49')
Anne Lake (59 40' 108 23')	Constance Lake (52 ' 105 31')	Thomas Coulee (49 16' 109 35')
Arthur Lake (52 25' 102 28')	Constance Lake (53 10' 106 58')	Thomas Creek (55 17' 104 49')
Arthur Lake (52 34' 105 27')	David Island (59 46' 109 11')	Thomas Creek (57 29' 105 10')
Arthur Lake (54 43' 101 54')	David Lake (56 38' 103 33')	Thomas Falls (56 33' 106 16')
Beatrice Lake (52 28' 109 33')	Francis Bay (54 58' 109 32')	Thomas Lake (55 ' 104 28')
Bernard Lake (56 21' 102 18')	Francis Bay (55 03' 102 02')	Thomas Lake (56 55' 103 02')
Bernard Lake (58 11' 107 25')	Horace Brook (52 19' 102 05')	Thomas Lake (59 48' 107 58')
Cecile Lake (53 36' 105 53')	Jean Lake(53 37' 105 53')	Victor Creek (55 10' 109 46')
Charles Bay (54 18' 102 52')	Jean Lake (56 11' 06 28')	Victor Lake (52 19' 103 04')
Charles Coulee (49 41' 108 42')	Jean Lake (59 35' 108 39')	Vincent Lake (50 13' 108 57')
Charles Lake (49 59' 102 06')	Marion Lake (51 08' 107 15')	Vincent Lake (55 15' 103 30')
Charles Lake (51 44' 104 43')	Marion Lake (52 35' 106 20')	Vincent Lake (59 22' 106 48')
	Marion Lake (59 25' 107 35')	

Ce trait n'est pas applicable qu'aux seuls anthroponymes. Qu'on en juge à cette autre liste composée de toponymes tirés également du répertoire saskatchewannais. Les spécifiques de ces noms de lieux sont formés de mots que chacun pourra retrouver tant dans les dictionnaires de langue française que dans ceux de langue anglaise.

Alpine Bay (53 13' 107 29')	Coyote Lake (49 50' 102 07')	Long Lake (54*09' 109*19')
Alpine Lake (52 34' 109 29')	Coyote Lake (53 54' 107 25')	Long Lake (57*08' 109*18')
Camp 5 Lake (53 34' 106 21')	Culdesac Lake (53 37' 101 47')	Long Lake (57*28' 104*')
Camp Island (55 08' 105 08')	Culdesac River (53 45' 101 42')	Patience Lake (52*073' 106*20')
Camp Lake (49 48' 102 32')	Deception Lake (52 20' 108 21')	Signal Bay (54*55' 104*30')
Camp Lake (51 32' 105 08')	Grand Coulee (50 26' 104 49')	Signal Point (54*55' 104*31')
Camp Lake (53 24' 106 22')	Gravel Lake (52 38' 109 49')	Table Lake (54*35' 102*03')
Camp Lake (53 26' 107 05')	Long Lake (49*04' 108*54')	Temple Lake (53*35' 105*51')
Camp Lake (53 46' 106 42')	Long Lake (49*48' 102*33')	Temple Lake (59*29' 106*33')
Cascade Rapids (58 42' 103 52')	Long Lake (52*34' 109*51')	Triangle Lake (54*48' 101*57')
Chance Lake (59 33' 108 43')	Long Lake (52*40' 104*36')	Triangle Lake (59*33' 108*52')
Court Lake (59 38' 108 48')	Long Lake (53*18' 109*18')	

Quelquefois, la présence d'accents diacritiques pourrait suppléer à l'identification linguistique par voie de générique. Leur absence ne fait qu'accroître les difficultés d'interprétation. Les toponymes suivants l'illustrent à merveille :

Deception Lake (56 33' 104 14')	Echo Lake (50 48' 103 51')
Detour Lake (59 38' 104 11')	Echo Lake (51 41' 101 59')
Echo Bay (53 13' 107 08')	Heritage Lake (53 56' 105 09')
Echo Creek (50 46' 103 49')	Heron Lake (53 53' 107 07')

Une langue qui ne pratique pas une accentuation comparable à celle du français la juge ni utile ni nécessaire, avec les conséquences qu'on imagine. On pourra se sentir déconcerté face aux anthroponymes dépouillés des signes diacritiques révélateurs de leur appartenance linguistique. Page ou Pagé ? Cote ou Coté ? Là est la question ! Et il n'y a pas que l'anthroponyme qui soit ainsi touché. Dans le cas des noms communs, l'absence d'accent les fait immédiatement basculer, si telle n'est pas leur origine, dans la nomenclature de langue anglaise. Qu'on en juge.

Noms propres	Noms communs
Cote Lake (55 27' 104 53')	Deception Lake (56 33' 104 14')
Dube Lake (58 35' 105 04')	Detour Lake (59 38' 104 11')
Dupre Lake (57 08' 109 15')	Echo Bay (53 13' 107 08')
Gagne Lake (54 39' 107 35')	Echo Creek (50 46' 103 49')
Gaste Lake (59 49' 104 45')	Echo Lake (50 48' 103 51')
Page Creek (52 57' 108 07')	Echo Lake (51 41' 101 59')
Page Island (55 53' 108 18')	Heritage Lake (53 56' 105 09')
	Heron Lake (53 53' 107 07')

Ailleurs encore, le toponyme saskatchewannais ne révèle ni son origine linguistique, ni sa nature véritable. Que se cache-t-il derrières les Royal Lake et Prince Lake ? À défaut de déterminant, on ne peut distinguer l'anthroponyme de ce qui n'en est pas. « Rose Lake » renferme toute l'équivoque dont un Malherbe saurait tirer parti.

Prince (H.O.) (52 58' 108 23')	Rose Lake (49 38' 108 51')	Royal Island (51 22' 105 15')
Prince Lake (52 49' 109 17')	Rose Lake (55 33' 105 37')	Royal Lake (53 06' 106 54')
Prince Lake (59 37' 108 13')	Rose Lake (58 37' 102 37')	Royal Lake (53 05' 106 53')
	Rose Lake (59 32' 103 07')	Royal Lake (56 03' 103 07')
		Royal Lake (59 07' 108 34')

À vrai dire, face à l'évidente ambiguïté touchant à l'essence même de ces noms de lieux, le minoritaire et le majoritaire peuvent apparaître sur un pied d'égalité. Tel n'est pas le cas lorsque le spécifique est soumis à l'influence déterminante du générique.

Il arrive enfin qu'un spécifique soit littéralement encadré, avec, d'un côté, un générique de langue anglaise et, de l'autre, un locatif en anglais également. Voici quelques exemples, tous tirés, encore une fois, du répertoire géographique du Canada, région Saskatchewan.

North Chappuis Lake (59 58' 106 54')	Little Grollier Lake (59 45' 105 25')
Little Carcoux Lake (59 53' 107 18')	Little Philion Lake (54 34' 106 33')
Little Faraud Lake (59 42' 105 05')	

On le constate, une fois pris en étau de la sorte, les spécifiques français sont considérablement atteints dans leur pouvoir de représentation culturelle. Ils font figure d'assiégés et la part de français qu'on y trouve n'inspire pas l'idée d'une égalité de statut en regard de l'anglais.

En un certain sens, on pourrait affirmer le caractère hybride de la presque totalité des noms de lieux français de la Saskatchewan du fait de leur enchaînement à un générique anglais. Sur le plan identitaire, cet état de choses n'est pas sans conséquence. La juxtaposition d'un spécifique de langue minoritaire à un générique appartenant à la langue de la majorité ne peut qu'être préjudiciable à une minorité qui n'a pour elle ni le nombre ni le pouvoir. Il y a fragilisation des cohérences et l'univers de relations significatives s'en trouve sérieusement entamé. Il y a perte graduelle, voire précipitée, du pouvoir d'exclusion essentiel à la formation et au maintien de la cohésion du groupe social. La toponymie ne contribue plus à la pratique de la bipartition du discours par lequel se distingue le « nous » du « eux ».

Sans le complément d'un générique dans la langue du groupe minoritaire, il y a fragilisation du toponyme qui sert au marquage du sol comme à la glorification de personnages familiers ou glorieux. Il y a effritement du caractère emblématique dont les toponymes se parent habituellement. S'évanouit alors, peu à peu, aux yeux des générations successives le spectre à travers lequel sont saisis les sens et les contenus, et grâce auquel les noms de lieux se font évocateur d'une langue, de personnages, d'un groupe linguistique tout entier. Dépouillé de sa charge évocatrice, le toponyme en vient à ne plus être perçu dans sa fonction signifiante et ne revêt désormais qu'une fonction locative.

Pour le Fransaskois, la toponymie dont il est en droit de se réclamer s'estompe. Ce reflet identitaire devient diaphane. Ce n'est plus seulement les contours, mais le territoire lui-même qui devient incertain. Les noms de lieux, qui par leur usage dans le discours quotidien contribuent vivement à l'affirmation de l'identité du groupe (Bouvier, 1980), se font de plus en plus indiscernables et atrophiés. La toponymie française, comme élément d'un système sémantique de « communion », tend à disparaître et l'espace est de plus en plus occupé par une toponymie française en tant qu'élément d'un système sémantique de « communication ». En d'autres termes, il y a disparition de la toponymie française en tant que lieu de connivence, pour employer un mot cher à Claude Duneton (1973). Ce déficit s'ajoute aux autres privations et manques à gagner que subit le groupe minoritaire. Ici, la banqueroute signifie hélas la disparition du débiteur. Si, comme le souligne Jean-Claude Bouvier (1980 : 22) « l'affirmation de l'identité passe par le sentiment de rejet, l'impression d'être des exclus », cette exclusion peut concourir puissamment à la disparition des points de repère de l'identité. L'affirmation concurrence alors d'autres réactions chez les minoritaires acculés ; l'indifférence conduit à l'abandon et parfois même au rejet, toujours hostile, de l'identité. La minorité cesse de maintenir ses nécessaires différences et, dès lors, d'exister si ces dernières comportent pour elle plus d'inconvénients que d'avantages.

* * *

Politiquement parlant, les minorités, comme les majorités du reste, n'ont pas de poids spécifique. Elles n'ont qu'un poids relatif. L'équilibre des pouvoirs ne reflète que partiellement cet état de choses. Nul ne peut, bien sûr, être blâmé dans cet exercice des règles propres à la démocratie et le sort des minorités dans le cadre de relations dissymétriques qu'elles occupent reste tributaire des sensibilités inconstantes de la majorité à ce qu'est « l'autre ».

Là où il y a continuité, les cultures se succèdent. Elles ne se répètent pas. Chaque culture est l'incarnation d'un mode unique et irremplaçable pour l'être humain d'être présent à son univers. Comme l'a si bien exprimé Claude Raffestin (1980 : 94), « toute perte de différences est une perte d'avenir pour des collectivités plus ou moins grandes. Toute perte d'avenir nous approche de l'entropie ». Si, comme l'affirme le regretté sage africain Amadou Hampaté Bah, « un vieillard qui meurt est comme une bibliothèque qui brûle », que dire alors de tout un groupe qui s'assimile et disparaît ?

Derrière l'acharnement qu'ont certains minoritaires à maintenir vivant le verbe d'antan, à rétablir ou à conserver le toponyme qui remonte à jadis, se profile déjà plus qu'une volonté de chasser l'importun et de rectifier le fautif ou même le vicieux. Plus profonde est la détresse à l'idée seule de ne pas survivre, par-delà la mort, dans la mémoire des générations à venir et d'avoir compté pour peu dans ce qu'elles seront. Comme s'ils savaient plus que d'autres que « les noms ont une influence décisive sur le développement d'une identité groupale et territoriale », ainsi que l'exprime Hervé Guillorel (1999 : 63).

À la différence du minoritaire, la majorité dont la langue forme la charpente de l'édifice choronymique environnant se sent parfaitement à son aise dans l'espace qu'elle occupe, à la manière du propriétaire terrien qui arpente ses terres balayant l'horizon d'un regard tantôt bienveillant, tantôt désinvolte, mais toujours apaisé par l'assurance tranquille d'avoir une bonne mainmise sur ce que son regard embrasse.

Références

Attali, Jacques (1991), *1492*, Paris, Fayard.

Boudreau, Claude (1988), « L'analyse de la carte ancienne : quand la carte sert à autre chose qu'à localiser », *Stage international de formation en toponymie/ Stage de formation en gestion toponymique*, Acte du stage tenu à Québec du 7 au 19 août 1988 et organisé par la Commission de toponymie du Québec, Québec, Gouvernement du Québec, Commission de toponymie (coll. Études et recherches toponymiques, 13), p. 323-333.

Bouvier, Jean-Claude (1980), « Désignations onomastiques et identité culturelle », dans Marianne Mulon, F. Dumas et Gérard Taverdet (dir.), *Onomastique, Dialectologie*, Colloque tenu à Loches (mai 1978), Paris, Société française d'onomastique, p. 13-25.

Courville, Serge (1989), « La toponymie historique », *Le toponyme : bulletin d'information sur les noms de lieux*, Québec, Commission de toponymie du Québec, 7, p. 1.

Dorion, Henri (1967), « Doit-on franciser les noms de lieux du Québec ? », dans Jean-Denis Gendron et Georges Straka (dir.), *Études de linguistique franco-canadienne*, Communications présentées au XXXIVe Congrès de l'ACFAS, Québec, Novembre 1966, Québec, PUL, p. 165-174.

Dorion, Henri (1972), « La problématique choronymique des régions multilingues », dans Henri Dorion et Christian Morissonneau (dir.), *Les noms de lieux et le contact des langue : recueil d'articles*, Québec, PUL, p. 9-41.

Dorion, Henri (1993), « À qui appartient le nom de lieux ? », *Onomastica Canadiana*, 75, 1, p. 1-10.

Dorion, Henri (1995), « Les nouveaux défis de la toponymie amérindienne au Québec », dans Jean-Yves Dugas, *La toponymie au Québec : recherche et pratique. Actes du mini-colloque tenu dans le cadre du Congrès des sociétés savantes et de la 29e réunion annuelle de la Société canadienne d'onomastique*, Montréal, UQAM (coll. Études et recherches toponymiques, 14).

Dugas, Jean-Yves (1988), « Évolution de l'hagiotoponymie municipale québécoise (1980-1987) », *Onomastica Canadiana*, 70, 2, p. 51-58.

Dugas, Jean-Yves (1984), « L'espace québécois et son expression toponymique », *Cahier de géographie de Québec*, 28, 75, p. 435-455.

Duneton, Claude (1973), *Parler croquant*, Paris, Stock.

Guillorel, Hervé (1999), « Toponymie et politique », dans Salih Akin (dir.), *Noms et re-noms : la dénomination des personnes, des populations, des langues et des territoires,* Rouen, Université de Rouen (coll. Dyalang), p. 61-91.

Hamilton, M. A., et Z. M. Hamilton (1955), *These are the Prairies,* Regina, School Aids and Text Book Pub. (Saskatchewan Jubilee Edition, 1905-1955).

Jenson, Jane (1993), « Naming nations : nationalisms in Canadian public discourse », *Canadian Review of Sociology and Anthropology,* 30, 2, p. 337-358.

Karamitsanis, Aphrodite (1988), « Les noms géographiques en Alberta, Canada : les noms des entités transfrontalières et les arguments culturels contre la normalization », *Les noms géographiques et les Nation Unies. Communications présentées par le Canada et résolutions adoptées à la cinquième conférence des Nations Unies sur la normalisation des noms géographiques,* Montréal 1987.

Metcalf, W. H. (1980), « Old Wives Lakes », dans Crestwynd Community Club (dir.), *Rolling Hills Review, 1840-1980,* Crestwynd (Sask), s.e., p. 337-343.

Morissonneau, Christian (1972), « Noms de lieux et contact des langues ; une approche de la choronymie du Québec », dans Henri Dorion (dir.) et Christian Morissonneau (coll.), *Les noms de lieux et le contact des langues/Place Names and Languages Contact,* Québec, PUL, p. 246-292.

Pâquet, Christiane (dir.) (1984), *Guide des noms d'entités géographiques naturelles et artificielles,* Québec, Commission de toponymie.

Poirier, Jean (1988), « Les toponymes parallèles », *Stage international de formation en toponymie,* Actes du stage tenu à Québec, Commission de Toponymie du Québec du 7 au 19 août 1988, Gouvernement du Québec, Commission de toponymie (coll. Études et recherches toponymiques, 13), p. 383-389.

Raffestin, Claude (1980), *Pour une géographie du pouvoir,* Paris, Librairies techniques, (coll. Géographie économique et sociale, 13).

Richard, Marc (1989), « Les normes concernant le choix des noms à officialiser » *Stage international de formation en toponymie,* Actes du stage tenu à Québec, Commission de Toponymie du Québec du 7 au 19 août 1988, Gouvernement du Québec, Commission de toponymie (coll. Études et recherches toponymiques, 13), p. 354-363.

Smart, Michael B. (1972), « Le traitement des termes génériques dans la province de l'Ontario », *Canada, Rapport sur la participation du Canada à la deuxième conférence des Nations Unies sur la normalisation des noms géographiques* Nations Unies, Ministère Énergie, Mines et Ressources Canada, Comité permanent des noms géographiques, p. 185-198.

Smart, Michael B. (1978), « Normalisation nationale des exonymes : politique nationale de traitement bilingue des noms géographiques sur les cartes canadiennes », *Canada, Troisième conférence des Nations Unies sur la normalisation des noms géographiques, Nation Unies, Athènes, 1977,* Ministère Énergie, Mines et Ressources Canada, Comité permanent des noms géographiques.

Wijnands, Paul (1999), « Le rôle du signifiant dans les appellatifs de peuples de langues et de territoires chez les francophones d'Amérique du Nord », dans Salih Akin (dir.), *Noms et re-noms : la dénomination des personnes, des populations, des langues et des territoires*, Rouen, Université de Rouen (coll. Dyalang), p. 126-150.

De l'identité des francophonies minoritaires canadiennes: analyse du parcours de la FFHQ et de la FCFA du Canada, 1975-1995

Patricia-Anne De Vriendt, étudiante à la maîtrise
Département d'histoire
Université Laval

La rupture identitaire qui survient à la fin des années 1960 au sein du Canada français se caractérise par « la fragmentation des sentiments d'appartenance et l'étiolement des sentiments de solidarité » (Bernard, 1998 : 166). Le Québec prône désormais un nationalisme territorial qui, par la force des choses, exclut les autres communautés francophones disséminées dans l'ensemble du Canada. Pour celles-ci, estime l'historien Marcel Martel, l'appropriation du territoire québécois par l'État provincial pose « des problèmes de nature identitaire et nationaliste » (Martel, 1996 : 39). Le temps est à l'inquiétude pour tous les bastions francophones minoritaires qui, jusqu'alors, avaient pu compter sur leur appartenance à un espace « canadien-français » et, de concert avec les francophones du Québec, se réclamer d'une identité pancanadienne. Le sociologue Jean-Jacques Simard (1990) explique pour sa part que la société québécoise opère dans ces années un véritable processus de redéfinition du Nous et que la référence, au sens où l'entend Fernand Dumont (1997), se déplace à tel point que les francophones « hors territoire » se voient projetés dans l'univers de l'Autre. Fidèle à son style direct et coloré, Simard ne se tracasse pas avec les nuances diplomatiques ou la langue de bois et écrit que « du moment où l'État québécois donnait rendez-vous à la cité, les Canadiens français n'avaient qu'à y déménager » (1990 : 133).

Comme on s'en doute, le processus de redéfinition du Nous entamé au Québec ne va pas sans provoquer des effets profonds sur les francophones hors Québec. Devenus l'Autre, ils réagissent, se réunissent, s'organisent. Dans un premier temps, en 1971, neuf associations francophones provinciales se concertent pour discuter de leurs orientations respectives. Puis, en 1975, ces associations fondent la Fédération des francophones hors Québec (FFHQ), un organisme dont le mandat sera de planifier et d'organiser la lutte pour la mise en œuvre d'une politique globale de développement des communautés de langue et de culture françaises.

La FFHQ est née dans le contexte d'une intense remise en question de nature identitaire, initiée par la crainte d'une désolidarisation d'avec le Québec qui avait jusqu'alors été le porte-étendard de l'affirmation identitaire de la grande francophonie canadienne. Observé à ces deux moments cruciaux que représentent les référendums sur la souveraineté du Québec, son parcours confirme d'ailleurs, tout en les accentuant, les transformations internes qui l'ont façonnée depuis sa naissance.

Cet article a une simple visée exploratoire par l'entremise de laquelle nous désirons nous inscrire modestement dans le prolongement de l'article « Essor et déclin du Canada français » de Fernand Dumont (1997). Entre autres choses, l'auteur y note le changement de nom de la FFHQ qui devient, en 1991, la Fédération des communautés francophones et acadienne du Canada (FCFA). Les publications successives de la FFHQ et de la FCFA témoignent d'une volonté de créer une référence nouvelle, nous dit Dumont (1997 : 461). C'est cette volonté de la Fédération que nous souhaitons explorer dans les pages qui suivent.

Deux périodes nous apparaissent particulièrement révélatrices des dynamismes identitaires sous-jacents à la formation d'une telle référence nouvelle (ou d'un Nous, comme dirait Simard). La première, au milieu des années 1970, survient lorsque la FFHQ, devant la possibilité d'une prise de pouvoir par le Parti québécois, puis devant l'assurance d'un référendum en 1980, s'organise et entreprend de se commettre publiquement. La seconde, au début de la décennie 1990, survient alors que la FCFA, ayant décidé de renouveler sa mission par le biais du projet de société *Dessein 2000*, prend une part active aux débats entourant la ratification de l'entente constitutionnelle de Charlottetown en 1992 et le second référendum sur la souveraineté du Québec en 1995.

DE LA DÉPOSSESSION DE SON IDENTITÉ ET DE CE QUI S'ENSUIT

Comme le montre Dumont (1997), la dislocation du Canada français s'accomplit progressivement depuis la fin du XIXe siècle. Au début des années 1970 toutefois, la popularité grandissante du Parti québécois accroît sensiblement les inquiétudes des minorités francophones qui craignent l'accélération de la rupture. Anticipant de toute évidence l'imminence d'un danger très concret et se considérant de plus en plus comme orphelines, les diverses associations francophones provinciales se fédèrent en 1975. Dans la foulée de ce rassemblement, les traits d'un nouveau Nous capable d'unir la francophonie canadienne minoritaire sur des bases différentes commencent à se profiler. La construction de ce Nous passe par la valorisation de la contribution francophone à l'histoire du Canada et, dans une moindre mesure, par la reconnaissance de celle-ci par le Québec et la majorité anglo-canadienne. Le Québec se tient à l'écart de ce nouveau Nous – bien qu'il soit fortement invité à en faire partie – et c'est pourquoi la Fédération qui exprime la nouvelle identité en construction se définit par rapport à son exclusion du Québec : elle est la Fédération des francophones hors Québec. L'appellation constitue une reconnaissance, voire une acceptation, des nouveaux lieux d'inscription identitaire des Franco-Québécois sans pourtant proposer aux francophonies minoritaires canadiennes de référence constructive, positive, qui ferait appel à leur réalité intrinsèque. Dès le début, la FFHQ se pose donc en s'opposant. Les minorités qu'elle représente se sentent et se savent exclues, et c'est précisément dans cette exclusion qu'elles se définissent, qu'elles font sens d'elles-mêmes et de ce qu'elles sont.

Il ne faut pas se surprendre si la FFHQ se prononce contre la souveraineté du Québec. L'histoire a fait que ce dernier est devenu, selon Donatien Gaudet, président jusqu'en 1978 de la FFHQ, le « principal foyer de la francophonie en Amérique du Nord [et] chien de garde de la francophonie » (Gaudet, 1979 : 154). Puisque les communautés francophones minoritaires ont toujours bénéficié de la présence rassurante du Québec, puisqu'il serait à l'avantage de tous de resserrer les liens autrefois malmenés entre le Québec et les communautés minoritaires de langue française et, finalement, puisque la francophonie est numériquement faible en Amérique du Nord et que le moindre changement, la plus petite perte de terrain menace son existence, Gaudet demande sans détour : « Ça donne quoi, la séparation ? » (Gaudet, 1979 : 155). Non seulement la FFHQ conteste-t-elle la thèse de la viabilité d'un Québec souverain, mais elle s'oppose de plus vigoureusement à « l'euthanasie » (Gaudet, 1979 : 158) des communautés francophones minoritaires au profit du rêve québécois.

Si la FFHQ craint la souveraineté québécoise, elle ne milite pas pour autant en faveur d'un statu quo constitutionnel, bien au contraire. La publication, en 1977, des *Héritiers de Lord Durham* constitue une première prise de parole en ce sens. Coiffé d'un titre lourdement chargé sur les plans symbolique et sémiotique, le document rend compte de l'état désastreux des communautés francophones hors Québec. Il est suivi en 1978 de *Pour nous inscrire dans l'avenir*, qui articule la nécessité d'une politique globale et, en 1979, par *Pour ne plus être... sans pays*, qui propose l'ébauche d'une réforme constitutionnelle. « Les francophones hors Québec, peut-on lire dans ce dernier document, refusent violemment de se voir condamnés à la seule survivance folklorique que leur promet un statu quo érigé sur des décennies de mensonge, de trahison et d'injustice. » (FFHQ, 1979 : 81).

Pour l'essentiel, ces premières publications se limitent à constater une situation alarmante, ainsi qu'à proposer quelques solutions d'ordre politique afin d'y remédier. On peut en quelque sorte les envisager comme une prise de conscience objective qui invite les minorités francophones à sortir de leur torpeur. L'appel est entendu, car le début des années 1980 voit se multiplier les publications en vue de la construction d'une référence positive. Le champ d'action est toutefois assez restreint et le contact avec les dirigeants politiques, au mieux indirect. La visibilité et l'action de la FFHQ au début des années 1980 sont limitées. Son discours reste par ailleurs craintif lorsqu'il s'agit de la souveraineté du Québec. Celle-ci représente ni plus ni moins, comme l'a évoqué Donatien Gaudet, « l'euthanasie » des communautés francophones minoritaires ou, ce qui serait à peine mieux, leur « survivance folklorique ». La teneur du discours de la Fédération, à l'image de l'appellation que celle-ci s'est donnée, trahit un net sentiment de dépendance envers le Québec. Face à la possible souveraineté du Québec, c'est-à-dire la perte de ce par quoi elles se définissent, les minorités francophones se retrouvent prises au dépourvu. L'ancien Nous, l'ancienne référence, s'est étiolée.

Le silence quasi total de la FFHQ à la veille du référendum de 1980 illustre non seulement son peu de visibilité à l'échelle canadienne, mais aussi le malaise qui ronge la francophonie canadienne d'un océan à l'autre. C'est le mutisme hébété de celui qui prend brusquement conscience d'une dépossession et, de surcroît, d'une dépossession de soi, de son identité. Mais c'est aussi un silence qui précède une réplique et une réappropriation de soi à travers une identité autonome, non assimilable à une quelconque exclusion par un Autre, et porteuse en elle-même de sens pour la collectivité.

Neuf associations provinciales ont précédé la FFHQ. C'est même de la concertation de ces associations qu'elle voit le jour. Dans les circonstances, ne peut-on pas croire que, par leur existence même, ces associations trahissaient déjà une fragmentation territoriale des identités francophones minoritaires, de la nature de celle qui inspire le Québec de la Révolution tranquille? La question serait intéressante à étudier, mais elle se situe hors de notre propos. Notre intention, dans cette section, se limite simplement à comprendre comment, à l'aube de la prise du pouvoir par le Parti québécois en 1976, ces associations se définissent comme un tout, un Nous hors Québec.

Comme on le verra maintenant, le tournant des années 1990 annonce un tout autre paradigme quant aux autoreprésentations en vigueur au sein des communautés francophones minoritaires.

DE LA FFHQ À LA FCFA OU LE PASSAGE D'UN NOUS HORS QUÉBEC À UN NOUS AUTONOME

En 1990, au paroxysme du débat et de la controverse au sujet de l'Accord constitutionnel du lac Meech, la FFHQ rend publique sa décision d'appuyer officiellement la ratification de l'entente sur la base des cinq conditions posées par le premier ministre québécois. C'est la proposition du gouvernement du Nouveau-Brunswick d'inclure dans l'entente la notion de dualité linguistique qui a incité la FFHQ à donner son aval au projet. Décevant pour la Fédération, l'éventuel naufrage de l'Accord du lac Meech dans le fracas que l'on sait initie toutefois dans ses rangs un questionnement sur sa place dans le processus de réforme constitutionnelle.

En août 1990, elle résume en trois points sa position sur cette question :

1) comparaître, après une intense campagne de lobby en ce sens, devant la Commission parlementaire élargie sur l'avenir politique et constitutionnel du Québec (Commission Bélanger-Campeau), et s'assurer que les associations de francophones hors Québec pourront faire de même ;

2) promouvoir, après avoir rayé de son vocabulaire des mots tels que « minorités » et revalorisé la définition qu'elle donne d'elle-même, la vitalité des diverses communautés francophones hors Québec ;

3) convaincre, enfin, les autorités fédérales de son importance dans le processus de redéfinition du pays (FFHQ, 1991 : 6-7).

Du second point naît le grand projet de société *Dessein 2000*. Lancé en 1990, ce dernier entend répondre à une demande des membres de la FFHQ qui, pour faire échec à leurs incertitudes constitutionnelles, veulent voir identifiées des pistes de développement pour la prochaine décennie. Après avoir commandé un certain nombre d'études sur la francophonie canadienne, dont le document *Hier, la francophonie* (Falardeau, 1992), la nouvelle Fédération des communautés francophones et acadienne du Canada (nous reviendrons sur le changement de désignation un peu plus loin) présente dans son rapport, en 1992, trois voies de développement :

1) création d'espaces francophones fondés sur une affirmation des réalités et des aspirations des francophones ;

2) solidification et élargissement de ces espaces au moyen de partenariats ;

3) participation active à la société canadienne (FCFA, 1992 : 22).

Cinq espaces particuliers de développement, estime la FCFA du Canada, devront être cernés et organisés pour qu'adviennent les changements souhaités : politique, économique, culturel, institutionnel et électronique (FCFA, 1992 : 21-22).

Quel contraste avec les publications de la fin des années 1970 ! Hier tourmentée, maintenue dans un état d'alerte par sa crainte d'une disparition collective imminente, la Fédération affiche désormais un état de combativité et de confiance presque hors pair. Elle annonce qu'elle enclenche les grandes manœuvres pour canaliser son dynamisme neuf, son énergie nouvelle. Notamment, la décision des membres du Bureau de direction d'éliminer de leur discours l'usage d'un mot comme « minorités » est révélatrice de la manière dont la Fédération se perçoit et de l'image d'elle-même qu'elle veut soumettre au regard de l'Autre. Le plus important, cela dit, loge peut-être dans le choix de rebaptiser l'organisme. Désireuse de se donner les moyens de ses rêves et de prendre activement son avenir en mains, la francophonie canadienne souhaite que la fédération qui la représente reflète ses ambitions. À l'occasion d'un projet d'orientation, en 1990, elle fait le choix de ne plus se définir par rapport à son exclusion du Québec mais, au contraire, par rapport à ce qu'elle représente, tout simplement, à savoir un tout, un Nous autonome. Comme si ce Nous, maintenant, se suffit à lui-même. Comme si une francophonie canadienne existe en soi, sans qu'il soit nécessaire de référer au Québec.

D'un point de vue sémiotique, la nouvelle image de marque de la Fédération – l'esquisse d'un oiseau en vol accompagnée d'un visage stylisé – parle de projection dans l'avenir, de dynamisme et de communication. Elle reflète la nouvelle approche de la Fédération, ses nouveaux horizons de sens et sa nouvelle perception d'elle-même et de la francophonie qu'elle promeut.

Bien plus frappant encore, et cela pour une raison qui n'a rien à voir avec le dynamisme réel ou postulé, est le nouveau nom adopté : Fédération des communautés francophones et acadienne du Canada. Cette désignation souligne au stylo rouge, si l'on peut dire, l'existence d'une communauté acadienne distincte de ses homologues de l'Ontario et de l'Ouest. Peuplée d'un peu plus de 280 000 individus de langue maternelle française, selon le recensement fédéral de 1996 (Canada, 1999), l'Acadie peut en effet se targuer d'avoir derrière elle un parcours historique qui lui confère un caractère particulier. À la lumière du nouveau nom donné à la Fédération, il nous apparaît que l'espèce de secousse sismique en provenance du

Québec qui, autrefois, lézarda progressivement l'unité identitaire du Canada français (une unité de surface, à tout le moins) s'est reproduite à l'intérieur même de la francophonie minoritaire. De la même façon que la création de la FFHQ vint confirmer la lente rupture entre le Québec et les autres communautés francophones du Canada, le changement de dénomination de FFHQ à FCFA du Canada, bien que présenté comme le signe d'une sorte de renaissance, se trouve à reconnaître officiellement la différence acadienne.

Les pôles est et ouest de la francophonie canadienne se rejoignent tout de même dans leur appartenance au Canada qu'ils veulent garder uni, comme ils l'ont déjà fait savoir à l'occasion du référendum québécois de 1980. Leur rejet d'une référence québécoise au profit d'une appartenance au Canada traduit peut-être les incertitudes constitutionnelles qui ont forcé les francophonies minoritaires à envisager un avenir sans la présence rassurante du Québec. Quoi qu'il en soit, plus sûre d'elle, la FCFA du Canada joue la carte du Nous autonome. Elle se montre prête à lutter activement, à proposer, à prendre l'initiative, et non uniquement à se défendre.

En termes d'événements politiques qui requièrent de leurs acteurs qu'ils manœuvrent avec assurance et conviction, les années 1990, avec l'entente de Charlottetown et un nouveau référendum québécois aux portes, seront pour la FCFA du Canada des années fastes.

LA FCFA DU CANADA ET LA QUESTION CONSTITUTIONNELLE, 1992-1995

Non seulement la FCFA du Canada acquiert-elle davantage de visibilité que son aînée la FFHQ n'en a jamais eue, mais elle accomplit aussi des gestes qui portent fruit. En 1992, sa définition de la dualité linguistique (forgée dans l'objectif de favoriser le développement et l'épanouissement des communautés linguistiques minoritaires) est inscrite dans l'entente constitutionnelle de Charlottetown. Le sont aussi, à son initiative, un droit de veto sénatorial sur toutes les questions concernant la langue ou la culture francophone et la *Loi reconnaissant l'égalité des deux communautés linguistiques officielles au Nouveau-Brunswick* qui avait été sanctionnée en 1981 par le gouvernement de cette province. Soucieuse de se faire entendre au cours du long et complexe processus de négociation entourant l'entente, la Fédération jette des ponts avec différentes formations politiques (Nouveau Parti démocratique, Parti conservateur, Parti libéral du Québec). Elle participe à plusieurs commissions, ainsi qu'à des rencontres politiques variées et à un symposium. La FCFA du Canada est maintenant bien impliquée dans l'arène politique canadienne et son action, autrefois circonscrite à la sphère plutôt étroite des publications, balaie désormais une aire nettement plus large. Afin d'informer la population francophone des avantages que procurerait la ratification de l'accord de Charlottetown, la Fédération va même jusqu'à mettre sur pied un comité pour le «oui» et, dans cette foulée, orchestrer une vaste campagne d'information à travers tout le pays. Le 26 octobre, le couperet tombe : le vote populaire sur l'entente est négatif. Cependant, tout n'est pas perdu puisque, le 1er février 1993, la Chambre des communes à Ottawa ratifiait l'enchâssement de la *Loi reconnaissant l'égalité des deux communautés linguistiques officielles au Nouveau-Brunswick* dans la constitution canadienne.

En mars 1995, poursuivant son engagement politique à l'approche du second référendum sur la souveraineté du Québec, la FCFA du Canada prend publiquement position en faveur du «non». Dans une lettre ouverte publiée le 29 mars dans le quotidien *Le Devoir*, Jacques Michaud, porte-parole de la FCFA du Canada, explique la position des francophones en situation de minorité. « La FCFA du Canada, écrit-il, a toujours été largement pour le maintien de l'unité du pays. Nous tenons le même discours depuis toujours et ce n'est pas la conjoncture politique au pays qui va remettre en question notre appui au fédéralisme canadien » (Michaud, 1995 : A7).

«Nous tenons le même discours depuis toujours»...

À n'en pas douter, Michaud dit vrai et une étude sur l'évolution des positions et propositions constitutionnelles de la FFHQ, puis de la FCFA du Canada, aurait peu de surprises à révéler. Si leur traduction en mots n'est jamais fixée une fois pour toutes, sur le fond, en revanche, ces positions et propositions n'évoluent guère avec les années. Les tendances lourdes qu'elles expriment et promeuvent demeurent les mêmes. Les revendications constitutionnelles défendues par la FFHQ en 1979 dans *Pour ne plus être... sans pays* s'inscrivent dans une démarche autonomiste qui vise à obtenir le transfert d'une partie des pouvoirs fédéraux vers les communautés minoritaires afin que ces dernières disposent des outils qui leur permettront d'assurer elles-mêmes leur plein essor (Cardinal *et al.*, 1994 : 112). Or, ce constat s'applique encore très bien à la position constitutionnelle adoptée par la FFHQ au début des années 1990, soit juste à la veille de son changement de nom censé refléter la nouvelle identité du groupe.

Pour l'essentiel, celle-ci peut se résumer aux quatre points suivants :

1. sans cesser de promouvoir le maintien de l'État fédéral canadien, la FFHQ est d'avis que de profondes réformes structurelles s'imposent en son sein ;
2. une assemblée constituante mise sur pied à cet effet pourrait présider au renouvellement fructueux de la fédération canadienne ;
3. les diverses institutions canadiennes (fédérales, provinciales et territoriales) doivent prendre en compte la présence des trois communautés nationales et pluralistes formées par les autochtones, les francophones et les anglophones ;
4. la restructuration de l'État fédéral doit notamment comprendre une réforme du Sénat, une redistribution des pouvoirs législatifs, le règlement de la question du statut du Québec au sein du Canada, le développement et la promotion de la dualité linguistique, davantage d'autonomie octroyée aux communautés francophones du Canada, etc. (FFHQ, 1991 : 8).

En fait, les propositions émises au tournant des années 1980, articulées autour de l'idée de réforme de l'appareil fédéral en vue de créer des espaces politique et institutionnel où les peuples fondateurs pourraient se rencontrer dans le plein exercice de leur droit, apparaissent presque comme une sorte de brouillon de la position plus étoffée que la Fédération énonce au début de la décennie suivante.

Ce n'est pas davantage pour mettre au jour un quelconque changement d'opinion sur les référendums québécois, entre l'époque de la FFHQ et celle de la FCFA du Canada, que ce travail s'imposait. Quelle que soit l'appellation par laquelle elle se dit, la Fédération martèle toujours le même message. « Nous [les francophones hors Québec] n'acceptons pas l'euthanasie sans condition de nos communautés au profit de la seule communauté supposément viable que serait le Québec », écrit Donatien Gaudet en 1979. « La FCFA a toujours été largement en faveur du maintien de l'unité du pays », confirme Jacques Michaud en 1995. D'une époque à l'autre et d'un contexte à l'autre, les francophonies minoritaires s'opposent avec toujours autant de fermeté à la souveraineté québécoise.

Il en va en ce domaine comme en celui du positionnement de la Fédération dans les joutes constitutionnelles. C'est la structure seule de l'énoncé, et non sa substance, qui change. Ici aussi, la transformation observable est donc de nature plutôt épidermique. En 1995, ce n'est plus comme en 1979 un organisme de francophones « hors Québec » qui fait entendre sa voix ; c'en est un de communautés « canadiennes ».

Nous sommes d'avis qu'avec ce changement de nom, nous entrons au cœur du processus de construction identitaire qui s'est élaboré sur deux décennies. Il constitue selon nous la pierre angulaire sur laquelle doit prendre appui l'analyse de l'évolution de l'identité de la FFHQ-FCFA du Canada. À travers lui, nous cernons les enjeux identitaires à l'œuvre au sein d'une francophonie minoritaire en quête de référence face à un Québec autonomiste.

En concordance avec les formes discursives qui l'accompagnent et les ambitions qu'il postule, l'agir se modifie lui aussi. Son aire de déploiement s'élargit, son influence s'accroît et ses répercussions s'intensifient. De pourvoyeuse de publications plus ou moins alarmistes qu'elle était au tournant des années 1980 – y avait-il un autre choix, du reste, étant donnée la situation déplorable des francophones minoritaires ? –, la FFHQ, devenue FCFA du Canada, possède 10 ans plus tard ses entrées dans les hautes sphères de l'État et les cénacles politiques. Elle propose et on l'écoute, à tout le moins dans certains cas. Elle a acquis et s'est donné une véritable crédibilité. La FCFA du Canada représente aujourd'hui un groupe bien organisé, identifiable et identifié par l'Autre, un Nous porteur d'une référence cohérente et politiquement articulée.

* * *

La FCFA du Canada, nous en avons brièvement fait état plus haut, identifie dans son appellation deux pôles identitaires distincts, à savoir l'Acadie et la francophonie enracinée à l'ouest de la frontière québécoise. Fernand Dumont le souligne : dès le XIXe siècle, « les structures politiques [de la francophonie nord-américaine] sont donc passées graduellement du Canada français aux communautés » (Dumont, 1997 : 461). Ainsi, la Fédération se pose un peu comme l'étendard commun d'identités particulières ayant en partage certains traits et intérêts. Lorsque ces derniers paraissent menacés à plus ou moins long terme – comme c'est le cas, par exemple, quand le gouvernement du Québec annonce son intention de tenir une consultation référendaire – les communautés francophones minoritaires se reconnaissent mutuellement une même condition, et – peut-on oser le dire ? – une même identité devant cette inconnue qu'est la souveraineté du Québec. Dans ces moments-là ou lors de luttes politico-juridiques contre les instances fédérales – comme ce fut le cas lors de l'insertion d'une clause de promotion de la dualité linguistique dans la *Loi sur les langues officielles* –, la Fédération parle pour toutes ces communautés. Elle représente et est, en quelque sorte, une seule et même communauté. Mais le temps n'est pas toujours à la tourmente. Entre les crises et les luttes, la tranquillité du quotidien exerce aussi ses droits et, dans les moments de quiétude politique, des parcours francophones divergents se distinguent à l'échelle restreinte de la province ou de la localité. La chorale des chantres de l'identité commune des francophonies minoritaires éprouve alors parfois de la difficulté à s'accorder. C'est précisément ce que reflète la nouvelle appellation de la FFHQ, la Fédération des communautés francophones et acadienne du Canada. Bien que subsumant sous un tout référentiel divers foyers francophones plus ou moins semblables, elle affiche subtilement la nouvelle fracture du Canada français. L'effritement de ce dernier a donné naissance à des groupements par référence, comme dirait encore Fernand Dumont, plus ou moins autonomes, comme par exemple l'Acadie. Le renouvellement de la FFHQ advient donc comme en écho à la diversification des réalités francophones au sein du Canada.

Au mitan des années 1990, on aurait pu croire qu'étant données la vitalité et la volonté d'émancipation qui caractérisent son discours, la FCFA du Canada ne réitérerait pas, du moins pas de manière aussi instinctive et catégorique qu'en 1980, son opposition à la souveraineté du Québec. C'est d'ailleurs en quelque sorte ce qui se produit, en 1994, lorsque sa présidente, Claire Lanteigne, affirme que « la souveraineté du Québec, ça nous forcerait à être encore plus dynamiques et exigeants. Que les Québécois décident de leur avenir et on respectera leur choix » (O'Neil, 1994 : A1). Mais les paroles de Jacques Michaud, l'année suivante, rappellent, dans leur contenu, le rejet catégorique dont sont porteuses celles de Donatien Gaudet en 1979. Ce refus réitéré trahit la crainte, toujours présente, des francophones minoritaires qui ne savent s'ils peuvent réalistement envisager un avenir sans la présence rassurante du Québec. Une véritable autonomie du fait français hors Québec ne craindrait pas, ou alors beaucoup moins, la volonté émancipatrice québécoise puisqu'elle ne s'y sentirait pas aussi intrinsèquement liée. La souveraineté du Québec hante encore l'horizon de sens canadien-français, elle pend au-dessus des communautés francophones minoritaires comme une épée de Damoclès. Bien que la crainte de cette souveraineté n'ait jamais été aussi palpable qu'à l'approche des référendums, il n'en demeure pas moins que la FCFA du Canada et le Québec, poursuivant des intérêts divergents et défendant des programmes parfois diamétralement opposés, s'opposent dans leurs luttes politiques. L'indépendance du second est une menace pour la première, tandis que la perspective d'un Canada centralisé comme l'envisage celle-ci répugne à celui-là (voir Cardinal et Thériault, 1992).

Dans la mesure où la souveraineté du Québec fait bel et bien office d'épée de Damoclès, le discours renouvelé de la FCFA du Canada apparaît plus comme un désir que comme une réalité. Devient-on moins minoritaire parce qu'on cesse de parler et de se comporter en minorité ? À long terme, peut-être, car le discours peut façonner le réel jusqu'à un certain point. Mais d'ici à ce que cela se produise, et pour reprendre les mots de Thériault (1995 : 244), la FCFA du Canada doit trouver une voie médiatrice entre un impossible discours autonomiste en tous points (même envers la souveraineté du Québec) et une indésirable lamentation « victimisante ».

Références

Bernard, Roger (1998), *Le Canada français : entre mythe et utopie*, Ottawa, Le Nordir.

Canada (1999), *Recensement de 1996*, Ottawa, Statistique Canada.

Cardinal, Linda, et Joseph-Yvon Thériault (1992), « La francophonie canadienne et acadienne confrontée au défi québécois », dans Alain-G. Gagnon et François Rocher (dir.), *Répliques aux détracteurs de la souveraineté du Québec*, Montréal, VLB, p. 329-341.

Cardinal, Linda et al. (1994), *État de la recherche sur les communautés francophones hors Québec, 1980-1990*, Ottawa, CRCCF.

Dumont, Fernand (1997), « Essor et déclin du Canada français », *Recherches sociographiques*, 38, 3, p. 419-467.

Falardeau, Philippe (1992), *Hier, la francophonie : fenêtre historique sur le dynamisme des communautés francophones et acadiennes du Canada*, Ottawa, FCFA.

FCFA (1992), *Rapport annuel* 1991-1992, Ottawa, FCFA.

FCFA (1993), *Rapport annuel 1992-93*, Ottawa, FCFA.

FCFA (1994), *Rapport annuel 1993-94*, Ottawa, FCFA.

FCFA (1995), *Rapport annuel 1994-95*, Ottawa, FCFA.

FFHQ (1977), *Les héritiers de Lord Durham : les francophones hors Québec prennent la parole*, Ottawa, FFHQ.

FFHQ (1978), *Deux poids, deux mesures. Les francophones hors Québec et les anglophones du Québec : un dossier comparatif*, Ottawa, FFHQ.

FFHQ (1979), *Pour ne plus être... sans pays*, Ottawa, FFHQ.

FFHQ (1991), *Rapport annuel 1990-91*, Ottawa, FFHQ.

Gaudet, Donatien (1979), « Implications culturelles de la séparation pour les minorités françaises hors Québec », dans *Le référendum : un enjeu collectif*, numéro spécial *Cahiers de recherche éthique*, 7, p. 153-160

Martel, Marcel (1996), « Trois clés pour comprendre la rupture du Canada français, 1950-1965 », dans Benoît Cazabon (dir.), *Pour un espace de recherche au Canada français : discours, objets et méthodes*, Ottawa, Presses de l'Université d'Ottawa, p. 35-52.

Michaud, Jacques (1995), « La Fédération des communautés francophones et acadienne du Canada : une campagne dans la campagne », *Le Devoir* (29 mars), p. A7.

O'Neil, Pierre (1994), « Le OUI réservé des francophones hors Québec », *Le Devoir* (29 septembre), p. A1.

Simard, Jean-Jacques (1990), « La culture québécoise : question de nous », dans *Savoir sociologique et transformation sociale*, numéro spécial, *Cahiers de recherche sociologique*, 14, p. 131-141.

Thériault, Joseph-Yvon (1995), *L'identité à l'épreuve de la modernité. Écrits politiques sur l'Acadie et les francophonies canadiennes minoritaires*, Moncton, Les Éditions d'Acadie.

L'évolution des relations entre le gouvernement du Québec et les minorités francophones du Canada depuis 1976

Marc-André Schmachtel, étudiant à la maîtrise
Département d'études romanes
Université de la Sarre, Sarrebruck/Allemagne

Après quelques années de turbulence et de différends, le dialogue entre le gouvernement du Québec et la francophonie canadienne a repris de manière constructive.

En témoigne la tenue, à Québec [en mars 1997] d'un premier Forum francophone de concertation qui réunit quelque 450 représentants du Québec et des communautés francophones et acadienne du Canada. Une première prometteuse.

Le ministre des Affaires intergouvernementales canadiennes, Jacques Brassard, a profité de l'ouverture du forum, hier, pour réitérer l'engagement du Québec envers la francophonie canadienne.

« Peu importe le choix que feront les Québécois quant à leur avenir politique, a-t-il précisé, cela ne saurait remettre en question l'engagement de solidarité, je dirais même le devoir de solidarité du Québec envers les communautés francophones et acadienne. Le Québec sera toujours solidaire des luttes que vos communautés mènent pour préserver leur identité et leur avenir » (Venne, 1997 : A9).

À lecture de ces lignes, on pouvait être optimiste au sujet des relations entre le gouvernement du Québec et les francophonies canadiennes minoritaires. Cependant, les « quelques années de turbulence et de différends » ont été suivies de plusieurs années pendant lesquelles le gouvernement du Québec a tout simplement ignoré les francophones du reste du Canada[1].

---

1. Il est à noter que l'utilisation de la dénomination « francophonie canadienne » ne se réfère pas toujours à l'Acadie qui, souvent, se sont définis en tant que communauté

Pour étayer cet énoncé, permettez-moi un retour dans le temps.

Depuis la fin du XIXe siècle plusieurs provinces ont, tour à tour, promulgué des lois abolissant ou limitant l'enseignement public en français. À partir de ce moment, s'ils veulent survivre en français, les francophones hors Québec devront mener une lutte, souvent acharnée, dans chaque province, voire dans chaque communauté. Ces luttes leur font prendre conscience de leur situation de minorité désormais confinée à leurs frontières provinciales et leur montrent la précarité culturelle dans laquelle ils vivent (Martel, 1997). Cette prise de conscience est en fait un premier clivage entre le Canada français et le Québec, bien qu'il ne soit pas aussi prononcé que celui qui apparaîtra dans les années 1960. D'autres querelles, à l'échelle d'un diocèse ou du Canada tout entier, isoleront de plus en plus ces communautés vivant en milieu minoritaire. Dans sa *Brève histoire des Canadiens français*, Yves Frenette l'exprime clairement :

> C'est en effet à partir de ce moment [entre 1840 et 1918] qu'on voit apparaître clairement de nouvelles identités formées à partir de l'ancienne, à partir de contextes territoriaux à la fois semblables et différents (Frenette, 1998 : 140).

La période qui suit, celle qui va jusqu'aux premiers États généraux du Canada français en 1967, est marquée par une dynamique identitaire divergente entre le Canada français et le Québec[2]. Si la rupture entre les différentes communautés se préparait depuis le tournant du siècle, c'est aux États généraux du Canada français qu'éclateront au grand jour les divergences. Au Québec, la volonté de moderniser l'État et la société trouve son expression politique et économique dans la Révolution tranquille. Pour les communautés francophones, la situation devient plus ambiguë. Les subventions

---

distincte. Comme je ne souhaite pas complexifier la problématique, je ne ferai pas allusion aux Acadiens dans ce texte, leur cas a d'ailleurs été bien analysé, comme le prouve le grand nombre d'articles parus à ce sujet (voir Cardinal, Lapointe et Thériault, 1994).

2. Pour une description beaucoup plus détaillée de cette période, et notamment sur le rôle joué par le Conseil de la vie française en Amérique (CVFA), l'ouvrage déjà mentionné de Martel (1997) fournit d'excellentes observations, de même que celui de Frenette (1998).

accordées au réseau institutionnel le sont sans aucun programme de soutien particulier. Ce n'est qu'en 1961, que le Département du Canada français d'outre-frontières du nouveau ministère des Affaires culturelles, plus tard rebaptisé Service du Canada français d'outre-frontières (SCFOF), devient l'organisme officiel chargé de l'aide aux minorités francophones (voir Martel, 1997 : 109). Le SCFOF interviendra pour des actions de soutien précises – sans toutefois subventionner directement des établissements scolaires, ce qui signifierait une ingérence dans l'autonomie des provinces en matière d'éducation –, mais refusera d'être le bailleur de fonds pour les associations francophones. Son principe de base sera d'aider les communautés à s'aider elles-mêmes, comme le montre le programme de bourses d'études accordées à des étudiants francophones hors Québec. Cependant, à long terme, les actions menées par le SCFOF ne correspondent plus aux besoins des associations francophones et le refus du gouvernement du Québec d'être leur pourvoyeur accélère la rupture entre le Québec et les autres communautés francophones. En 1975, année de la création de la Fédération des francophones hors Québec (FFHQ), le SCFOF est intégré au ministère des Affaires intergouvernementales.

Le résultat de cette rupture Canada français-Québec est que les communautés francophones vivant en milieu minoritaire se tournent dorénavant vers le gouvernement fédéral et non plus vers le Québec qu'elles accusent de paternalisme. Dès lors il y a deux visions du Canada français qui s'opposent, celle des institutions francophones hors Québec qui croient toujours en une identité canadienne-française, déterminée par la langue et la foi, et celle du Québec, marquée par l'avènement d'un l'État moderne et l'émergence d'une identité axée sur une entité géographique et des institutions étatiques. Martel écrit à ce propos :

> Cette rupture entre ces dirigeants [des communautés francophones] et l'État québécois survient dans un contexte de remise en question par l'intelligentsia québécoise de la conception du Canada français comme identité, projet nationaliste et outil utilisé comme instrument de l'action collective (Martel, 1997 : 131 ; voir aussi Martel, 1995a, 1995b).

C'est dans ce contexte que le Parti québécois est élu le 15 novembre 1976. C'est un événement décisif pour le Québec qui a maintes fois été commenté. Mais que signifiait cette élection pour les francophones hors Québec ?

Bien que l'idée d'une fédération réunissant toutes les communautés francophones hors Québec dans le but de focaliser leurs intérêts date des États généraux de 1967, la FFHQ n'a été fondée qu'en 1975. Dans un premier manifeste, intitulé *Les héritiers de Lord Durham* publié en avril 1977, l'organisme se définit comme un « instrument d'intervention et d'action politiques » (FFHQ, 1977 : 3-4). En réaction à l'élection du PQ, elle affirme :

> Cette attitude [acceptation du choix de la population québécoise], les francophones hors Québec la respectent et veulent même s'en montrer solidaires. Ce que nous voulons signifier par cette prise de position, c'est tout d'abord un refus d'utiliser de façon machiavélique l'inconfortable position du gouvernement central en l'assurant de notre appui inconditionnel et en cherchant à faire taire, coûte que coûte et sans les entendre, ceux qui, par leur vote démocratique ont obligé l'ensemble du pays à réviser la situation générale, à mener un débat vigoureux, soit, mais ouvert et à envisager les vraies solutions. [...] En bref, les communautés francophones hors Québec veulent faire savoir à toutes les parties intéressées qu'elles ne se contenteront plus de demi-mesures. Elles indiqueront ce qu'elles veulent et à quelles conditions minimales (FFHQ, 1977 : 7-8).

Or, dès la fin des années 1960, René Lévesque a une vision plus restreinte des rapports entre le Québec et les francophonies minoritaires :

> Les Canadiens français sont plus qu'une collection d'individus, ils forment une communauté ayant son histoire et sa culture propres et, aujourd'hui, ils se disent volontiers une nation. [...] Les Canadiens français, je le répète, forment une communauté nationale, mais cette communauté, bien que répandue par tout le Canada, n'en conserve pas moins son foyer historique, son centre principal, son point d'appui le plus ferme et le plus dynamique dans le Québec (Lévesque, 1968 : 121).

Ces phrases, bien qu'elles soient de Richard Arès, directeur de la revue *Relations*, Lévesque les a reprises à son compte dans son ouvrage *Option Québec* (1968). Elles montrent que, pour Lévesque, le Québec demeure le seul endroit où la nation canadienne-française pourra se réaliser. En témoigne cet autre passage :

> Un régime dans lequel deux nations, l'une dont la patrie serait le Québec, l'autre qui pourrait réarranger à son gré le reste du pays, s'associeraient

librement [...], formant un ensemble qui pourrait [...] s'appeler l'Union canadienne (Lévesque, 1968 : 42).

La conception qu'a le premier ministre du Québec est sans appel. Il ne fait aucune allusion aux droits ou au soutien de la diaspora franco-canadienne. Celle-ci devra, en suivant cette argumentation, gérer sa survie avec ses propres moyens.

Jean Lesage et Robert Bourassa, les deux prédécesseurs libéraux de René Lévesque, défendaient déjà la position d'un fédéralisme décentralisé qui pourrait protéger la diversité linguistique et culturelle au Canada. Mais, à part la mise en œuvre du Service du Canada français d'outre-frontière en 1961, les gouvernements libéraux paraissaient peu enclins à poursuivre leurs actions dans ce sens, se préoccupant plutôt du noyau de la francophonie canadienne du Québec qui leur était bien plus proche (voir Sénéchal, 1995). Pour sa part, le PQ avait comme principal but politique la souveraineté du Québec par voie démocratique. Un préalable important pour atteindre ce but était que le Québec soit perçu comme le représentant officiel de la francophonie canadienne, ce qui niait le désir des communautés minoritaires de s'exprimer librement. Dans le programme officiel du PQ des années 1973-1974, la seule allusion à l'existence des minorités francophones à l'extérieur du Québec survient dans le chapitre sur la vie culturelle, où on lit : « Prendre les mesures nécessaires pour favoriser l'immigration au Québec des individus et des familles francophones établis au Canada. » (Parti québécois, 1973 : 23). On le voit, non seulement le PQ contestait-il leur ambition d'expression politique, mais réduisait ces minorités au simple statut d'« individus francophones » au lieu d'en parler comme des Canadiens français. Ceci nous apparaît révélateur de l'idée que se faisaient les dirigeants péquistes de la francophonie canadienne. Les sociologues Linda Cardinal, Jean Lapointe et Joseph-Yvon Thériault (1994 : 116) affirment à ce propos que « dans la pratique, le Gouvernement [sic] du Québec est même allé jusqu'à appuyer la limitation du droit des minorités francophones de façon à fortifier celui de la majorité au Québec ».

En 1979, le PQ revient quelque peu sur ses positions en suggérant :

d'établir un institut culturel pour les francophones hors Québec : échanges d'étudiants, bibliothèque, exposition annuelle, coopération à la formation des professeurs, diffusion de la presse et du livre afin de favoriser le contact entre les francophones (Parti québécois, 1979 : 14).

Mais ces propositions n'en restent pas moins toujours insérées dans le chapitre sur les minorités. C'est donc qu'il ne s'est pas opéré de vrai changement.

Vient ensuite le premier référendum et la question du rapatriement de la Constitution[3]. Au référendum sur l'avenir du Québec, l'option pour la souveraineté-association obtient environ 40 % d'approbation. Pour les dirigeants politiques, ce résultat laisse croire que les Québécois n'ont pas encore suffisamment « assimilé » ce qu'ils prônaient depuis des années, c'est-à-dire un fort mouvement de soutien à la cause souverainiste. Une grande partie de la population se sent québécoise, mais aussi canadienne. Le sociologue Fernand Harvey distingue trois niveaux identitaires qui se manifestent alors au Québec. Le premier niveau, et de loin le plus évident, est celui du changement de l'appellation de Canadien français en Québécois. Selon Harvey cette appellation a « conservé le contenu culturel, à l'exception peut-être de sa dimension religieuse, mais [elle] a effacé ses prolongements hors Québec » (Harvey, 1995 : 60). Le deuxième niveau identitaire repose sur des « critères géographiques plutôt qu'ethnolinguistiques » qui incluent toute communauté linguistique (soit anglaise, allophone, etc.) ou ethnique. Le troisième niveau, enfin, qui s'est manifesté au référendum, est celui d'une « identité canadienne au sens civique du terme » (Harvey, 1995 : 60).

Ce n'est qu'en 1982 que le PQ inscrit la question des relations avec les francophones canadiens à son programme dans le chapitre intitulé « L'ouverture sur le monde » et non plus dans celui qui traite des minorités. Cependant, il ne propose pas explicitement de promouvoir une francophonie canadienne, mais simplement « d'établir un Institut culturel pour les francophones hors-Québec » (Parti québécois, 1982), comme cela avait été le cas dans le programme de 1979. Ce n'est qu'avec le programme de 1984 que le PQ reconnaît l'existence de minorités francophones :

---

3. Sur la question constitutionnelle, voir l'ouvrage de Hurley (1996).

le Québec reconnaît qu'il est sensible à toute expression de vie et de culture françaises en Amérique du Nord et s'engage, dans la mesure de ses moyens, à en favoriser l'épanouissement. La vitalité des minorités françaises du Canada dépend essentiellement d'un Québec français, fort et indépendant. Le Québec a également besoin de l'appui des minorités françaises pour assurer son rayonnement international et son épanouissement propre (cité dans Sénéchal, 1995 : 362).

Avec cette affirmation de l'existence et même du besoin de coexistence, le PQ montre pour la première fois qu'il a pris conscience de l'enjeu de la francophonie au Canada. Mais c'est toutefois pour en tirer profit, car il voit les communautés francophones comme un moyen « d'assurer son rayonnement international » et souligne le fait que, sans lui, sans un Québec « fort et indépendant », la francophonie canadienne serait bien fragile. C'est seulement en 1985 qu'une première *Politique québécoise de la francophonie canadienne* voit le jour sous l'égide du ministre délégué aux Affaires intergouvernementales canadiennes, Pierre Marc Johnson. Cette politique, présentée au Conseil des ministres en mai 1985, essaie de clarifier les raisons du refroidissement des relations entre le Québec et les communautés francophones en même temps qu'elle propose trois mesures concrètes pour agir en faveur de leur réchauffement : « la coopération avec les organismes francophones ; la coopération entre les institutions ; la coopération interprovinciale », lesquelles ne devraient plus se limiter seulement à la culture, mais plutôt embrasser tous les champs d'intervention (cité dans Sénéchal, 1995 : 365-366).

En outre, cette politique stipule que :

beaucoup de francophones hors Québec sont originaires d'ici ou ont conservé une forme d'appartenance, sinon beaucoup de sympathie envers le Québec. Le Québec est pour eux le ballon d'oxygène que la France a été pour le Québec lorsqu'il s'est ouvert au monde dans les années 1960. Ils ne demandent pas mieux que d'échanger avec nous ; il nous appartient d'y répondre (cité dans Sénéchal, 1995 : 364).

Cette première initiative péquiste n'a toutefois pas pu se réaliser, car, en juin 1985, René Lévesque démissionnait et, le 2 décembre suivant, le PQ perdait les élections au profit du Parti libéral.

C'est au cours du mandat du Parti libéral qu'auront lieu les débats constitutionnels menant à l'accord du lac Meech en 1987.

Pendant ces débats, le Parti libéral formulera cinq conditions pour que le Québec reconnaisse la *Loi constitutionnelle* de 1982 que le gouvernement péquiste n'avait pas signée. La première de ces cinq conditions, demandant la reconnaissance formelle du Québec comme société distincte, laissait craindre que cette reconnaissance soit perçue comme exclusive des communautés francophones. Le ministre délégué aux Affaires intergouvernementales canadiennes, Gil Rémillard, affirma cependant que la question des francophones canadiens « sera[it] une préoccupation majeure pendant les négociations constitutionnelles avec le gouvernement fédéral » (cité dans Sénéchal, 1995 : 356). Ce difficile équilibre entre, d'un coté, l'affirmation d'une société québécoise distincte et, de l'autre, l'affirmation d'une francophonie canadienne vivante et avec laquelle le Québec se sent solidaire, voire même responsable, sera significatif de l'attitude des libéraux envers les francophones canadiens.

Le refus des provinces de Terre-Neuve et du Manitoba de ratifier l'accord du lac Meech engendre une nouvelle ronde de négociations préparée, au sein du Parti libéral, par le comité Allaire. Ce comité, officiellement connu sous le nom de Comité constitutionnel du Parti libéral du Québec, déposera son rapport en dénonçant « l'incapacité du Canada du *common law* à maintenir une vision de deux peuples fondateurs égaux » (Duinsmir, 1995 : 27). Après plusieurs rencontres entre les premiers ministres, une entente est signée à Charlottetown par laquelle ils acceptent de tenir un référendum sur l'accord de Charlottetown. L'entente sera rejetée par la majorité de la population[4] et cet échec aura comme résultat d'aviver la passion nationaliste au Québec.

De retour au pouvoir en 1994, le Parti québécois réaffirme sa volonté de dialoguer avec les francophones du reste du Canada. En 1995, la ministre déléguée aux Affaires intergouvernementales canadiennes, Louise Beaudoin, présente la *Politique du Québec à l'égard des communautés francophones et acadiennes du Canada – Un dialogue, une solidarité agissante*[5]. Cette nouvelle approche se

---

4. Les raisons du rejet varient selon les provinces. Sur le processus constitutionnel entre l'accord du lac Meech et l'accord de Charlottetown, voir Hurley (1996).
5. http://www.mce.gouv.qc.ca/saic/francophonie/politiqu.html

base en partie sur la politique développée par Pierre Marc Johnson mentionnée plus haut, mais affirme en plus que la vitalité de la langue française constitue un facteur essentiel de survie, de développement et d'épanouissement au Canada français, c'est-à-dire au Québec et dans les communautés francophones :

> Le gouvernement du Québec reconnaît que les communautés francophones et acadiennes du Canada hors Québec sont bien vivantes et qu'elles entendent prospérer là où elles se trouvent. [...] Dans cette perspective, la présente politique vise à établir une coopération moderne entre celles-ci et la société québécoise par la recherche en commun de partenariats nouveaux et créatifs[6].

Depuis, on assiste à une renaissance des relations entre francophones du Québec et francophones du reste du Canada. En témoigne la récente adoption et la publication des *Programmes de soutien financier à la francophonie canadienne* qui visent à soutenir, sur le plan financier, des projets en partenariat avec des Québécois.

Du coté des communautés francophones, le ton a aussi changé, bien que des hésitations soient parfois encore perceptibles comme en témoigne la réaction du CVFA à la nouvelle politique du Québec : « Il semble que la mise en œuvre de cette politique ait donné des résultats intéressants jusqu'à maintenant et il est à espérer que cela se continue dans l'avenir » (CVFA, 2001 : 11). La transformation, en 1991, de l'ancienne FFHQ en Fédération des communautés francophones et acadienne du Canada constitue un autre indice (FCFA). Ce changement exprime une nouvelle considération de la situation de minorité, comme en fait foi cet extrait de la brochure publiée par cette fédération en 1993 :

> Plus qu'un changement de nom, cela signifiait une toute nouvelle façon d'aborder la francophonie. Cette nouvelle façon de se percevoir constituait un changement majeur. On se définit maintenant par ce qui nous rassemble plutôt que par ce qui nous exclut.
>
> Le fait que les francophones de l'extérieur du Québec se définissent maintenant comme des communautés francophones et acadiennes est un indicateur de leur évolution récente et de la place qu'ils entendent occuper au sein de la confédération canadienne. Une dénomination descriptive doit refléter l'identité et l'action d'un groupe plutôt que définir

---

6. http://www.mce.gouv.qc.ca/saic/francophonie/politiqu.html

ce qu'il n'est pas. Ce regroupement n'est pas « hors-Québec », il est au Canada (FCFA 1993 : 9).

En même temps, la FCFA affirme que « malgré ces différences en ce qui a trait au territoire, il existe une seule francophonie canadienne, même si elle s'exprime différemment, tant sur le plan de la pensée politique que de l'action concrète » (FCFA, 1993 : 9). Les différents manifestes politiques des francophonies canadiennes minoritaires, *Pour nous inscrire dans l'avenir* (FFHQ, 1982), *Dessein 2000* (FCFA, 1992) et *La francophonie canadienne. Un espace à reconnaître* (FCFA, 1993) entre autres, donnent une bonne impression de l'idée que se fait la FCFA. Le Québec et les communautés francophones se trouveraient l'un à coté de l'autre dans une « communauté de destin » (Cardinal, 1995 : 185). Cela implique cependant qu'il y ait un nivellement des rapports entre les deux entités. Les revendications des francophones à l'extérieur du Québec, en ce sens, se font d'ailleurs de plus en plus pressantes, comme en témoigne ce passage : « La politique de la francophonie du gouvernement du Québec devrait rendre explicites les orientations qu'il entend suivre pour consolider l'espace et renforcer l'alliance francophone canadienne » (FCFA, 1993 :29). L'annonce en 1995 de la *Politique du Québec à l'égard des communautés francophones et acadiennes du Canada* peut être vue comme une réponse à ces exigences.

* * *

Pour conclure, force est de constater que les relations entre francophones du Canada ressemblent plus à un tableau séismique qu'à une constante graphique. Toutefois, il apparaît que, depuis quelques années, un désir réel de communiquer et d'interagir s'est installé au sein des communautés francophones comme au Québec. Ces communautés affichent une vitalité bien présente et ne se cachent plus derrière le Québec. En témoigne la récente victoire des Franco-Ontariens en Cour d'appel de l'Ontario, au sujet de la décision du gouvernement provincial de fermer le seul hôpital francophone de cette province, l'hôpital Montfort, une victoire qui a eu une grande répercussion sur toute la population franco-ontarienne.

Pour les Franco-Ontariens, ce jugement est d'une grande valeur symbolique. Leur victoire a tout d'abord une portée politique au sein même de la communauté dont une partie était prête, au point de départ, à s'accommoder de services bilingues. SOS Montfort aura fait la démonstration que les victoires sont possibles pour peu que l'on ait la volonté de se battre. Désormais, la communauté franco-ontarienne veille et se défend. Un deuxième Montfort ne saurait plus survenir (Descôteaux, 2001 : A6).

Au Québec aussi, on s'est rendu compte qu'une bonne entente entre francophones est dans l'intérêt de tout le monde. C'est ce qu'illustre la publication, par le Secrétariat aux affaires intergouvernementales, d'un bulletin d'information, *En partenariat*, qui vise :

> à permettre aux citoyens du Québec et aux membres des communautés francophones et acadiennes du Canada de se connaître davantage, de soutenir des relations qui se multiplient de plus en plus et surtout, de mettre en valeur leurs points de convergence ainsi que les réussites qui émergent de leurs partenariats[7].

Cette publication est significative d'une réorientation de la politique du gouvernement du Québec envers les francophones du reste du Canada. Car dans la lutte que mène le Québec pour la reconnaissance et la survie de la langue française en Amérique du Nord, ces derniers sont de précieux alliés.

Le gouvernement québécois réalise maintenant que dans l'histoire des francophones au Canada il n'y a pas seulement eu des Québécois, mais aussi des Canadiens français de toutes les autres provinces. Le comportement qu'il a eu envers eux n'a pas toujours été perçu comme positif et il est comparable à l'attitude que les Français adoptent ou ont adopté face aux « cousins d'Amérique ».

C'est aussi dans cette logique de reconnaissance que s'inscrit la *Politique du Québec à l'égard des communautés francophones et acadiennes du Canada*. Preuve du sérieux de cette entreprise, le soutien financier qu'elle prévoit favorisera

> l'émergence de projets produisant des effets durables sur le développement du Québec, sur celui des communautés francophones et acadiennes, ainsi que sur la vitalité de la langue française [et qui facilitent] le rapprochement des francophones du Québec et de l'extérieur du Québec de façon à améliorer la connaissance mutuelle de leurs réalités respectives[8].

---

7. http://www.mce.gouv.qc.ca/saic/francophonie/journal2.pdf
8. http://www.cex.gouv.qc.ca/saic/francophonie/textebro.htm

Pour reprendre les mots du ministre délégué aux Affaires intergouvernementales canadiennes d'alors, Joseph Facal :

> Devant cette préoccupation commune que nous partageons en Amérique du Nord [la vitalité du fait français], il faut se rapprocher plus que jamais pour qu'ensemble nous assurions le maintien et l'épanouissement de l'héritage français qui nous a été légué[9].

---

9. http://www.mce.gouv.qc.ca/saic/francophonie/journal2.pdf

Références

Cardinal, Linda (1995), « Les rapports entre francophonies », *L'Action nationale*, LXXXV, 2, p. 183-194.

Cardinal, Linda, Jean Lapointe et Joseph-Yvon Thériault (1994), *État de la recherche sur les communautés francophones hors Québec 1980-1990*, Ottawa, CRCCF.

CVFA (2001), *Pas d'avenir pour la francophonie nord-américaine sans projet de solidarité*, Québec, CVFA.

Descôteaux, Bernard (2001), « Éditorial », *Le Devoir* (10 décembre), p. A6

Duinsmir, Mollie (1995), *Activité au plan constitutionnel : du rapatriement de la constitution à l'Accord de Charlottetown (1980-1992)*, Ottawa, Ministère des Approvisionnements et Services Canada.

FCFA (1992), *Dessein 2000 : Pour un espace francophone – Hier, la francophonie*, Ottawa, FCFA.

FCFA (1993), *La francophonie canadienne. Un espace à reconnaître*, Ottawa, FCFA.

FFHQ (1977), *Les héritiers de Lord Durham*, tome 1, Ottawa, FFHQ.

FFHQ (1982), *Pour nous inscrire dans l'avenir*, Ottawa, FFHQ.

Frenette, Yves (1998), *Brève histoire des Canadiens français*, Québec, Boréal.

Harvey, Fernand (1995), « Le Québec et le Canada français : histoire d'une déchirure » ; dans Simon Langlois (dir.), *Identité et cultures nationales : l'Amérique française en mutation*, Ste-Foy, PUL (coll. Culture française d'Amérique), p. 49-64.

Hurley, James Ross (1996), *La modification de la constitution du Canada – Historique, processus, problèmes et perspectives d'avenir*, Ottawa, Ministère des Approvisionnements et Services Canada.

Lévesque, René (1968), *Option Québec*, Montréal, Éditions de l'Homme.

Martel, Marcel (1995a), « Le Québec et les groupes minoritaires francophones. Analyse des actions du réseau institutionnel et de l'État québécois, de la fin du 19e siècle à 1969 », dans Conseil de la langue française, *Pour un renforcement de la solidarité entre francophones au Canada. Réflexions théoriques et analyses historique, juridique et sociopolitique*, Québec, Gouvernement du Québec, p. 119-151.

Martel, Marcel (1995b), « L'intervention du gouvernement fédéral auprès des groupes minoritaires francophones », dans Conseil de la langue française, *Pour un renforcement de la solidarité entre francophones du Canada. Réflexions théoriques et analyses historique, juridique et sociopolitique*, Québec, Gouvernement du Québec, p. 107-118.

Martel, Marcel (1997), *Le deuil d'un pays imaginé : rêves, luttes et déroute du Canada français. Les rapports entre le Québec et la francophonie canadienne, 1867-1975*, Ottawa, Les Presses de l'Université d'Ottawa.

Parti québécois (PQ) (1973), *Programme du Parti Québécois*, Montréal, Le Parti.

Parti québécois (PQ) (1979), *Programme du Parti Québécois*, Montréal, Le Parti.

Parti québécois (PQ) (1982), *Programme du Parti Québécois*, Montréal, Le Parti.

Sénéchal, Gilles (1995), « Les communautés francophones et acadiennes du Canada : orientations, prises de positions et actions des porte-parole du gouvernement québécois », dans Conseil de la langue française, *Pour un renforcement de la solidarité entre francophones au Canada – Réflexions théoriques et analyses historique, juridique et sociopolitique*, Québec, Gouvernement du Québec, p. 347-370.

Venne, Michel (1997), *Le Devoir* (15 mars), p. A9

Table des matières

Table des sigles VII

Présentation
Simon Langlois et Jocelyn Létourneau IX

La nouvelle francophonie canadienne 1

L'évolution des francophonies canadiennes.
    Éléments d'une problématique
Yves Frenette 3

L'Acadie du silence. Pour une anthropologie de l'identité acadienne
Patrick D. Clarke 19

De la pluralité à la communauté : construction
    d'une identité franco-ténoise
Julie Lavigne 59

Le parcours identitaire des Métis du Canada :
    évolution, dynamisme et mythes
Sylvie LeBel 75

L'insécurité linguistique des francophones
    ontariens et néo-brunswickois.
    Contribution à l'étude de la francophonie canadienne
Wim Remysen 95

Instruction, alternance linguistique et postmodernité
    au Canada français
Simon Laflamme 117

Mutation de l'imaginaire commun 127

*Le débat autour de l'existence et de la disparition
    du Canada français : état des lieux*
Marcel Martel 129

Oublier Évangéline
Herménégilde Chiasson 147

De la nation à l'identité : la dénationalisation de la représentation
    politique au Canada français et au Québec
Jacques Beauchemin 165

La bourgade et la frontière
Daniel Poliquin 189

Vitalité et visibilité des communautés francophones 201

De la perceptibilité des communautés francophones au Canada
Robert Stebbins 203

Démographie comparée des populations francophones
   du Nouveau-Brunswick et de l'Ontario
Charles Castonguay 215

Fragmentation ou vitalité ?
   Regard sociologique sur l'Acadie actuelle et ses réseaux associatifs
Greg Allain 231

De nouvelles voies juridiques à explorer
François Boileau 255

Une toponymie voilée : effets de l'unilinguisme des génériques sur la toponymie fransaskoise
Carol Léonard 271

De l'identité des francophonies minoritaires canadiennes : analyse
   du parcours de la FFHQ et de la FCFA du Canada, 1975-1995
Patricia-Anne De Vriendt 293

L'évolution des relations entre le gouvernement du Québec
   et les minorités francophones du Canada depuis 1976
Marc-André Schmachtel 309

Table des matières 323